儿童发展与教育心理学

主　编　姚本先
副主编　桂守才　周　策

安徽大学出版社

图书在版编目（ＣＩＰ）数据

儿童发展与教育心理学/姚本先主编．—合肥：安徽大学出版社，2002.1（2022.7重印）
安徽省高等教育专科初等教育专业通用教材
ISBN 978-7-81052-514-5

Ⅰ.①儿… Ⅱ.①姚… Ⅲ.①儿童心理学—师范教育：高等教育—教材　Ⅳ.①B844.1

中国版本图书馆 CIP 数据核字（2002）第 003872 号

安徽省高等教育专科初等教育专业通用教材
儿童发展与教育心理学
主编　姚本先

出版发行	安徽大学出版社	印　　刷	安徽昶颉包装印务有限责任公司
	（合肥市肥西路3号 邮编230039）	开　　本	850×1168　1/32
联系电话	总编室 0551-65108955	印　　张	8.25
	发行部 0551-65107716	字　　数	186千
电子信箱	ahdxchps@mail.hf.ah.cn	版　　次	2002年1月第1版
责任编辑	谈　菁	印　　次	2022年7月第6次印刷
封面设计	吕　杰		

ISBN 978-7-81052-514-5　　　　　　　　　　定价 15.00 元

如有影响阅读的印装质量问题，请与出版社发行部联系调换

出版说明

安徽省高校教育类通用系列教材由安徽省教育厅主持编写,安徽大学出版社出版。

该套教材的编写遵循科学性、先进性、实践性的原则,充分反映我国教育科学的新内容,充分吸收和借鉴本学科海内外研究的最新成果和相关教材的最新材料,并与当前的国情和教材使用对象的文化素质基础、接受知识的能力、培养目标结合起来,体现专业特色。同时,简化以学科知识体系为背景的理论知识要点的陈述,根据专业的特点,适当增加图、表、例和典型案例的内容比例,着眼于专业课程体系、内容体系、结构体系的创新,强化理论性与应用性的有机统一,从而有利于提高学生的整体素质和专业技术应用能力。该系列教材有:心理学类等3本:即《基础心理学》、《儿童发展与教育心理学》、《儿童心理辅导》;教育学类共6本:即《课程与教学论》、《班级管理学》、《现代教育制度与思想》、《教育科学科学研究方法》、

《现代教育技术》、《信息技术教育基础》等。

教材的编写与出版是教学改革一个良好的开端,其教学效果尚有待实践的检验,其不完善之处也在所难免。热忱地希望广大专家学者、教育部门领导和师范院校师生给我们以帮助,使这厌教材更好地服务于教学,并通过修订不断完善。

感谢为这套教材编写、出版付出辛勤劳动的各位领导、专家和同志。

2006 年元月

目　　次

出版说明 …………………………………………………… 1

第一章　绪　论 …………………………………………… 1

  第一节　儿童发展与教育心理学的性质 ……………… 1
  第二节　儿童发展与教育心理学的任务与作用 ……… 6
  第三节　儿童发展与教育心理学的研究方法 ………… 9

第二章　心理发展的基本规律 …………………………… 16

  第一节　遗传、成熟、环境与心理发展 ……………… 16
  第二节　教育与心理发展 ……………………………… 22
  第三节　心理发展的动力 ……………………………… 26
  第四节　心理发展的年龄特征 ………………………… 29

第三章　学习心理 ………………………………………… 37

  第一节　学习心理概述 ………………………………… 37

第二节　知识的学习 …………………………………… 47
　　第三节　技能的学习 …………………………………… 55

第四章　学习动机 ………………………………………… 67
　　第一节　学习动机的概述 ……………………………… 67
　　第二节　学习动机的理论 ……………………………… 76
　　第三节　学习动机的激发 ……………………………… 82

第五章　学习迁移 ………………………………………… 92
　　第一节　学习迁移的概述 ……………………………… 92
　　第二节　学习迁移的理论 ……………………………… 95
　　第三节　学习迁移的影响因素 ………………………… 103

第六章　儿童智力因素发展与教育 ……………………… 112
　　第一节　智力因素发展与教育概述 …………………… 112
　　第二节　儿童智力因素发展与教育 …………………… 115

第七章　儿童非智力因素发展与教育 …………………… 129
　　第一节　非智力因素发展与教育概述 ………………… 129
　　第二节　儿童非智力因素发展与教育 ………………… 133

第八章　品德心理 ………………………………………… 152
　　第一节　品德心理概述 ………………………………… 152
　　第二节　儿童的道德认识 ……………………………… 158
　　第三节　儿童的道德情感 ……………………………… 164
　　第四节　儿童的道德行为 ……………………………… 167

第九章 教学设计 ································· 173
第一节 教学设计概述 ··························· 173
第二节 教学目标分析 ··························· 176
第三节 教学模式和方法的设计 ··············· 185

第十章 课堂管理心理 ··························· 190
第一节 课堂管理概述 ··························· 190
第二节 课堂心理气氛及营造 ··················· 194
第三节 课堂学习纪律的管理 ··················· 201

第十一章 学校人际关系 ························· 209
第一节 人际关系概述 ··························· 209
第二节 学校中的人际关系特点与意义 ········· 216
第三节 师生关系 ································· 221
第四节 同学关系 ································· 224

第十二章 教师心理 ······························ 230
第一节 教师的角色 ······························ 230
第二节 教师的素质 ······························ 238
第三节 教师的心理健康 ························· 247

后记 ·· 254

第一章 绪 论

在素质教育呼声日高的今天,我国儿童教育工作者在实际工作中应注意的最关键一点是:为了儿童的一切——不论是智力的还是情感的、生理的还是心理的、品德的还是人格的。培养健全的"人"是我们最终的教育理想。而要切实做到这一点,就需要系统掌握儿童发展与教育过程中的心理学规律,从实际出发,真正做到因材施教。为了帮助学习者更好地学习儿童发展与教育心理学,本章着重介绍这门课的性质、任务、作用及研究方法等。

第一节 儿童发展与教育心理学的性质

一、儿童发展与教育心理学的研究对象

(一)儿童发展与教育心理学的含义

儿童发展与教育心理学是研究儿童心理发展以及与儿童教育过程有关的教与学基本心理规律的科学,也是研究如何针对儿童的心理发展特点、利用教育心理学原理对儿童进行教育的一门学科。儿童发展与教育心理学的含义如下:

1. 发展心理是基础。其一,儿童心理的发展受多种因素的影响,其中遗传和环境是两大主要因素。遗传是儿童个体发展的起源,决定儿童心理发展的顺序,规定了个体能够发展到什么程度或什么范围。环境则影响遗传潜能的发挥,良好的环境可以发掘人的潜质,不良的环境可能会遏制甚至破坏人的正常发展。其二,儿童自身的成熟也影响教育在其心理发展中所起的作用,只有在成熟期间对儿童进行教育、训练才会收到实效。其三,儿童的心理发

展有个体差异性,个性影响儿童对外界刺激的反应方式。教育对不同个体所起的作用也受其个性的影响。

2. 教育心理是根据。教育过程既是教的过程也是儿童学习的过程,主要是对儿童进行影响的过程,这个过程是有规律可循的。在教育中,课程的设置、教材的安排、知识和技能的传授以及课堂气氛的调节等一切教育教学活动都与教育心理有关。只有掌握教与学的规律和原理,并在理论指导下进行教育活动,才能促进教育教学活动的顺利进行。

3. 教育是目的。了解儿童的心理发展特点,掌握教育教学规律,最终的目的是在教育中得以运用,为教育服务。所以,研究的出发点,研究的内容、方法、途径和手段的选择都应本着这一目的进行,不能偏离方向,更不能为了研究而研究,从而忽视了儿童的身心健康发展。学习儿童发展与教育心理学的目的也是为了在实践中应用,所以在学习中应该密切联系实际,在运用中也不能生搬硬套。

(二) 儿童发展与教育心理学的学科特征

1. 儿童发展与教育心理学不同于儿童心理学。儿童发展与教育心理学与儿童心理学有着密切的联系。两者的研究客体处于相同的年龄阶段:儿童甚至涉及到少年和青年。两者的研究内容有交叉之处,都要研究儿童心理现象,揭示儿童心理发展的规律。在儿童心理学的研究中也必须考虑教育的影响,儿童发展与教育心理学也涉及受教育者的心理年龄特点及其学习心理。儿童发展与教育心理学和儿童心理学又是不同的研究科目,区别主要表现在于研究的着重点不同。儿童心理学主要研究儿童心理的年龄进程,从儿童的生活、学习的各个方面、各种环境中去概括其心理发展的规律,而不是单单局限于教育范围内,目的是研究儿童在各种因素交互作用下的心理发展情况,为相关学科的发展提供理论基础。儿童发展与教育心理学把儿童作为受教育者来研究,主要是依据儿童心理研究的成果,着眼于受教育者心理的综合表现,其目的主要是促进受教育者的能力、人格、品德和知识技能等各方面的健康发展。

2. 儿童发展与教育心理学不同于教育心理学。儿童发展与教育心理学和教育心理学的联系也非常密切,不可分割。两者研究的最终目的相同,都是为教育服务。儿童发展与教育心理学和教育心理学又有不一致的地方,区别表现在研究的侧重点不同。教育心理学是心理学与教育相结合的产物,是研究在学校情境中学与教的基本心理规律的科学,是一门应用学科。儿童发展与教育心理学是发展心理学与教育心理学相结合的产物,是建立在发展心理学与教育心理学框架基础之上的,它直接应用发展心理学与教育心理学的研究成果,将教育心理学的一般原理、理论应用于具体实践中和特定个体上,与教育心理学相比,儿童发展与教育心理学具有更强的实践性、应用性。

3. 儿童发展与教育心理学侧重于应用性和社会性。儿童发展与教育心理学具有多面性:既是基础学科,又是应用学科;既是自然科学,又是社会科学。说它是基础学科,是因为儿童发展与教育心理学要研究发展与教育心理学的规律,其研究的结果可以作为教育实践的理论依据,在实践过程中又能不断丰富和完善儿童心理学和教育心理学的理论;说它是应用学科,是因为研究的目的是要将儿童心理学和教育心理学的研究成果在实践中充分地运用,为培养和教育儿童服务;说它具有自然性,是因为教育的对象是人,人首先是一个自然的实体,教育必须在人的生理发展成熟的基础上进行,心理是人脑的机能,是人脑对客观事物加工的产物,反映的是客观现实;说它具有社会性,是因为教育是一种社会现象,反映了一定社会的政治经济的要求,在阶级社会里,教育是有阶级性的,人的心理是对客观现实的反映,客观现实主要指社会环境,而教育情境又是一种特定的社会环境,它制约着受教育者的心理活动,影响着儿童的心理发展。总体来说,儿童发展与教育心理学更偏重于应用和社会范畴,因为研究心理学规律的最终目的是在具体教育环境中得以运用。

二、儿童发展与教育心理学的研究内容

(一)儿童发展与教育心理学的研究范围

儿童发展与教育心理学的研究范围是由它的特殊研究对象决定的。这门学科主要研究儿童心理学与教育心理学相结合过程中的心理学规律,儿童发展与教育心理学既探讨发展与教育,又涵盖学习与教学;既关注智力与非智力因素,又兼顾教育者与受教育者。儿童发展与教育心理学的研究对象决定了它的主要研究范围:儿童掌握知识、技能,形成某种才能的心理学规律;形成道德品质和个性的心理规律;教师的教与学生的学的心理规律等,即学与教的心理规律。

(二)儿童发展与教育心理学的体系

第一部分:绪论,主要介绍这门课程的性质、任务、作用及研究方法。

第二部分:发展心理,侧重描述心理发展的一般规律。

第三部分:教育心理,侧重描述学习过程的一般原理与规律。

第四部分:发展与教育心理,分别从智力因素与非智力因素两方面介绍心理发展与教育的关系。

第五部分:品德心理,第三、四部分侧重教育儿童如何"做事",这部分则主要介绍"做人"——即品德心理的发展与培养。

第六部分:教学心理,侧重介绍影响教学的一些因素。

三、儿童发展与教育心理学的历史演变

(一)国外儿童发展与教育心理学的历史演变

1.发展心理学的发展历史。任何一门学科的形成与发展都是社会需要和自身发展的必然结果,是内外因相互作用的产物。发展心理学也不例外。1882年,德国生理学家和实验心理学家普莱尔(W. T. Preyer)撰写并出版了《儿童心理》一书,此书的出版标志着科学儿童心理学的诞生。1904年,美国心理学家霍尔(G. S. Hall)出版了《青春期:青春期心理学以及青春期与生理学、人类学、社会学、性犯罪、宗教与教育的关系》,将儿童心理学研究的年龄范围扩大到青春期。以后,经过几十年的研究与实践工作,人们对儿童心理学的研究范围不断扩大。到20世纪上半叶,研究一生发展的心理学——发展心理学问世。1957年美国《心理学年鉴》开始用"发展心理学"为章名,代替了惯用的"儿童心理学"。

2. 教育心理学的发展历史。心理学家桑代克(E. Thorndike)是大家比较公认的教育心理学史上的重要人物,他在1903年出版的《教育心理学》标志着教育心理学的诞生。从教育心理学诞生到20世纪50年代,西方及前苏联的教育心理学家做了大量的实验及实践研究工作,为教育心理学的发展奠定了基础。20世纪60年代到70年代,系统的教育心理学理论体系逐渐形成。在研究中,人们越来越发现:教育需要心理学。在教育过程中,教育者按照一定的目的、计划和措施向受教育者施加一定的影响。而受教育者对教育的接受不是被动的、消极的,而是积极的、主动的、有选择的,是在其自身发展与成熟的基础上进行的。所以,教育者必须考虑受教育者的实际情况并因材施教才能收到实效。在前苏联,以赞科夫为代表进行了"教育与发展"的实验研究,使教育心理学与发展心理学日益相结合。20世纪80年代以来,教育心理学的体系渐趋明晰,内容相对集中,各派兼收并蓄,派系之间的分歧越来越小。我国有人比较了1987年~1994年国外30多种教育心理学教材,发现各教材在体系与内容的选择方面有很大的差异,但也存在共性。所有的教材,都可以分为三大块:一是学习者心理,包括发展心理和差异心理;二是学习心理及其应用,包括各种学习理论观点;三是教学与课堂管理。

而当大家都以一种声音来回答一个问题时,也说明这个问题已没有研究的必要了,或者说它的研究框架已经限制了它的进一步发展。所以,将发展心理学与教育心理学相结合,既是教育实践的要求,也是学科自身发展的需要。

(二)我国儿童发展与教育心理学的历史演变

中国古代,孔子在教育教学过程中提出并运用了自己的发展与教育心理学观点。如在先天与后天的关系上,他提出"性相近也,习相远也",说明后天环境对个体心理的影响。孔子在《论语·为政》中提出:"吾十有五而志于学,三十而立,四十而不惑,五十而知天命,六十而耳顺,七十而从心所欲不逾矩。"这可以说是我国最早的对年龄阶段的划分,尽管划分得很粗糙,毕竟有略胜于无。孔子还提出因智力施教的观点,"中人以上,可以语上也;中人以下,不可以语上也"。虽然他没有对"中人"的标准进行确切的量化,但在当时已经是难能可贵了。陈鹤琴于1925年出版的《儿童心理之研究》是我国第一本发展心理学方面的专著。1962年朱智贤出版了《儿童心理学》,1979年又对其进行了修订。此后,一批发展心理学的教科书相继出版。我国第一份公开发表的儿童心理学和教育学的学术杂志《心理发展与教育》在1985年创刊。1924年,廖世承出版了我国第一本《教育心理学》教科书。1966年以前,我国心理学研究发展迅速,陆续出版了一系列的教育心理学教科书,各师范院校相继开设教育心理学课程。教育心理学的研究在1966年~1977年期间因历史原因受到破坏。1976年以后,许多教育心理学方面的专著和译著相继出现。过去,我们习惯于引进心理学,现在,我国儿童发展与教育心理学有了一定的发展,但发展与教育心理学的本土化仍是面临的重要任务。

第二节 儿童发展与教育心理学的任务与作用

一、儿童发展与教育心理学的研究任务

儿童发展与教育心理学作为一门理论性和应用性相结合的学

科,其任务主要有:其一,促进儿童发展与教育心理学理论的完善和丰富;其二,为教育教学质量的提高服务。

研究儿童发展与教育心理学具有重大的理论意义。一方面,有利于发展心理学理论的进一步完善。发展心理学的理论只有在教育实践中应用才能验证其科学性、合理性,也才能发挥其基础学科的作用。发展心理学的研究成果是在儿童的各种活动中得出的结论,儿童的发展和教育是息息相关的,发展是教育的前提,发展又离不开教育,没有教育也就无所谓发展。此外,也只有在实践运用过程中,才能发现新问题,从而为进一步的研究提供新思路、新视角。另一方面,有利于教育心理学理论的丰富和发展。在教育儿童时,只有针对儿童的具体心理发展特点才能做到因材施教,从而使教育心理学理论与实际相结合,取得实效。而研究中存在的问题、进一步研究的方向也只有在和发展心理学相结合的过程中才能充分体现出来。此外,研究儿童发展与教育心理学也可为认识论和辩证法提供科学的根据。

探讨儿童发展与教育心理学具有重大的实践意义,主要表现在可以为教育事业服务。在人的一生中,儿童期是发展非常迅速的时期,也是非常关键的阶段,对以后的发展起到奠基作用。儿童期是由相互联系的各个阶段形成的,是一个由量变到质变、有规律的过程。这个过程受先天遗传因素的影响,但又不是自发的,而是在家庭、学校、社会等各种因素相互作用下进行的。对儿童的教育必须在儿童发展与教育心理学的理论指导下进行。每一个教育教学工作者对儿童进行教育时都必须了解儿童的心理发展特点,并且要掌握教育心理学的理论。探讨儿童发展与教育心理学的规律还可以起到预见作用,教育可以为儿童未来的发展创设有利条件,从而充分发挥教育的积极作用。可见,研究这门课程不仅是儿童身心健康发展的需要,也是教育工作者从事实践活动的需要,更是为社会培养有用人才的需要。另外,其他与儿童有关的事业如医药、卫生等工作也要了解儿童的心理发展规律。

二、儿童发展与教育心理学的作用

其一,学习儿童发展与教育心理学有助于教育工作者认识到教育的艰巨性和复杂性,从而能做到严于律己、认真教学、消除隐患,有意识避免不符合教育教学规律的事件发生。师者,所以传道、授业、解惑也,教师在教育教学工作中起着非常重要的作用。教师对学生的影响表现在:教师的各个方面都会影响儿童的发展,如教师的智力水平、教学方法、教学设计、教育期望以及教师的人格、精神状态等等;另外,教师对学生的影响是多方面的,既可以影响其学习,也会影响其性格、态度等各方面心理的发展。还有,教师对学生的影响具有一定的深刻性和长期性,教师不利于儿童心理发展的行为会产生不良效果,影响儿童的健康发展。

其二,学习儿童发展与教育心理学有助于教育工作者按照教学规律进行工作,提高自身素质,从而取得事半功倍的效果。儿童发展与教育心理学主要是针对教育工作者的实际需要而开设的一门课程。学习这门课程既可以了解儿童心理,也可以掌握学习心理、品德心理,还可以了解教学心理、教师心理,对教育工作者的实践活动起着很重要的指导作用。运用教学规律进行教育活动,可以提高教学效果,增强教育职能。

其三,学习儿童发展与教育心理学有助于提高教育工作者心理教育能力,关心儿童心理的健康发展,及时发现、处理儿童存在的心理问题,促进儿童心理的健康发展。

其四,学习儿童发展与教育心理学有助于教师自身的完善。教师的健康状况也是教育过程中非常重要的问题。现有调查研究表明我国目前中小学教师的心理健康状况令人担忧。教师群体的心理健康问题不但直接影响其自身的生活质量,关系到家庭幸福,也会通过教师的工作影响到儿童心理的正常发展,因此应引起高度重视。通过学习教师心理,有助于教师了解自身的心理健康状况,并及时进行调节和维护,完善自我。

第三节 儿童发展与教育心理学的研究方法

一、儿童发展与教育心理学研究的基本原则

(一)客观性原则

心理虽然有一定的主观能动性,但心理是对客观现实的反映,即客观现实是心理的源泉,心理发展是有客观规律可循的。只有实事求是地去研究、探讨,才能发现其规律,才能保证研究结果的有效性、可靠性。要做到研究的客观性,首先,就要坚持以实事求是地揭示发展与教育心理规律为目的;其次,确立客观的指标,是保证研究结果客观性和可靠性的前提,指标应该是能观察、测量到的,最好能用仪器来测定、记录和分析;最后,在说明研究结果时,也应一是一、二是二,不能从自己的角度任意取舍。

(二)理论联系实际的原则

儿童发展与教育心理学具有很强的实践性,所以在研究时也要本着理论联系实际的原则进行,遵循这一原则应该做到以下几点:首先,明确研究的目的是为了教育儿童,为了有利于儿童发展,研究出的结果必须能在实践中运用;其次,确定研究的形式,儿童心理发展与儿童的活动有密切的关系,是在活动中表现出来的,所以,选择研究的形式时必须采用活动方式;还有,采用的研究方法也应适合不同年龄阶段的儿童,并不是所有方法对所有年龄阶段的儿童都适用,另外,选择研究方法还应考虑研究的目的和内容;最后,检验研究可行性的标准也只有一个——实践,实践是检验真理的惟一标准,研究的结果也应能经得起实践的考验。

(三)教育性原则

儿童发展与教育心理学的性质决定了研究的教育性原则。儿童发展与教育心理学最终目的是为了儿童的心智健康发展,所以在选择研究方法、安排研究程序、设置研究情境、选用器材时,不能

不考虑对儿童心理健康所产生的影响。当然,对儿童所做的任何研究都会对其产生一定的影响,有的可能比较明显,有的可能是潜在的;有的是积极的,有的可能是消极的。在研究之前应仔细分析可能产生的各种影响的性质及程度,尽量使不可避免的负面效应降到最低。如果实在难以克服,而影响又对其发展极为不利,尽管研究很有价值,也不能进行。有时,由于考虑不周,出现不利影响还应设法补救。这也是心理学研究较为困难之所在。有时,当无法对人进行操作控制时,人们只好转而对动物进行研究。但把动物作为对象的研究活动目前也受到了一些批评和指责,所以,对人尤其是儿童的研究更应考虑其教育性。

(四) 系统性原则

系统性原则是指把个体的心理活动看作受多种因素影响并且不断变化发展的整体,在研究时要考虑所研究心理现象与其他心理现象的关系以及影响这种心理现象的因素,并且能够在动态变化中把握心理发展规律。首先,儿童不是处于真空中的,其心理发展受遗传、环境的共同作用,在研究时不能忽视这些因素的影响。如在研究环境对心理的影响时,人们多以双生子为研究对象,比较在不同环境中成长的双生子的心理发展差异情况,目的就是为了使遗传的影响保持一致,使环境成为影响其发展差异的关键因素,避免遗传因素对研究结果的干扰。其次,儿童心理是一个整体,我们把心理分成各种成分,只是为了研究的方便,然而,各种心理现象之间是相互制约、共同作用的。在研究某一种或某些心理现象时,不能不考虑其他心理活动的影响。如在研究被试的记忆时,就应该考虑到智力、兴趣、练习以及其他心理过程的影响,尽量进行合理的实验设计,排除其他因素的干扰作用,避免出现自变量的混淆。再次,在解释研究结果时,应注意儿童心理发展既有连续性又有阶段性,既有共性又有个性。不能用僵化的观点看待研究的结果,从而造成一种刻板印象。对于年龄越低的儿童更应慎重。如儿童的智力发展有早晚之分，有的儿童虽然早期智力较落后，但以后会很快赶超上来，所以，不能根据早期偶尔一次的智力测量结果而定终身。最后，只有抓住心理发展过程中的主要矛盾，分析推动其发展进程的关键动力，才能发现心理发展的本质规律和特征，从而避免舍本逐末。

(五) 伦理性原则

在研究儿童发展与教育心理学时，不能违反社会的伦理道德准则，这是和儿童的特殊性相联系的。儿童作为发展的个体，不同于物。人的心理发展有复杂性，在研究时考虑不周到就可能会违背伦理道德，更有甚者，可能会涉及侵犯个人隐私事件，从而招致法律纠纷。所以，在研究过程中，要注意这方面的问题，尤其是多从被研究者的立场考虑，以避免出现失误而带来不必要的麻烦。

二、儿童发展与教育心理学研究的具体方法

(一) 观察法

观察法是指在自然条件下，对表现心理现象的外部活动进行有系统、有计划的观察，从中发现心理现象产生和发展的规律。观察法是发展与教育心理学研究中经常使用的最基本的方法。原则上都应在被观察者不知道的情况下进行，这样才能保证观察结果的真实可靠性。

1. 观察法的种类。根据观察的时间安排可以分为集中观察和分散观察。集中观察是指在长时间内连续观察某种活动的方法。分散观察是指每次观察一段时间，反复进行，从而了解儿童心理发展的一般情况，观察的次数及间隔的时间视研究的目的、观察的结果而定。一般在纵向研究中多使用这种方式。

根据观察的内容可以分为全面观察和重点观察。全面观察即在一定时期内对所观察的个体的心理面貌进行全面的观察，这种观察由于涉及的项目较多，因而观察的时间比较长。重点观察即在一定时期内，选定个体心理发展的某一方面或某些方面进行观

察,研究中这种观察法用得较多。

2. 使用观察法时应注意的事项,主要有以下几点:

(1)观察前要有明确的目的,有详细的观察计划,并最好编制出观察记录表格。

(2)观察所需的记录仪器、设施(如单向观察室、闭路电视、录像、录音)要准备充分。

(3)观察者必须经过培训,如实记录观察结果。

(4)应注意使被观察者处于自然状态下,以保证观察结果的真实性。

(二)实验法

实验法是指在控制条件下对某一种或几种心理现象进行研究的方法。在实验中,主试可以控制某些条件、创设某种情境,使被试产生所需要的心理现象。实验法与观察法不同之处在于有目的创设某种情境,并且可以反复进行。

1. 实验法的种类。实验法可分为实验室实验法和教育心理实验法。实验室实验法是指借助专门的实验设备,对实验条件严加控制,来引起或改变一种或几种影响个体心理变化的条件,从而观察个体生理及行为变化的方法。这种方法的优点是研究者可以从自己的意愿出发,对所研究对象的心理现象进行控制,有利于明确心理现象的因果关系,实验结果可以反复验证,科学性强。缺点是在对个体进行控制下的实验结果与现实生活中的实际情况还有一段差距,在具体应用时要受到很多限制。另外,个体对实验的配合与否,直接影响研究结果的真实可靠性。教育心理实验法是指在教育教学过程中,根据研究目的,控制或变更某些条件,以观察被试的心理活动表现的一种方法,这种方法是在现实生活场景中进行的,是一种自然实验。教育心理实验法是介于实验室实验法和观察法之间的一种方法,它兼有两者的特点。它的优点表现在:它不是在特设的实验室中操作的,而是在实际教育情境中进行的,保持了被试的自然性;它又对实验条件有所控制,使得主试能按照自己的意愿进行,可操作性强,另外,实验可以重复进行,加以验证,有推广价值。但同时又有其不足之处,表现在:在实验时,许多条件无法严格控制,致使实验过程中所受干扰因素较多,研究结果的精确性和有效性比实验室实验要低;另外,它并不是使被试完全处于自然状态下进行的,对其又施加了一定的影响,使得实验结果难以具有和观察法同等的真实性。

2. 使用实验法时应注意的事项,主要有以下四点:

(1)所选实验对象要具有代表性。首先,确定所研究对象的总体,即具有某种特征的一类事物的全体。总体是由每个个体构成的。如要研究某校小学生,则这所学校的所有小学生就为研究的总体,每个学生都是总体中的个体。其次,从总体中选出一部分个体——样本,样本要有代表性,即最能代表总体的特征。如从上述例子中抽出的个体就应该代表小学生的性别、年龄、智力等特征。只选高年级或只选成绩好的个体就不具有代表性。最后,选择有代表性的样本的方法有许多种。一是完全随机取样,如上例,将全校学生编号,用抽签的方法随机抽取一定数量的被试,就属于完全随机取样;二是分层随机抽样,从不同年级中随机抽取整班的方法即为分层抽样。

(2)进行科学的实验设计。科学的实验设计是实验成功的关键一环。由于实验目的不同,研究对象不同,所用的实验设计也不尽相同。按照因素的多少,可分为单因素实验设计、二因素实验设计和多因素实验设计;按照被试所接受的处理情况,可分为组内实验设计、组间实验设计和混合实验设计,以上都属于真实验设计,有时还涉及到准实验设计和非实验设计。所以在使用实验法时应在专人的指导下进行。

(3)指导语要明确,并且在实验过程中要保持一致。以避免主试操作失误或指导语不清而带来的附加自变量,导致实验失败。

(4)分析统计结果时要客观。不能根据自己的意愿随意改变或删除数据,有时,只要实验是客观的,实验失败也是允许的,切不可盲目臆断。

(三)调查法

调查法是指通过被调查者对所问的问题的回答来了解其基本情况及心理状况的方法。

1. 调查法的种类。根据是否向被研究者本人进行调查分为直接调查法和间接调查法。直接调查法是指由被研究对象本人直接回答所问问题的方法。间接调查法是由熟悉所研究对象情况的人来回答问题的方法,如对婴幼儿的调查可通过老师、家长进行;对某个学生的调查可以通过其他同学来进行。

根据被调查者回答问题的方式分为书面调查法和口头调查法。书面调查法即问卷法,是由被调查者自行填写所回答问题的一种方法。这种方法可同时调查许多人,能在短时间内收集到大量的信息,但难以保证每个被调查者都能如实无遗漏地回答所有问题。口头调查法即谈话法,指研究者和被研究者面对面交谈,获取所需信息的一种方法。与书面调查法相比,口头调查法较为费时,对调查者的要求也较高,每次只能访谈一个人,信息面窄。但研究者能对被调查者的情况有一个详尽、系统的了解,产生比较丰富、典型的印象,并且往往可以有意外的收获。

2. 使用调查法时应注意的事项,主要有以下四点:

(1)在调查前应该仔细推敲所提的问题,避免产生歧义,并使其与研究目的保持一致,且适合所调查的对象。

(2)所选择的调查对象要有代表性、典型性。

(3)在调查中要保持指导语的一贯性、一致性,不可随意解释。

(4)如涉及被调查者的个人隐私或社会赞许性等问题,可以采用匿名的方式。

(四)测验法

测验法就是使用经过标准化的问题(量表)来测量被试的个性心理的方法。测验所用量表相对调查问卷来说要求更严格,必须经过标准化,要有一定的信度和效度,测验结果有参照标准。

1. 测验法的种类。根据可同时接受测验的被试样本大小可分为个别测验和团体测验。个别测验是指一名或几名主试一次只对一名被试进行测量的形式。对于有的量表、有的被试只能使用这种方法,如韦克斯勒智力量表就应进行个别测验。这种方法便于对被试的行为进行监控,但需要大量的时间和精力。团体测验是指一名主试同时对多名被试进行测验的方法。如卡特尔十六种人格量表就可以通过团体测验的方法进行。这种方法可以同时收集到大量的信息,经济省时,但不能对所有的被试进行有效的控制,从而影响测验的效果。

根据测验量表的形式可以分为文字测验和非文字测验。文字测验是指测验的量表为文字形式,要求被试填写或回答。这种测验使用起来较方便,但受被试文化背景和文化程度的限制,如中国比纳智力测验,其结果易受被试文化程度的影响。非文字测验指测验的量表为非文字形式,如图形、工具等,要求被试用文字、操作或绘画来完成。测验结果避免了知识经验、文化背景的影响,但施测较困难,评分标准较难确定,对主试要求较高。

按测验目的可分为成就测验、性向测验、智力测验、人格测验等。

2. 使用测验法时应注意的事项,主要有以下四类:

(1)选择有效可靠的测量工具(量表)是测验成功的前提。

(2)所选被试的样本要有代表性,能反映总体的特征。

(3)测验开始要提醒被试按要求回答所有问题,不要有遗漏。测验过程中不能对被试有任何暗示。

(4)向被试解释测验结果时要具有一定的模糊性,要考虑到其他因素的作用。

第二章 心理发展的基本规律

在由出生、成熟到衰老、死亡的人生历程中,人的心理也在变化发展着。虽然每一个人的心理都不尽相同,但其发展始终遵循着一些共同的规律。掌握心理发展的规律,对于教师来说是十分重要的。它是教师确立教育目标、选择教学内容和方法的重要依据之一。本章力图简明地介绍心理发展最基本的规律,使读者了解个体心理的主要原因及其基本过程。

第一节 遗传、成熟、环境与心理发展

一、遗传与心理发展

遗传是一种生物现象,是指父代把自己的生物特性通过基因传递给子代的现象。遗传现象是奥地利生物学家孟德尔(G. J. Mendel)通过豌豆的杂交实验发现的。后来,德国的魏斯曼(A. Weismann)和丹麦的约翰逊(W. L. Johnnsen)分别通过实验研究,发现了遗传基因的存在,从而揭开了遗传之谜。

通过遗传,子代可以获得与前辈相似的生物特征。我们通常把那些通过遗传而获得的生理解剖特点如机体的构造、形态、感官和神经系统的特点称为遗传素质。人们常常将遗传素质理解为"与生俱来"的东西,这其实是一个误解。一方面,与生俱来的东西并不一定是遗传素质,例如母亲怀孕时受到放射性侵害而使出生的新生儿的某些生理器官发育不正常;另一方面,遗传素质并不一定一出生就表现出来,而是在出生后逐步地表现出来,出生时没有表现出来而在以后表现出来的生物特征也可能是遗传素质。遗

传素质是个体心理发展的生物基础,它在个体的心理发展中的作用主要表现在以下两个方面。

(一)遗传素质是心理发展必要的物质前提

遗传对于心理发展来说是至关重要的,没有正常的遗传素质就不可能有心理的正常发展。例如,一个遗传素质正常的人,在一定的社会生活条件下可以发展成一个具有高度心理发展水平的人;而一个高等动物,无论你给它提供什么良好的训练条件,也不能使它具有人类的心理发展水平。同样,一个生下来就没有大脑皮质的婴儿,也不可能发展成为一个正常的人,不可能具有人类正常的心理活动。许多智力落后的儿童,常常有遗传方面的缺陷。常见的遗传方面的缺陷有三类,即基因缺陷、基因突变和染色体异常。

有基因缺陷的个体往往将其基因缺陷传递给他们的子代。美国心理学家高德尔得(H. Goddard,1912)对美国独立战争时期的一位将军的后代进行研究发现,这位将军与一位正常女子所生的后代496人中,没有出现智力落后的;而这位将军与一个智力落后的酒吧女郎所生的后代有480人,在存活下来的189人中,只有46人智力正常。基因突变是在遗传过程中,基因结构发生变化,从而导致遗传信息的变化。有些心理正常的父母,其子代却出现了遗传性的缺陷。染色体异常是在遗传过程中,其中一对染色体多了一个或少了一个染色体,从而产生的遗传性缺陷。如唐氏综合征儿童,其第21对染色体多了一个染色体,从而导致儿童发育中出现严重的身体异常和智力缺陷。

(二)遗传素质差异是个体心理发展的个别差异的生物基础

正常的个体都具有人类的遗传素质,这是遗传素质的共性,但个体之间的遗传素质也存在着一定的差异,这些差异都将在个体的心理发展过程中以一定的方式表现出来。例如,个体在高级神经活动类型方面存在着差异,表现为有的人易于形成安静的个性,有的人更容易形成活泼好动的个性;而个体在感觉器官结构和功能上的差异,则表现为有的人更易于成为音乐家,有的人更易于成为优秀运动员。遗传素质的差异还是智力差异的重要原因之一。大量有关双生子智力相关性的对比研究一致表明,同卵双生子在智力上的相似程度高于异卵双生子。美国心理学家詹森(A. R. Jenson,1969)关于血缘与智力关系的研究也表明,血缘关系越近,其智力上的平均相关程度就越高,血缘关系越远,其智力上的平均相关程度就越低。

遗传是个体心理发展的生物基础,但是,它只为个体心理发展提供一种可能性,并不预定或决定个体心理发展。例如,一个音乐天赋很高的人,如果没有适当的训练,也不可能成为歌唱家的。

二、成熟与心理发展

个体出生以后,其生理器官的结构和功能的发育需要经历一个漫长的过程。我们把随着年龄增长个体生理器官的结构和功能的自然成长叫做生理成熟。生理成熟主要是依据有机体的遗传素质而发生变化的,不需要经过特别的训练和学习。例如身高、体重的增长,小孩学走路等。对于不同生理系统的器官来说,其发展的速度和成熟的早晚是不同的,但都有其规律性。心理是神经系统的一种高级机能,神经系统(特别是大脑皮层)的结构和功能的发展与心理发展关系最为密切。科学研究证实,生理成熟的程序性,特别是神经系统发展的程序性,严格地控制着个体的心理发展和行为表现。

(一)大脑皮层机能成熟在心理发展中的作用

大脑皮层机能的成熟水平可以用脑电图来研究。研究表明,在个体生长过程中,脑电波经历两次重大的转变。第一个重大转变是由 δ 波向 θ 波转变,大脑各部位这种转变一般在 3 岁前基本完成。第二次重大转变是由半原始的 θ 波向代表大脑完全成熟的 α 波转变。进一步的研究表明,α 波与 θ 波的斗争是从枕叶区开始,按照枕叶—颞叶—顶叶—额叶的顺序发展着。在 4 岁~20 岁这个期间,大脑经历两个加速发展的时期,一是 5 岁~6 岁间,大脑枕叶区 α 波与 θ 波的斗争最为剧烈;二是 13 岁~14 岁间,除额叶外,几乎整个大脑皮层的 α 波与 θ 波的斗争基本结束。通过对青少年思维发展的研究,发现 5 岁~6 岁和 13 岁~14 岁是青少年思维发展的加速期。由此可见,大脑皮层的成熟水平,直接决定了青少年的心理发展水平与速度。

(二)神经系统的结构和机能的发育在心理发展中的作用

个体出生以后,其神经系统的结构在不断发展。个体出生时,脑的重量为 390 克左右,相当于成人脑重的 25%。出生后的第一年,其脑重的增长速度最快,平均每天增加约 1 克,到 9 个月时,脑的重量为 660 克左右。2 岁~3 岁时达 900 克~1011 克,相当于成人脑重 75%。以后脑重增长速度放慢,到 6 岁~7 岁时,脑重达 1280 克,为成人脑重的 90%。12 岁时,脑重为 1400 克。20 岁以后脑重便不再增加。在脑重增长的同时,神经系统的内部结构也在趋于完善。到青少年时期,个体大脑皮质的沟、回组织已发育成熟;神经细胞也完善化和复杂化;神经纤维的髓鞘化已经完成,保证了信息传递畅通而且不相互干扰。

神经系统结构的发育,促进了神经系统功能的发展,为心理的发展提供必要的生理条件。首先,神经系统兴奋和抑制功能的不断增强,使条件反射形成速度逐步加快,这是个体学习效率提高的基本前提。其次,皮质抑制的发展使大脑有可能更细致地分析综合外界事物刺激。对于儿童心理发展来说,皮质抑制机能是儿童认识外界事物和调节、控制自身行为的生理前提。再次,第二信号系统的逐步形成和发展。1 周岁时,语言的强化作用开始出现。在幼儿期,第二信号系统的作用不断增强,但第一信号系统仍占优势。到了学龄初期,第二信号系统开始占优势。第二信号系统发展为个体由具体形象思维向抽象逻辑思维发展提供必要条件。

三、环境与心理发展

环境是个体心理发展必须依赖的外部条件,主要包括自然环境和社会环境。自然环境是个体赖以生存的物质条件,包括土地、山川、河流等自然条件,也包括胎儿在母体中生活的环境;社会环境是指由一定的社会生活方式所决定的生活条件。环境在个体的心理发展过程中的作用主要表现为,它在遗传和成熟的基础上决定了个体心理发展的现实性。

(一)自然环境的作用

自然环境,尤其是胎儿在母体中的生活环境,对个体的身体发育和智力发展有重要影响。一般来说,大约有3%的个体在出生时就存在各种缺陷。产生缺陷的原因除了遗传因素以外,还与下列因素有关:

1. 胎儿母亲的营养。研究表明胎儿母亲的营养不良,会导致胎儿发育不良,并产出低重婴儿。

2. 药物。许多药物会对胎儿的发育产生不利影响。例如,新生儿的低体重、低智力常常与服用大量的阿斯匹林有关。

3. 酒精。酒精能对胎儿产生严重的伤害。如引起胎儿过度活动、身体发育迟滞、智力落后。

4. 毒品。胎儿的母亲吸食毒品对胎儿的损伤更为严重。毒品会导致母体给胎儿供氧的不足,造成早产和营养不良。

另外,如果胎儿母亲有吸烟习惯或长期生活在有噪声、粉尘、放射性污染的环境中,胎儿也会出现生理缺陷和智力障碍。

(二)社会环境的作用

社会环境对个体心理发展的作用主要表现为,它制约着个体心理发展的水平和速率,是个体个性差异产生的重要条件。

1. 社会环境制约个体心理发展的水平。遗传和成熟为个体的心理发展提供了可能的发展范围。在良好的社会环境中,个体心理发展可以达到发展范围的上限;而在不良的社会环境中,个体心理发展只能达到发展范围的下限。一个正常健康的个体,心理发展的可能性是十分广阔的,研究表明,丰富的社会环境比贫乏的社会环境更有利于个体的心理发展。我国北方某些地区有"沙袋育儿"的陋习,婴儿出生 10 天左右,将其放在盛有细沙的布袋上,用沙土代替尿布,每天换一次土,除喂奶以外,既不抱,也不理,更不许别人逗他。这种喂养方式可达一年以上,甚至两年以上。孩子不哭不闹,十分安静。研究结果表明[①],以"沙袋育儿"方式喂养的儿童的智商明显低于在一般育儿方式下成长的儿童。

2. 社会环境制约着个体心理发展的速率。优越的文化教育条件,可以使个体的心理发展速率维持在一个较高的水平。左梦兰(1985)在一项对云南不同地区、不同民族儿童进行的认知发展的跨文化研究中,发现认知发展水平的差异主要并不存在于不同民族的儿童之间,而是存在于文化和教育条件有差别的各地区儿童之间。国外的一些研究也指出,在对儿童进行的运算测验中,农村儿童的水平普遍落后城市儿童 2 年~3 年。

3. 社会环境是个性差异产生的重要条件。个体的个性差异主要表现在价值观体系上。首先,社会环境(尤其是文化和教育)将一定的价值观外化为一定的行为规范,形成一定社会导向。其次,承载一定价值观的社会群体,如家庭、班集体、同伴群体等,通过舆论和其他社会强制力,使个体接受这种价值观,并内化为个体需要。由于个体之间所处社会环境的不同,其价值观也就出现一定的差异。

由此可见,个体的心理发展既受遗传素质和生理成熟状态的影响,又受环境条件的制约。那种片面强调遗传作用的观点(遗传决定论)、片面强调生理成熟作用的观点(成熟势力论)和片面强调环境作用的观点(环境决定论),都是极端错误的。

---

① 梅建:"沙袋育儿"的智力分析研究,心理科学,1991(1)。

第二节 教育与心理发展

一、个体心理发展的指标

个体心理发展的指标是描述个体心理发展状态的一组特征。根据美国心理学家克雷奇的研究,个体心理发展的指标可以用以下特征来描述。

(一)心理发展的时间特征

个体的任何一种心理机能从产生到成熟的发展过程都具有时间特征。个体的心理发展过程既有一定的连续性,又有一定的阶段性。心理发展的阶段性是心理发展时间特征的集中表现。任何一种心理功能,都是在特定的时间或心理发展阶段表现出来的。例如,7岁~11、12岁是个体由具体形象思维向抽象逻辑思维过渡的阶段。在这个阶段,抽象逻辑思维的心理机能逐渐成为个体思维的主导形式。

(二)心理发展的速度特征

个体任何一种心理机能从产生到成熟的变化都具有速度方面特征。个体心理发展不是呈匀速直线上升的形式进行的,而是呈波浪的形式发展的。在心理发展过程中,既有稳定发展的阶段,又有加速发展的时期。例如,抽象逻辑思维开始发展于7岁左右,并平稳而缓慢地发展着,11岁~12岁左右则出现加速发展的状态。

(三)心理发展的稳定性特征

一般说来,在一定的社会和教育条件下,个体心理发展均表现出稳定性的特征。但由于社会教育条件在个体身上所起的作用的不同,因而心理发展也存在可变性。心理发展的稳定性是相对的,可变性是绝对的。

(四)心理发展的协调性特征

个体心理的发展是个体各种心理机能协调发展的结果,表现出协调性特征。各种心理机能之间相互促进、相互制约。例如,非智力因素的发展可以促进和制约智力因素的发展。

（五）心理发展的量变与质变特征

个体的心理发展,既具有量变的特征,表现为心理机能不断增强;又具有质变的特征,表现为心理机能的成熟。

二、教育在个体心理发展中起主导作用

教育是社会环境因素中较为独特的因素。它是有计划、有组织地传授知识经验、开发学生潜能的活动。这种主导作用表现在以下几方面。

（一）教育引导着个体心理发展的方向

任何一个社会,都会根据自身的价值观念对新生一代的品德和能力提出一定的社会期望。教育就是实现这种社会期望的过程。教育总是根据社会的期望,对学生的品德、能力等方面的心理发展提出具体目标,规定学生学习的具体内容,并通过强有力的教育措施有计划地组织实施。例如,"小学生日常行为规范"就是小学生品德发展的主要目标。学校就是通过思想品德课和各学科教学的渗透作用,来促进学生提高道德认识,形成良好的行为习惯。

（二）教育制约着个体心理发展的进程

在心理发展的过程中,教育是影响心理发展的主要的外部因素。教育得法,可以加速个体的心理发展;教育不得法,则会阻碍个体的心理发展。例如,在个体的思维发展过程中,小学四年级是从具体形象思维向抽象逻辑思维发展的一个转折期。此时,如果教育得法,则可使转折期提前到3年级;如果教育不得法,则转折期可能推迟到5年级。因此,个体心理发展的水平和潜力,都必须通过教育来培养和开发,教育是个体心理发展的主要条件。前苏联心理学家维果斯基指出,教育不能消极适应学生的心理发展水平,而积极地走在发展的前面,以加快个体心理发展的速度。

（三）教育是个体获得知识经验的基本条件

个体的心理发展是以掌握知识经验为基础的。例如,在品德、性格的发展过程中,虽然道德知识的掌握,并不一定意味着品德良好。社会经验的获得,也不等于性格就好,但是,道德知识、社会经验却是品德和性格形成的基础。品德和性格有了这些基础,才能更好地发展道德情感、道德行为习惯,才有更好的道德行为动机,以形成完整的品德和性格。离开了学习和训练,什么知识都不懂的人,他的品德和性格也是得不到很好发展的。教育就是通过引导个体对于知识经验的学习,来促进个体心理发展的。

(四)教育的主导作用是以教育的适当性为前提的

教育必须适合个体心理发展内在需要的变化。教育的作用只有在符合个体心理发展内在需要的情况下,才能促进个体心理发展。当传授的新知识被个体所掌握时,就会增加个体心理发展的新因素,这些新因素的量的积累达到一定程度,就会导致心理发生质的变化,从而形成个性心理特征。

总之,教育与心理发展是辩证统一的。一方面,教育引导着个体心理的方向,制约着心理发展的进程;另一方面,教育本身还依据个体现有的心理发展状况,脱离学生实际的教育是难以发挥其主导作用的。

三、教育促进心理发展的内在机制

教育是如何促进个体心理发展的呢?朱智贤认为,教育措施并不能立刻、直接地引起个体心理的发展。从教育到心理发展是以个体对知识的领会和掌握为中介,经过一系列量变到质变的过程来实现的。他还提出了教育促进心理发展的内在机制的流程图:

$$\boxed{教育} \xrightarrow{反复实施} \boxed{领会、掌握知识经验} \xrightarrow{不断内化} \boxed{发展}$$

(一)领会和掌握知识经验是由教育到心理发展的中介

知识经验是人类智慧长期积累的产物。人类的知识经验可以分为三类:知识、技能和行为规范。其中,知识是以思想内容的形式为人所掌握的人类经验,技能是以行为方式的形式为人所掌握的人类经验,行为规范是调节人际关系的人类经验。冯忠良先生认为,知识和技能是形成能力的基础,行为规范则是品德形成的基础。个体的心理发展主要就是表现为能力和品德两个方面的发展。因此,个体的心理的发展,必须要以领会知识经验为基础。由教育到领会知识经验是一个由不知到知、由知之甚少到知之甚多的过程。只有通过反复实践,才能让个体领会和掌握知识经验。

(二)知识经验的内化

知识经验的领会并不能立即引起个体的心理发展,个体只有把知识经验内化以后,才能促进心理的发展。知识经验的内化要经历一定的过程,前苏联心理学家加里培林认为这个过程包括以下五个阶段:

1. 动作定向阶段。该阶段的主要任务是了解和熟悉活动的任务,知道做什么、怎样做和活动的结果,从而在头脑中构成活动本身和活动的表象。

2. 物质或物质化活动的阶段。该阶段主要是借助于实物、模型来进行心理活动。也就是要求个体在对活动定向之后,直接从事物质化的活动,即实际做出这种活动来。例如,在加法运算中,要求个体直接用实物相加,计算出结果。

3. 出声的外部言语阶段。该阶段主要是要求个体不依赖于实物,而只凭借出声的外部言语来进行心理活动。例如,在加法运算中,先给个体出示实物,然后将实物拿走,并要求个体用言语来说出结果。

4. 不出声的外部言语阶段。该阶段主要是要求个体以词或表象的方式进行心理活动。该阶段与上一阶段的区别不仅在于言语不再出声,而且对言语机制做了很大的改造,表现在个体言语活动的概括化和简约化。

5. 内部言语活动阶段。该阶段主要是个体的心理活动通过内部言语来完成,即内部言语活动成为心理活动的工具,个体一旦掌握这种工具,就能使其心理活动更加概括化和自动化。例如,在进行加法运算时,个体通过心算来得出答案。

应当指出,教育是心理发展的外因,是个体心理发展的外部条件。教育只有和心理发展的内因(即心理发展的内部矛盾)相结合,才能发挥促进心理发展的作用。

第三节 心理发展的动力

一、关于心理发展动力的观点

(一)西方心理学家关于心理发展动力的观点

心理发展的动力是个体心理发展的内因。在发展心理学的历史上,存在一些不同的看法。瑞士心理学家皮亚杰总结为6种观点:

1. 只讲外因不讲发展的。代表人物是英国哲学家罗素。
2. 只讲内因不讲发展的。代表人物是德国心理学家彪勒。
3. 只讲内外因相互作用而不讲发展的。代表学派是格式塔学派。
4. 既讲外因又讲发展的。代表学派是联想主义心理学。
5. 既讲内因又讲发展的。代表人物是美国心理学家桑代克。
6. 既讲内外因相互作用又讲发展的。代表人物是皮亚杰。

(二)前苏联心理学家关于心理发展动力的观点

在前苏联,柳布林斯卡娅关于个体心理发展矛盾的观点不仅在前苏联有一定的代表性,而且对中国心理学界有一定的影响。柳布林斯卡娅在其《儿童心理发展概论》一书中比较系统地提出了心理发展过程的以下三种矛盾是构成儿童心理发展的动力。

1. 已经取得的旧有能力和随之产生的新的需要之间的矛盾。
2. 旧的行为方式和新的行为方式之间存在的矛盾。
3. 内容和形式之间所产生的矛盾。

（三）我国心理学家关于心理发展动力的观点

我国心理学家以辩证唯物主义思想为指导。通过对个体心理发展开展实验研究，提出了自己的观点。我国发展心理学界普遍认为，在个体与客体的相互作用过程中，社会和教育向个体提出的要求所引起的新的需要与其已有的心理水平之间的矛盾，是个体心理发展的内因或内部矛盾。这个内因或内部矛盾，也就是个体心理发展的动力。

二、心理发展动力的认识

要把握心理发展动力的实质，就必须正确认识心理发展的内部矛盾（或内因）产生的条件、矛盾双方的特点以及矛盾双方的关系。正确认识心理发展的动力，要把握以下要点。

（一）个体的实践活动是心理发展内部矛盾产生的基础

实践活动是个体的主体与客体之间的相互作用的过程。主体通过一定的动作作用客体，以满足自己的需要，而客体则作用于主体，以反馈动作结果信息。个体从出生起，就不是消极地接受客体（环境）的影响，而是在不断的实践活动中反映客观现实。个体心理发展的内部矛盾是客观现实中各种矛盾的反映。譬如，一个乳儿饿了，就会哭，就会产生积极探究食物的活动。这时就和其发生联系的事物组成各种矛盾关系。例如，母亲的乳头和母亲的手指头在满足乳儿吃的需要上，关系是不一样的，是有矛盾的，这就会产生不同的反映。因此，个体的心理矛盾是主体和客观事物相互作用的结果，是个体实践活动中的客观事物之间的矛盾、客观事物与主体之间矛盾的反映。在个体心理形成与发展的各个阶段，都有一种主导的实践活动，如幼儿的主导活动是游戏、儿童青少年的主导活动是学习、成人的主导活动是工作。这些主导的实践活动是个体心理形成和发展的最重要的基础，它直接决定着个体心理发展的方向、内容和水平。

(二)需要

需要在个体心理发展的内部矛盾中代表着新的一面,活动的一面。需要也是一种反映形式。需要与一般的反映的共同之处在于,它是能够被人意识到的反映形式。需要与一般反映形式不同之处在于,它是心理活动的动力系统,它引起了个体的"内在行动"。任何需要都是在一定生活条件下产生的。在个体的生长过程中,社会和教育总是不断地向个体提出各种要求,当这些要求被个体所接受后,就逐渐内化为自己的需要。例如,小学生的行为规范是社会和教育向小学生提出的一种道德要求,教师通过讲解、榜样示范、移情训练和行为训练等教育手段,让小学生理解和接受规范的要求,逐渐将这种要求转化为自己的道德需要。需要也可以在自身的要求下产生,例如,当一个新异的事物出现在眼前时,人们就会情不自禁地去关注它、探究它、了解它,这种好奇心就是一种认知需要。

(三)原有的心理发展水平

原有的心理发展水平,是指个体已经形成的心理结构的功能水平,是过去反映活动的结果。从生理机制上来说,也就是已经形成的暂时神经联系系统。在个体心理发展的内部矛盾中,原有的心理发展水平代表着旧的一面,稳定的一面。它是个体心理进一步发展的基础。

(四)新的需要和原有心理发展水平的对立统一

新的需要和原有心理发展水平的对立统一,构成个体心理发展的内部矛盾,成为个体心理发展的动力。个体在实践活动中产生的各种新需要,必然与原有心理发展水平形成新的矛盾。矛盾双方相互依存,也互相转化。它们既是同一的,又是斗争的。斗争的结果有两种情况发生:一是新的需要引起原有心理发展水平的改变,促使心理在原有基础上又有新的发展,也就是说,心理发展产生质变。二是新的需要被原有的心理发展水平所否定、排斥,使心理发展保持原有的发展水平。这两种结果到底哪种有利于个体心理发展,要根据需要的性质和心理发展的方向来决定。新的需要与原有心理发展水平之间构成的矛盾十分复杂而且普遍存在。正是这一矛盾的运动,才推动和促进个体心理不断发展变化。应当指出,在个体心理发展过程中,存在着各种的矛盾,但是只有新的需要和原有的心理发展水平之间的矛盾才是主要矛盾。这个主要矛盾决定着个体心理发展的方向、水平和速度,其他一切矛盾都是以主要矛盾为转移的。

第四节　心理发展的年龄特征

一、心理发展年龄特征的实质

心理发展的年龄特征是指在一定社会和教育条件下,在个体发展的各个不同年龄阶段中所形成的一般的、典型的、本质的心理特征。

(一)心理发展年龄特征与年龄阶段

心理发展的年龄特征是针对个体心理的年龄阶段而言的,并不是说一个年龄一个样。在一定的社会和教育条件下,个体从出生到成熟经历如下时期:乳儿期、婴儿期、学前期、小学期、少年期、青年初期,上述各时期也就是一些不同的年龄阶段。

心理发展的阶段既是相互连续,又是互相区别的。每个阶段持续的时间长短不同,有些阶段可能只有一年,有些可能持续三四年,有些可能持续四五年。个体可能会因各种外界因素的影响而导致发展阶段出现提前或滞后,但是从总体上说,个体心理发展不会出现倒退。

(二)心理发展年龄特征的质的规定性

心理发展年龄特征是指个体心理在一定年龄阶段中的那些一般的、典型的、本质的特征。个体心理发展的年龄特征就是心理学家从许多具体的、个别的心理发展的事实中,概括出一般的、本质的和典型的特征。例如,学前初期的儿童,主要是直觉行动思维,即思维只能在活动中进行。离开了活动,儿童的思维就不能进行。学前中晚期儿童,主要是具体形象思维,即思维只能凭借具体形象进行。小学儿童,主要是具体形象思维向抽象逻辑思维过渡。初中生,主要是经验型的抽象逻辑思维。高中生,主要是理论型的抽象逻辑思维。

从个体心理发展的总趋势来看,在某个阶段开始之初,个体心理发展可能保留着大量前一个阶段的年龄特征;而在该阶段之末,个体心理发展又会表现出下一个阶段的年龄特征。例如,小学阶段,儿童思维发展特点是从形象思维向抽象思维过渡。在小学低年级,学生还是以具体形象思维为主要形式,这种思维与学前晚期的儿童思维差不多。而在小学高年级,学生的思维尽管还带有具体形象性,但基本上是抽象逻辑思维。

二、心理发展年龄阶段的划分

对个体心理发展年龄阶段的划分,必须以个体心理发展的规律为依据。但是由于每个研究者的研究侧重点不同,所以目前发展心理学界对心理发展年龄阶段的标准没有统一,所划分的心理发展年龄阶段也不尽相同。

(一)国外心理学家对儿童心理发展年龄阶段的划分

1. 瑞士心理学家皮亚杰以个体认知发展为标准,将心理发展分为四个阶段:一是感觉运动阶段(0岁~2岁),本阶段的儿童思维的形式为直觉行动思维;二是前运算阶段(2岁~7岁),本阶段的儿童以具体形象思维为主要思维形式;三是具体运算阶段(7岁~12岁),本阶段儿童处于由具体形象思维为主要形式向以抽象逻辑思维为主要形式过渡的时期;四是形式运算阶段(12岁~18岁),本阶段的儿童以抽象逻辑思维为主要形式。

2. 前苏联心理学家艾里康宁和达维多夫以儿童生活中的主导活动为标准,将心理发展分为六个阶段:一是乳儿期(0岁~1

岁);二是先学前期或婴儿期(1岁~3岁);三是学前期(3岁~7岁);四是学龄初期(7岁~11岁);五是学龄中期或少年期(11岁~15岁);六是青年初期(15岁~17岁)。其中,在第一、三、五阶段,儿童的主导活动是以围绕儿童的需要和动机的发展而展开的;在第二、四、六阶段,儿童的主导活动是以围绕儿童的智力或认识的发展而展开的。

3. 美国心理学家埃里克森以心理社会性发展为标准,将儿童心理发展分为五个阶段。一是婴儿期(0岁~2岁);本阶段发展任务是满足生理需要,获得信任感而克服不信任感,体验着希望的实现;二是儿童早期(2岁~4岁),本阶段的发展任务是满足探索的需要,获得自主感克服羞怯感和疑虑感,体验着意志的实现;三是学前期或游戏期(4岁~7岁),本阶段的任务是从语言上和行动上探索环境,环境也向儿童提出要求,发展的任务是获得主动感,克服内疚感,体验着目的的实现;四是学龄期(7岁~12岁),本阶段的发展任务是获得勤奋感克服自卑感,体验着能力的实现;五是青年期(12岁~18岁),本阶段的发展任务是建立同一感,防止同一感混乱,体验责任和忠诚的实现。

(二)我国心理学家对儿童心理发展的年龄阶段的划分

朱智贤1981年提出,划分儿童心理发展阶段时,应该考虑以下两点:第一,儿童心理发展的每一时期的重要的特殊矛盾或质的特点,应该是划分儿童心理年龄阶段的主要根据。第二,在划分儿童心理年龄阶段时,既应看到重点,又要看到全面。在此基础上,他提出划分儿童心理发展年龄阶段的标准是:在一定的社会和教育条件下,儿童心理发展的各个不同时期内的特殊矛盾的特点。这些特殊矛盾主要表现在儿童的主导活动、思维水平、个性特征和生理发展等方面。朱智贤依据上述标准,提出儿童心理发展可划分为六个阶段:阶段1:乳儿期(0岁~1岁)。阶段2:婴儿期(1岁~3岁)。阶段3:学龄前期(3岁~6、7岁)。阶段4:学龄初期(6、

7岁~11、12岁)。阶段5:少年期或学龄中期(11、12岁~14、15岁)。阶段6:青年初期或学龄晚期(14、15岁~17、18岁)。

三、心理发展的敏感期和转折期

在儿童的心理发展过程中,既存在着心理发展的敏感期,又存在着心理发展的转折期。

(一)儿童心理发展的敏感期

儿童心理发展的某一特定时期,对环境中的刺激特别敏感,对相应的某一反应或某一组反应最容易获得,如果错过了这个时期,就不容易再出现这样好的时机。这一时期就称为某一反应(或某一组反应)的敏感期,又称"关键期"或"关键年龄"。

敏感期这一概念,其最基本的含义是来自于动物习性学家所提出的"印刻"。印刻现象最初由斯波丁(D. Spalding)于1872年提出。他发现,如果小鸡在出生后的前三天里被蒙上眼睛,当把蒙布揭开时,小鸡第一眼看到的是他的手,就会跟着他的手移动。后来,奥地利动物习性学家洛伦兹(K. Lorenz)又用其他的家禽作实验,也发现了类似现象。研究发现,在小鸡出生后的10个小时~16个小时,是认母的关键时刻。如果在此时间内,小鸡看到一个人,那么小鸡就会把人当作自己的母亲,并终生不变。洛伦兹认为,个体的印刻现象只能在个体生命中一个短暂的"关键期"发生,个体在这个时期所印刻的对象,可以使该个体对它接近并发生偏好,而且不会被忘却,由此形成了一种对它的永久依恋。

发展心理学家通过对个体心理发展的研究,发现人的心理发展也存在关键期。例如,人类的胚胎最容易受到损害的关键期是怀孕后6周以内。这个时期是主要器官发育的时期。大脑发展的关键期为出生后的头3年。2岁~3岁是从直觉行动思维向具体形象思维发展的关键期,也是儿童口头言语发展的关键期,还是儿童学习社会交往的关键期。4岁~5岁是开始学习书面语言的关键期。5岁~6岁是从具体形象思维向抽象逻辑思维发展的关键期。13 岁左右是儿童思想品德形成的关键期,等等。

心理发展的敏感期的研究引起了教育界的普遍关注。首先,它提出了儿童学习的最佳年龄问题。关键期是教育的最佳时期。我们如果抓住关键期内学生心理发展变化快的特点,实施正确的教育,会使教育取得最大的效果。其次,强调了早期教育的问题。这一研究认为,儿童具有巨大的学习潜力,儿童智力发展的关键期比一般设想的早,因而强调早期教育,提前学习计算、识字等,充分发挥儿童的学习潜能,早日成才。应当指出,心理发展的敏感期问题还处于探索阶段,我们尚未查明各种重要的心理机能发展的敏感期,因此,切不可夸大敏感期现象。

(二) 儿童心理发展的转折期

在儿童心理发展由一个阶段向另一个阶段过渡的时期,某些心理状态往往出现剧烈的变化。我们把这一时期称为转折期。在心理发展的转折期,儿童容易产生各种心理冲突和不良的行为倾向,如违抗成人的要求,容易与周围人发生冲突,容易产生消极的情绪体验,学习兴趣低落等。因此,我们还把转折期称为"危险期"和"危机年龄"。处于转折期的儿童往往变得难以教育,消极心理现象较多。例如,3 岁左右的孩子往往变得固执、任性、调皮、抗拒等;7 岁左右的孩子往往情绪波动很大,容易意志颓丧;13 岁的孩子容易否定自我、否定社会,情绪易冲动,抗拒别人的要求。针对这些特点,有人提出了"3 岁危机"、"7 岁危机"、"少年危机"的概念。

儿童心理发展的转折期是客观存在的,是心理发展由一个阶段向另一个阶段过渡的必然现象。但是,转折期儿童所具有的心理特点并不是不可改变的。处于转折期的儿童,如果受到良好的教育,其心理就可能向正面发展,形成积极的心理品质;如果教育不当,则可能向反面发展,形成消极的心理品质。

四、心理发展年龄特征的稳定性与可变性

(一)心理发展年龄特征的稳定性

儿童心理发展年龄特征的稳定性,是指在一定的社会和教育条件下,儿童个体间的年龄特征具有普遍的稳定性。主要表现在以下三个方面:首先,所有正常儿童的心理发展所经历的相同的发展阶段,也就是说,每一个正常的儿童都依次经历乳儿期、婴儿期、学龄前期、学龄初期、少年期或学龄中期和青年初期等年龄阶段。其次,所有正常的儿童在同一年龄阶段中,其心理发展都经历相似的变化过程。例如,处于学龄初期的儿童,其思维发展都要经历由具体形象思维向抽象逻辑思维过渡的过程。再次,在一定的社会和教育条件下,处于同一年龄阶段的儿童,其心理发展的速度虽然存在着一定的差异,但从总体上说是彼此接近的。儿童心理发展年龄特征的稳定性产生的主要原因在于:

1. 心理发展的物质基础是大脑的发展,它有着相对稳定的顺序。也就是说,大脑的发展遵循着自身发展的规律,它有一定次序性和阶段性,有一个成熟和发展的过程。

2. 心理发展受个体所掌握的人类知识经验和行为规范的制约。人类知识经验和行为规范本身是有一定逻辑顺序性的,个体不能违背这个顺序。如小学生学习加减运算时,必须从学习数概念开始,只有掌握了数名、数值、数序和数的组成以后,才能学习正整数的加减运算。此外,对同一门科学知识掌握的深度和广度也是循序渐进的。例如小学生虽能理解一些道德概念的含义,但和青少年儿童的理解比起来,相差很大。所以,个体对知识的掌握必须是从浅到深、由表及里的。

3. 儿童从掌握知识经验到心理机能得到发展,需要有一个由低级到高级、从简单到复杂、从现象到本质的过程,也是一个要不断经过量变质变的过程。儿童从直觉行动思维上升到具体形象思维,再上升到抽象逻辑思维,虽然是在掌握知识经验的过程中实现

的,但却不是立刻实现。

4. 社会和教育条件虽然是在不断发展变化,但在一定时期内,有其相对的稳定性。因为,社会生产力水平的发展从总体来说是相对稳定的,不可能在某一天就提高了。同时,在一定的时期内,教育制度和教学内容也会保持相对的稳定性。

(二)心理发展年龄特征的可变性

儿童年龄特征的可变性,就是指由于社会教育条件的差异以及社会教育条件对儿童个体的作用不同,儿童个体在心理发展的过程和速度上彼此存在一定的差距。儿童心理特征可变性产生的原因在于:

1. 社会教育条件是影响儿童心理发展的重要因素。由于每个儿童所处生活条件存在着一定的差异,因此,不同儿童之间的年龄特征也不完全相同。研究发现,学龄初期的儿童如果仍放在幼儿园学习生活,则其思维活动便仍具有学前儿童的特点。

2. 生理成熟是心理发展的基本前提。儿童生理发育的状况虽大体一致,但由于他们的遗传素质和营养条件的不同,其生理成熟的早晚存在着差异,这一差异直接导致儿童心理发展的过程和速度产生差异。

3. 在生长过程中,个体获得了生活经验,形成了各种需要和独特的认知方式。这些生活经验、需要和认知方式制约了主体接受环境影响的程度和方式,并进而制约着主体对环境的反应方式。因此,个体的生活经验、需要和认知方式的不同,也会导致儿童心理发展的过程和速度产生差异。例如,一个与教师有良好情感联系的学生,则较容易接受教师提出的要求;而一个与教师有敌意的情感联系的学生,则较难接受教师提出的要求。由此会产生两者之间心理发展上的差异。

(三)正确理解心理发展年龄特征的稳定性与可变性关系

心理发展年龄特征的稳定性和可变性是相互制约、相互依赖、相互促进的。儿童心理发展年龄特征的稳定性是相对的,而不是绝对的。随着各种条件(特别是社会和教育条件)的不同,儿童心理年龄特征在一定范围内或程度上,可以发生某些变化,但这些变化又是有限度的,而不是毫无限度。我们只有全面地、辩证地理解儿童心理年龄特征的稳定性和可变性的相互关系,才能揭示儿童心理年龄特征的实质。

第三章 学习心理

学习是影响和决定人类心理发展的主要因素,因此人们很早就开始研究学习问题,并提出了各种学习理论。早期的学习理论与学校教学实际相距较远,近期的学习理论则与学校教学实际联系很紧。学生是学习的主体,学校教育应主要围绕学生的学习来展开。心理学的研究和教育教学的实践表明,只有教师掌握了学生学习的特点,依据学生学习的规律实施的教育和教学,才是真正有效的教育。本章介绍了几种主要的学习理论,揭示了学生学习的主要特点以及学生掌握知识和技能的主要规律。

第一节 学习心理概述

一、学习的含义

（一）学习的概念

"学习"在儿童发展与教育心理学研究中占有非常重要的地位。长期以来,心理学中对学习有种种界说,概括起来主要有以下四个层次的定义。

第一个层次是最广义的学习。它是指人和动物在生活过程中通过练习或训练获得个体经验,从而引起行为或行为潜能的相对持久的变化。

这种学习是人和动物普遍具有的心理现象,是人和动物所共同具有的适应环境的手段。这种学习是由经验引起的后天习得的行为变化,而不是由遗传而来的本能的行为变化。任何水平的学习都会引起个体行为的变化,或者是带来个体外显行为的改变,或者是引起个体潜在的内部经验的改组和重建。学习所引起的行为或行为潜能的变化是个体通过反复练习或训练而获得的相对持久的变化,是与疲劳、药物等引起个体的暂时性行为变化相区别的。

第二个层次是次广义的学习。它是指人在社会生活实践中,以语言为中介,自觉地积极主动地掌握社会的和个体的经验过程。

这种学习是人类所特有的心理现象。人类学习不仅仅是适应环境的活动,更具有其社会意义,这就使得人类学习与动物学习在功能、动力、内容、方式以及机制上都具有本质的区别。相对于动物的学习来说,人类学习具有几个显著的特点:一是人类除了要通过直接经验的方式获得个体经验外,还要在同他人的交往过程中,掌握人类世世代代所积累的社会的历史经验,即科学文化知识。二是人类是以语言为中介来进行学习的。由于有了语言,扩大了个体掌握社会历史经验的可能性,使人不仅能掌握具体的经验,而且能掌握概括的、抽象的经验。三是人类的学习是自觉的、积极的、主动的过程。人是在积极地作用于环境,与周围的人主动交往的过程中进行学习的,因而,人的意识在人的学习中起着支配和调节作用。

第三个层次是狭义的学习。它是指在学校教育情境中,在教师的组织领导下,有目的、有计划、有组织、有系统的进行的学习活动,它以掌握一定的、系统的科学知识和技能,形成一定的品德为主要任务的学习形式。

这种学习专指学生的学习。学生的学习是人类学习中的一种特殊形式。学生的学习与日常生活和工作中的学习是有区别的,它具有自身的特点和规律。

第四个层次是最狭义的学习。它是指学生对某一具体知识技能的学习,如掌握简单应用题的学习、掌握拼音字母的学习、掌握小学生守则的学习等等。

本书随后所提及的"学习"一词专指学生的学习。

(二)学生学习的特点

相对于人类的学习来说,学生的学习特点主要有:

1. 学生的学习是以掌握书本上的间接经验为主。学生的学习是一种特殊的认识活动,这种认识活动主要是掌握前人积累下来的文化、科学知识,即间接的知识经验,这是人类在漫长的社会实践中认识和改造世界所创造的精神财富的结晶。学生的学习活动和科学家探索尚未发现的客观真理的认识活动是不同的。学生在学习中有时也可能有新的发现,但主要还是学习前人已经积累起来的知识经验,并将其转变为学生自己的精神财富。

2. 学生的学习是在教师有目的、有计划、有组织的情况下进行的。由于有教师的指导和传授,学生的学习具有快速而高效的特点;同时,由于这种传授是有目的、有计划和有组织地进行的,学生的学习也成为可以控制的过程,并达到所希望的效果。

3. 学生的学习是以掌握系统的科学知识、技能,形成世界观和道德品质为主要任务的。掌握前人已积累的系统的科学知识和技能,虽然也需要通过一定的实践活动去获得一些直接经验,而学生在学习过程中的这种实践是服从于一定的学习目的,并且多半是验证性的、练习性的,它在性质、任务等方面与科学家的实践以及工人、农民所从事的生产实践是有所不同的。同时,学生的学习过程,也是他们世界观道德品质的形成与发展过程。

4. 特别要求学生在学习过程中德、智、体、美、劳诸方面生动活泼地、主动而统一地发展。学生是处于不同发展阶段的年轻的一代,正处于身心急剧发展的年龄阶段,其身心各方面的特点都与成人有所不同。因此,学生的学习应该是全方位地、生动活泼地进行的,使他们在身心各方面都得到主动而统一地发展。

由此可见,学生的学习既不同于人类历史经验的形成过程,也不同于日常生活中人们所进行的学习,是一种特殊形式的学习。

二、学习的过程

(一)中国古代思想家的看法

在我国古代,"学"与"习"一般是分开来用的。最先把它们联在一起讲的是孔子。孔子在《礼记·月令》篇中有"鹰乃学习"一语,这里的"学"的原意与"效"相同,"习"指的是"鸟频频飞起",意思是小鹰在学着反复飞起。随后逐渐与今天的"学习"一词的含义基本相当,即学习包括"学"与"习"两个阶段,"学"主要是指获得知识技能的过程,又可细分为"学"与"思"两个阶段;"习"主要是指巩固知识与技能的过程,又可细分为"习"与"行"两个阶段(如图3-1所示)。因此,学习实质上是学、思、习、行的总称。

$$学习\begin{cases}学\begin{cases}学\\思\end{cases}\\习\begin{cases}习\\行\end{cases}\end{cases}$$

图 3-1 学习过程结构示意图

燕国材综合我国古代许多思想家、教育家的言论,认为我国古代学者们实际上是把学习过程划分"立志、博学、审问、慎思、明辨、时习、笃行"这七个阶段的。所谓"立志"是指学习者必须确立学习志向,形成学习动机;所谓"博学"是指学习者要广泛地去获取丰富的感性知识和书本知识;所谓"审问"是指学习者要详尽地考察、探究学习中所产生的一切疑问;所谓"慎思"是指学习者在学习中要认真、严谨地进行思考;所谓"明辨"是指学习者在学习中要确切地分清所学知识的真伪、是非;所谓"时习"是指学习者在学习中要及时、经常地进行温习;所谓"笃行"是指学习者要把所学得的道理,切实地体之于身、付诸实践[①]。

---

① 李伯黍、燕国材:《教育心理学》,第139页~第141页,上海,华东师大出版社,1993。

(二)加涅的看法

美国著名教育心理学家加涅(R. M. Gagne)认为,学习是学生与环境之间相互作用的结果,学习过程是由一系列内部心理状态和外部影响事件构成的。每一个学习行为都可以区分为八个相互联系的阶段,每一个阶段都有相应的内部心理过程和外部影响事件。学习就是在这种内外因素互动的过程中实现的。教学就是有计划地发动、激发、维持和提高学习者内部心理状态的一整套外部影响事件和条件。这八个阶段依次分别是:

1. 动机阶段,本阶段相应的内部心理过程是期望。动机是推动学习行为的内部动力。教师可以利用诱因如使学习者建立期望来激活其内驱力。期望是目标,是达到时所得到的报酬、结果或奖励。期望本身不能完成任务,但它是完成任务的动力,它能给学习者指明方向和道路。

2. 领会阶段,本阶段相应的内部心理过程是注意、选择性知觉。它是指已具有学习动机的学生,更注意和接受与学习目标有关的整个刺激物及其基本因素,淘汰无关信息,并对有关信息进行记忆。

3. 习得阶段,本阶段又称获得阶段,其相应的内部心理过程是编码、存入。这个阶段起着编码的作用,即对被选择出的信息进行加工处理,使其成为持久保持的记忆状态。

4. 保持阶段,本阶段相应的内部心理过程是记忆贮存。它是指获得的信息经过复述强化之后,以一定的形式(形象的或概念的)在长时记忆中永久的保存下来。

5. 回忆阶段,本阶段相应的内部心理过程是检索。检索过程,也就是寻找记忆储存中的知识,使其复活的过程。

6. 概括阶段,本阶段相应的内部心理过程是迁移。它是指把已经获得的知识和技能应用于各种新的情境中,这一阶段涉及到学习的迁移问题。

7. 作业阶段,本阶段相应的内部心理过程是反应,也被称为操作阶段,这是获得解决问题能力的初步表现。是通过反应发生器激起反应器活动,使学习付诸于行动,即完成新作业或新操作。

8. 反馈阶段,本阶段相应的内部心理过程是强化。学习者完成了新作业并意识到自己已达到了预期的目标,即期望已被证实,从而使学习动机得到了强化。它是学习行为完成的最后阶段。

三、学习的分类

（一）按学习的结果分

美国著名教育心理学家加涅[①]提出的按学生学习的结果进行分类的观点已得到了全世界的公认。他认为,依据学生的学习结果,可以把学习分为五类。这五类学习分别为:

1. 言语信息的学习,表现为陈述观念的能力,即学生掌握的是以言语信息表达的知识。进行这种学习对学生的能力要求主要是记忆。这一类学习通常是有组织的,学习者得到的不仅是个别的事实,而且是根据一定的教学目标给予许多有意义的知识。

2. 智慧技能的学习,表现为运用符号办事的能力。言语信息的学习主要是解决"是什么"的问题,智慧技能的学习则要解决"怎样做"的问题,又称过程知识。

3. 认知策略的学习,表现为学生用来调节和控制自己的注意、学习、记忆、思维和问题解决过程的内部组织起来的能力。它是学习者用来"管理"自己的学习过程的方式。

4. 动作技能的学习,表现为平稳而流畅、精确而适时的动作操作能力,是习得的协调自身肌肉活动的能力。如打字、打球、滑冰、写字等。

5. 态度的学习,表现为影响着个体对人、对物或对某些事件的选择倾向。加涅认为,态度是通过学习获得的并决定着个人行为

[①] 加涅:《学习的条件》,第 29 页~第 31 页,北京,人民教育出版社,1985。

选择的内部状态。它可以从学校各学科的学习中获得,但更多的是从校内外活动中和家庭中得到的。

加涅认为,这五种学习不存在等级关系,其顺序是随机排列的,从范畴上说,它们又分为认知、动作技能、情感这三个领域,其中,言语信息、智慧技能、认知策略这三种学习结果属于认知领域的学习;动作技能这种学习结果属于动作技能领域的学习;态度这种学习结果则属于情感领域的学习。

按学生的学习结果对学习进行分类,并把学习结果作为教育目标,有利于确定达到目标所需要的条件;而从学习条件中又可派生出教学事件。这对于教师更好地组织教学、更有效地帮助学生学习都具有更现实的意义。

(二)按学习内容的范畴分

我国教育心理学家冯忠良认为学生的学习是对学校中所传授的经验的接受,因此可以依据学校传授的经验的不同来对学生的学习进行分类。他主张将学生的学习分为知识的学习、技能的学习和社会规范的学习三类。

1. 知识的学习。通过知识的学习,学生可以获得认知的经验,可以解决知与不知和知之深与知之浅的问题,从而可以在实际生活中更好地确立个体发展与活动的方向。

2. 技能的学习。通过技能的学习,学生可以获得动作的经验,可以解决会不会做与做得熟练不熟练的问题,从而可以在实际生活中更好地控制个体动作的执行。

3. 社会规范的学习。学生通过社会规范的学习,可以获得交往的经验,可以协调个体与他人、个体与集体之间的关系,最终培养学生的品德,从而可以在实际生活中更好地适应社会生活,控制个体的社会行为,使学生学会做人。

本书所采用的就是这种分类法。

四、学习的条件

学习是一种复杂的活动,受多种因素的制约。从学生的角度来看,影响学习因素的有内部和外部两方面的条件。

(一)影响学习的内部条件

1. 学生的学习准备。学习准备又可称为"准备状态"或"准备性"。它是指学生从事新的学习时,个体内部原有的知识水平和身心发展水平对新的学习的适应性。学习准备状态是由多种因素构成的,大体可分为三个维度:

(1)遗传与身体发展准备。这是构成学习准备的物质基础。它主要由个体的遗传素质和生理成熟构成。

(2)认知的准备。这是影响新知识、新技能的学习效率的重要条件,它主要由个体的知识准备和认知发展准备构成。知识准备主要是指个体认知结构中的知识储存状况,也称个体的知识背景。知识准备取决于学生先前的学习和保持。这是影响学习的最重要的内部条件。奥苏伯尔认为:"假如让我把全部教育心理学仅仅归结为一条原理的话,那么,我将一言以蔽之:影响学习的惟一最重要的因素,就是学习者已经知道了什么。要探明这一点,并应据此进行教学。"[①]

认知发展准备是指学生从事新的学习或一定范围的智力活动所具备的认知功能的适当发展水平,如学生的记忆力、想像力、思维力等智力因素的发展水平。认知发展准备取决于遗传基因、个体生活经验、教育背景等因素的共同影响。个体认知的准备发展与学习的关系十分密切。一方面,一定的认知准备是进行学习活动的必要前提。另一方面,个体的认知功能与认知结构的提高和完善又是在学习活动中实现的,这些先行的心理因素又成为以后学习新知识和技能所必不可少的发展准备。没有这些先行心理因

---

① 奥苏伯尔:《教育心理学:认知观点》,扉页,北京,人民教育出版社,1994。

素的发展准备,下一步学习就会受到阻碍和迟滞。

(3)非智力因素的准备。这是影响新知识、新技能的学习品质和动力的重要条件。它主要由个体的学习动机与兴趣、学习热情和意志品质、学习志向和自我意识、气质与性格等方面的发展准备构成。

2. 学生的主动加工活动。当学生已有了一定的学习准备,如果没有主动的加工活动,学习仍然难以进行。学生的主动加工活动主要包括学生的学习策略和学习的主动积极性两方面。学习策略在学生的学习中起着非常重要的作用。学习策略的好坏,直接决定着学生的学习效果。学业差的学生与学业优良的学生相比,在学习策略的运用上存在一定的差别。学业优良的学生能够进行更为积极有效的听课,能够更有效地读书,更有重点地记笔记和使用笔记,能够采用一些较科学的有效的记忆方法,事先有预习,课后有复习,思考的方法也更有条理、更灵活、更富有逻辑性、更善于发现新问题。而学业不良的学生,则往往表现为听课时心猿意马,注意力不集中,读书时往往不用心思考,犹如"小和尚念经——有口无心",不容易抓住要领,记笔记时不知该记什么,分不清重点,只好照搬老师黑板上的板书,或者记了笔记也不知道该如何利用,记忆的方法不科学,不能及时复习消化所学内容,往往靠死记硬背,以背功取胜,特别是一些典型的高智商低学业型学生,更是只凭自己的"小聪明"去学习,基础知识打得不牢,在学习习惯上他们容易受暗示,以习惯化的方法和思路进行新问题的学习,不善于发现问题,思维比较呆板,不灵活。因此对学生来说,最重要的学习就是学会学习。学习的主动积极性指的是学生对待知识的态度极其注意、情绪和意志的状态,它是学生的学习动机和学习需要的外在表现。实践经验表明,学习的主动积极性是进行学习的前提条件。只有学习的主动积极性高,学生才会开动脑筋,才能积极主动地进行在学习过程中所必须的各种智力活动,才能主动地克服在学习过程中遇到的困难,才可能取得良好的效果。学习策略与学习的主动积极性两者相辅相成。较强的学习的主动积极性,导致学习者选择高效的学习策略;高效的学习策略的运用,提高了学习效果,将会进一步加强学习的主动积极性。

3. 学生对学校和学科的态度。教学活动是师生的双边活动,学生是学习的主体,学生对教师的好恶,或者对其学科的好恶,也会影响学生的学习。马尔帕斯(L. F. Malpass. 1953)等人的研究结果显示,学生对学校以及学校中各种情况的态度与其学业成绩之间是有关系的。对学校怀有善意的人比缺乏这种善意的人,学业成绩会更好。在弗兰克尔(E. Frankel. 1960)等人的一项研究中也证实了这一结论,他们还发现,那些智商高而学习成绩好的学生,很少有破坏学校规范的行为,参加学校举办的活动也多,对学校班级更富责任感;而那些智商高而学业成绩不佳的学生一般对学校抱有反抗的态度,在学校感到痛苦,很少参加校内活动,更多地参加校外活动,对学校、班级的责任感和荣誉感不明确[①]。

(二)外部条件

1. 教材和教师提供的信息。教材是教学活动的客体,是学生构建知识结构的媒介。学生头脑中的知识结构是通过对教材结构的重建而完成的,知识掌握的过程就是对教材的重建过程。因此,教材和教师都要向学生提供经过加工的、符合学生学习规律的、可以被学生接受的、结构清晰的信息,同时还要使学生在学习过程中逐步学会加工知识的方法和策略。

2. 教师的教学技巧。教师的教学效能感、教学反思能力、教学监控能力以及教师的教育机智对学生的学习都有一定的影响。

3. 学习者所处的家庭环境。在学习者的家庭环境中,父母的

---

① 周策等:《应用心理测量学——智力·人格·心理素质教育》,第210页,合肥,中国科技大学出版社,1993。

教养态度以及养育子女的方式的影响尤其明显。1962年,心理学家肖(M. C. Shaw)和达顿(B. E. Dutton)的一项研究结果表明,双亲对儿童采取拒绝的态度,有强烈的自我压抑倾向,常常使学生的学业成绩较差[①]。除了双亲的态度对学生的学业成绩有影响之外,家庭的物质环境、家庭的气氛等因素也对学生的学习成绩有影响。

4. 学习者所处集体的心理气氛。班集体的心理气氛,也就是我们通常所说的"班风"和"学风",对学习者的学习产生着极大的影响。经验和研究的结果都表明:轻松、和谐、平等友好的班集体会给学生一种心理上的安全感和学习上的进取感。而笼罩着紧张、竞争、嫉妒和敌意气氛的班集体,会使学生产生一种心理上的畏缩感和学习上的消极感。一个学生只有感到自己在班上是一个受老师和同学们尊敬与爱护的人时,他才具有主动和活跃的学习积极性,那些感到自己不讨老师和同学们喜欢的学生,往往在集体中有一种孤独感,在学生活动中有一种消极躲避的倾向。不少学习差生都陷入了这样的恶性循环之中:由于学习成绩不理想,就觉得自己不讨老师和同学们的喜欢,便游离于集体之外,厌倦学习,于是学习成绩更差,更对学习没有兴趣。

第二节 知识的学习

一、知识的概述

(一)知识的概念

知识是个体通过与环境相互作用获得的信息及其组织。贮存于个体头脑内的知识的为个体的知识;通过书籍或其他媒介贮存于个体之外的则为人类的知识。

---

① 周策等:《应用心理测量学——智力·人格·心理素质教育》,第208页,合肥,中国科技大学出版社,1993。

这一定义强调:首先,知识是个体后天经验的产物,它不是由遗传而来的;其次,知识的获得过程是主体与环境相互作用的过程;再次,知识既包括具体信息的获得,也包括个体认知结构的变化。

(二)知识的分类

按现代认知心理学的理解,知识有广义与狭义之分。广义的知识可以分为两大类,即陈述性知识、程序性知识。

陈述性知识是描述客观事物的特点及关系的知识,也称为描述性知识。这类知识主要用来回答事物"是什么"、"为什么"和"怎么样"等问题,可用来区分和辨别事物。如"书籍是什么?""北京是中国的首都。""遗传有什么作用?"等等。这类知识具有静态的性质,它与人们日常使用的"知识"概念内涵较为一致。目前我国学校教学中传授的主要是这类知识。狭义的知识就是指这类知识。

程序性知识是一套关于办事的操作步骤和过程的知识,也称操作性知识。这类知识主要用来解决"做什么"和"如何做"的问题,可用来进行操作和实践。如"怎样开汽车?""如何讲某种语言?"等等。程序性知识具有动态的性质。它与人们日常使用的"技能"概念内涵较为一致

策略性知识是一种较为特殊的程序性知识。它是关于认识活动的方法和技巧的知识。例如,"如何有效记忆?""如何明确解决问题的思维方向?"等等。策略性知识与一般的程序性知识的区别在于,一般的程序性知识主要调节个体外部活动,而策略性知识则是调节个体内部的认识活动。

狭义的知识就是指上述的陈述性知识。本节随后所讨论的"知识学习"一般是指陈述性知识的学习。

(三)知识学习的方式

知识学习,主要是在教师的指导下,学生对知识信息的内在加

工过程,又称知识的掌握。知识掌握是学校教育的重要内容之一;也是智育的首要任务之一。知识掌握既是学生形成各种技能和发展智力的前提,也是学生的态度和品德形成的因素之一。因此,学校教育应主要围绕知识的学习来展开。根据教师发出信息和学生获得信息的方式的不同,可将知识的掌握分为发现学习与接受学习两种方式。

发现学习指学生在学习情景中通过自己的探索活动而获得知识的一种学习方式。在发现学习中,学生要独立思考,主动地改组材料,以发现事物的意义,掌握原理和原则。教师不给学生讲解和灌输现成的知识,而是帮助学生有效地发现知识。教师的任务是为了提高学生学习的积极性,提供有效的材料,引导学生进行比较和推测,并鼓励学生为检验他们的推测作进一步的积极探索,作出必要的结论,从而达到对客观规律或知识的掌握。

接受学习是在教师指导下学习者接受事物意义的学习。在接受学习中,所学内容以现成的、定论的形式提供给学生,学生利用已有知识来理解新知识,从而获得新知识。接受学习常常是通过言语来进行的,如学习一首古诗或一条几何公理。强调接受学习的心理学家认为,影响学习的最重要因素是学生已经知道了什么,教学的最高原则是依据学生的已有知识状况进行,只有这样,学生的学习活动才是有效的。在指导学生进行接受学习时,教师通常呈现关键的观点和以前学过的有关知识,在提供这个框架后,用许多例子和许多提问来指导和评估学生对材料的理解和掌握程度,同时提供必要的纠正和说明。关键的教学技术是教师把新内容放到一个有意义的背景中去介绍和评论。接受学习是课堂学习的主要形式。接受学习的倡导者奥苏伯尔认为,接受学习的最佳顺序是先学习较为一般的、包摄性广的知识,再学习较具体的知识,逐渐加以分化。例如,"三角形"知识学习的最佳顺序是:先教一般三角形;在一般三角形中按角的大小分化出锐角三角形、直角三角形和钝角三角形;在锐角三角形中分化出等边三角形;在锐角三角形、直角三角形和钝角三角形中分化出等腰三角形,等等。

二、知识掌握的过程

(一)知识的领会

从学习者的内部活动过程上看,任何知识的掌握都包括知识的习得、知识的巩固与转化、知识的应用三个阶段。知识的领会是知识学习的第一个阶段,其基本任务是感知与理解新知识,也就是使新知识以一定方式与原有知识形成联系,形成新的认知结构。知识的领会有知识的感知与知识的理解两种层次。

1. 知识的感知。知识的感知就是对知识表面特征的认识。是人们通过各种感觉和知觉去观察事物、听取言语说明、阅读文字符号、进行实际操作,从而获得感性知识的过程。学生掌握知识一般是从知识的感知开始的。感性知识虽然是对事物表面特征的认识,但却是领会科学知识的起点和必要条件,是学生掌握知识的重要基础。

使学生更有效地获得感性知识应注意:

(1)正确而灵活地应用直观教学。直观教学是使学生通过感知获得感性知识的一种常用而有效的手段。直观教学通常有实物直观、模象直观、语言直观三种形式。实物直观是通过对实物的感知而获得感性知识,如学生观察教师演示各种实物标本,学生进行实验和现场参观等。用这种形式所获得的感性知识具有鲜明、生动和真实的特点,易引起学生兴趣,增强感知的积极性。但它受时空局限,对事物内部不易被感知。模象直观是通过对实物的模拟形象来提供感性材料,如各种图片、图表、模型、幻灯、教学电视和电影等。模象直观所提供的材料虽然真实性不及实物,但它能根据教学目的的要求,通过着色、放大、变静为动等手段突出重点和本质因素,用动画形式表现植物生长过程、动物内脏活动以及原子、电子的结构。利用模象直观能弥补实物直观的局限性,为理解知识创造条件。语言直观是通过教师形象化的语言描绘或举例使学生形成对有关事物的表象。语言直观不受时间空间与设备条件的限制,可根据教学需要动员和组织学生原有知识和经验中的感性材料,但它不如实物直观、模象直观那样真实、鲜明、完整稳定。因而在教学中应尽可能将三种直观形式结合起来使用以取得最佳效果。

(2)遵循和运用感知规律组织教学。教师必须要学会运用感知规律,突出直观对象的特点,从而有效地组织教学。如根据"对象与背景差别越大,对象越易被感知"这一规律,教师在课堂教学的组织、教材的处理、直观教具的制作和运用、讲授板书、作业批改上都应通过颜色、形状、声音和强度等方面的变化,加大对象和背景的差别,突出要感知的对象,使学生获得丰富而清晰的感性知识。

2. 知识的理解。知识的理解就是运用已有的知识经验去认识事物的各种联系和关系,并把它纳入到一定的知识结构中,与已有的知识发生各种联系,从而揭示其本质和规律。如了解词的意义、明确科学概念、把握文章的段落和主题等都是知识的理解。学生掌握知识的标志之一是能够根据对语词和文句的理解,用自己的话说出来,或者以压缩的形式概括原文,或者展开原文发挥原文的基本思想。理解知识的另一个标志是能根据理解完成所需要的动作。提高知识理解的效果应注意:

(1)提供丰富的感性材料。感性知识是理性知识的源泉,只有在丰富、典型、正确的感性材料基础上,通过分析、综合、比较、抽象、概括等思维活动,才能认识事物的本质和规律。教学中只有采取各种有效途径向学生提供必要而丰富的感性材料才能提高知识理解的效果。

(2)通过变式和比较使学生掌握基本概念和基本原理,理解事物的本质和规律。变式就是通过提供概念的各种具体事例,来改变概念的无关特征,以突出概念的本质特征。例如,为了使学生获得"平原"这一地理概念,可以让学生观察各种平原地带的图片和地图(变式),比较各个地带上的特征(植物、湖泊、沙漠),确定无关特征和共同关键特征,从而得出,平原就是地势平坦的地形。变式的使用一定要充分,如果变式不充分,就会导致概念外延的扩大与缩小。如给学生讲"鸟"的概念。如果所提供的变式是麻雀、燕子等会飞的鸟,则会造成对概念的错误理解,将蝙蝠等当成了鸟,而以为鸵鸟不是鸟。比较就是通过思维活动,去发现概念的有关特征,辨别无关特征。比较是重要的思维方法,确定事物的异同是知识理解过程中区分事物本质属性与非本质属性的必要条件。学生如果不能认真对所提供的变式进行比较,则不能把握概念的有关特征。因此,有了变式材料还要让学生学会使用比较,通过同类事物比较,使学生明确同类事物的本质特征,通过不同类事物比较使学生区别不同类事物的本质特征。变式是从材料的变化上理解事物的本质特征,而比较则是从思维上促进理解。

(3)注意新旧知识的联系,重视知识结构和体系的学习。学生对知识的理解是以原有知识经验为基础的。他们依据原有的知识经验去揭露事物的各种联系和关系,从而认识事物的本质和规律,达到对知识的理解。许多有经验的教师十分重视利用学生的已有知识来讲解新知识,使新旧知识有机联系起来,帮助学生理解新知识。知识的理解过程即思维过程,在理解过程中,如能遵循和运用思维规律,必能提高知识的理解效果。

(4)培养学生的思维能力。提高知识理解的效果,还可以通过培养学生良好的思维品质、指导学生掌握正确思维方法、培养学生语言能力来培养学生思维能力。

(二)知识的巩固阶段

知识的巩固阶段的任务是将所习得的新知识贮存在长时记忆中,以备日后提取使用。知识的巩固是在知识的领会的基础上进行的,没有对知识的理解就不能有效加以巩固;同时,已巩固的知识又是进一步学习的基础。知识的巩固是知识积累的前提,学生所习得的知识只有通过巩固,才能转化为自己的经验,从而形成一定的认知结构。知识的巩固还是知识应用的基础,如果学生所习得的知识不能得到巩固,那么在应用时,就不能有效地将这些知识从长时记忆中提取出来,也就谈不上知识的应用了。

在知识的巩固阶段,不同类型的知识的具体学习任务也有所不同,陈述性的知识学习的具体任务是保持所习得的知识,而程序性知识的学习任务是通过练习,一方面将所习得的陈述性知识转化为程序性知识,另一方面使程序性知识得以保持。

无论是陈述性知识,还是程序性知识都需要通过练习与复习来加以巩固,以保持在长时记忆中。首先,练习与复习可以加深在习得阶段所形成的新旧知识之间的联系;其次,由于练习和复习不是对所习得的内容的简单重复,而是将新知识与旧知识以新的方式联系起来,这在形式上区别于已形成的新旧知识之间的联系。再次,练习和复习可以使学生将新知识与更广泛的背景知识联系起来,从而改组或重建新的认知结构。可见,知识的保持决不是一种单纯的记忆活动,而是通过各种认知活动的协调来实现的,特别是需要思维活动的参与。

在巩固阶段,教师应注意指导学生掌握正确的练习和复习的方法,如练习形式的选择、复习的时间安排、复习内容的分散与集中等。同时,加强对学习结果的评价对学生巩固新知识具有十分重要的意义。

(三)知识的应用阶段

知识的应用就是依据已有的知识去解决有关的问题。在此阶段中,不同类型的知识被提取出来,用以解决不同的问题。如陈述性知识被提取出来,用来解决"是什么"一类的问题,如"行为主义心理学的主要观点是什么"等这样一类问题。一部分程序性知识被提取出来用来对外解决"怎么办"的问题,另一部分程序性知识被提取出来用来对内解决"怎么办"的问题。陈述性知识的提取是一个有意识的、往往要依据情境或行为刺激线索的过程,对外办事的程序性知识的提取往往是一个快速、简约、自动化的过程。

知识的应用是在知识的巩固的基础上进行的,是知识掌握的重要环节。首先,通过知识的应用,学生可检验对所学习的知识是否真正理解和巩固。这种检验有助于学生及时地弥补学习上的不足和缺漏,改进学习的方法。其次,通过知识的应用,学生将一般性知识推广到具体的现象中,丰富了学生的感性认识,加深了学生对一般性知识的理解。通过知识的应用,学生还可以学会发现问题、分析问题、解决问题的方法,提高学生的能力。

在掌握知识过程中学生应用知识的形式是多种多样的,其基本形式有两类:一类是口头或书面解答问题,即学生运用已学的知识口头去回答教师的提问,书面去解答练习题。它主要是运用观察、记忆、想像及思维等方法去解决有关问题,属于智力操作的范畴。另一类是实际操作,即学生运用所学的知识去解决实际问题。如理化课的实验、地理课的野外考察、生物课的种植和养殖、科技活动中的安装或维修半导体和电视等,这也是学生应用知识的常用形式。影响知识应用的因素主要有:

1. 知识的理解和巩固水平。如果学生能够全面、深刻地理解知识,即能从各个不同角度去理解它,掌握事物的本质特征和联系,并把它纳入到原有的认知结构中去,使知识系统化,达到举一反三、触类旁通、融会贯通的程度。这样就能及时提取、灵活运用。

2. 智力活动水平。一般说,智力水平高的学生,解决问题易取得成功,智力水平低的学生往往产生困难。现代心理实验表明,智力水平不同的学生在解题上存在明显差异。其差异主要表现在对问题的分析、综合、概括、推理等技能的熟练程度,思维、想像的品质,以及解题的目的性和智力活动的组织性等方面,其中独立分析和灵活运用知识的能力在知识运用中尤为重要。

3.课题的性质。一般来说,解决比较抽象、不带具体情节的问题比带具体情节接近实际的问题容易,这是因为抽象的课题内容本质因素较多,人们在解决课题时,易抓住课题的本质特征,使课题顺利解决。而具体的课题内容中本质特征因素较少,非本质特征因素较多,这必然会增加思维活动的复杂程度。此外,单一的课题比综合课题容易,简单的课题比复杂、多步骤的课题容易,文字题比实际操作题容易。

第三节 技能的学习

一、技能概述

(一)技能的概念

技能是指个体通过练习而习得的合理的动作系统。这一定义强调:首先,技能是由一系列动作组成的动作系统,单一的动作不能叫做技能。例如,利用一组身体动作去表现某种情感(如舞蹈等)或组装一个机器部件,学生通过审题、分析数量关系、列式、运算、答题、检验等动作来解答应用题等,都是技能。而点头、握手等简单动作就不能被称为动作技能。

其次,构成技能的动作系统是一个合理的动作系统。所谓合理,就是指动作系统中的每一个动作都是合乎动作程序的必要的动作,同时,动作之间相互协调,共同达到预定的目的。那些无目的的或不必要的动作,不能称为技能。例如,学生分心时的胡思乱想、婴儿取物时的手舞足蹈就不是技能。

第三,技能是后天获得的。技能与不随意的动作和反射性的动作有本质的区别。个体的不随意动作和反射性动作,是先天的本能反应,如眨眼反射、膝跳反射等都是先天具有的本能反应,不属于技能范畴。

第四,任何技能的习得都需要经过一定的练习。那些不通过练习而获得的动作系统不是技能。如人在紧张时出现的两腿有规律地抖动、癫痫病人的摆头动作等,都不是技能。

(二)技能的分类

根据技能所调节的动作的性质,可以将它们分为动作技能和智力技能。

1.动作技能,也称操作技能或运动技能,是由骨骼、肌肉和相应的神经过程而实现的合理而流畅的外部动作系统。如人们在打字、打球、滑冰、写字等活动中,都是在动作技能的调节下进行的。个体越是经济、有效、合理地利用身体动作完成任务,就意味着其动作技能的水平越高。

动作技能有初级和高级之分。初级的动作技能是指刚学会的某项技能;高级的动作技能称为技巧,是高度熟练化、自动化的动作技能。

2.智力技能,也称心智技能或认知技能,是个体调节认知活动的技能。个体观察事物、分析各种现象、解决各种问题,都需要智力技能的调节作用。

智力技能与动作技能虽然都具有技能的共同特点,但它们属于性质完全不同的两种技能。首先,它们所调节的对象不同。动作技能所调节的对象是外部的肌肉动作,而智力技能所调节的对象是内在的观念,如形象、概念、命题等。其次,动作技能是展开的,每一个动作都是不可或缺的;智力技能的动作则是简缩的,熟练的智力技能往往省去了许多动作,从而表现出一定的跳跃性。第三,动作技能是外显的,旁人可以直观地观察到它的进程;智力技能则是内潜的,旁人不能直接观察到它的进程,人们只能通过智力活动的结果间接地了解它的进程。

二、动作技能的形成

(一)动作技能形成的特征

动作技能是离不开具体的操作或动作的,它总是要在人完成某种操作或动作中表现出来。操作或动作是可以观察的外显活动，达到较高速度、精确、轻松而连贯的操作或动作被称为熟练的操作或熟练的动作，而熟练的操作被认为是动作技能形成的标志。心理学家将新手和专家完成同一任务的操作加以比较，发现熟练的操作具有五个特征：

1. 动作系统趋于自动化。研究表明，初学者的操作分成许多小步，看起来很笨拙，随着练习的增多，个别的中间反应逐渐变得不必要了。个体从一步一步不连贯的，受到意识的控制的个别动作，逐步发展到自动化的连贯操作的形成，最终形成自动化的动作系统。这主要是由于省掉了许多中间环节的缘故。

2. 能有效利用微弱的线索进行反应。所谓线索就是指那些有助于人辨认情境或引起其行动的刺激。线索可以是看到、听到或触到的。任何动作都受活动中的线索指导。指导动作的线索大致可分为三类：第一类是基本线索，即人要进行成功的反应所必须注意的线索；第二类是有助于调节反应的线索；第三类是无关的线索。以棒球游击手的动作为例，球棒的摆动、球的初始速度，是他要作反应的基本线索。根据基本线索，个体可以作出基本的反应动作。球的转动和场地的条件是调节反应的线索。根据调节反应的线索，个体可作出精确的反应动作。人群的喧闹则是无关线索。

在动作技能形成初期，学习者只能对第一类基本线索发生反应，他不能觉察到自己动作的全部情况，难以发现自己的错误。第二类有助于调节反应的线索对初学者没有帮助，而对优秀的运动员，则有助于他们精细地调节自己的动作。随着练习的增多，学习者能觉察到自己动作的细微差别，能运用细微的线索，使动作日趋完善。当技能相当熟练时，人能根据微弱的线索进行动作。这时熟练者头脑里已储存了与特有的一系列线索有关的信息，当某一线索出现之后，就能进行一系列的反应。优秀运动员对微弱的线索有敏锐的感知觉。例如，第31届世乒赛男子单打冠军长谷川信彦，可以通过对方移动时所产生的风声，地面震动的触觉和对方呼吸的声音来判断对方移动的位置。

3. 具有良好的自我调节能力。高度熟练的动作,看起来似乎连续不断,其实,操作者是在不断进行尝试和纠正的,如汽车司机在开车时并不能笔直行驶,而是时左时右,汽车行驶的路线实际上是锯齿形的,在此过程中,司机是根据其动作结果的反馈来调整他的操作。反馈通常有两种:一种是由视觉和听觉等外部感觉产生的外部反馈;另一种是由肌肉和关节引起冲动的内部反馈,即动作感觉反馈。初学者主要靠视觉信息——外部反馈来调节自己的动作,而熟练的操作者则主要根据动作感觉的内部反馈来调节自己的动作。所以熟练的驾驶员可以不必等到汽车偏离预定的路线太远,就能靠肌肉的内部反馈调节自己的操作,而把事故排除在发生之前。心理学家希斯(J. R. Higgins)等的研究发现,熟练的专家甚至尚未等到肌肉信号的到来,便能预料到他给自己的肌肉发出了不正确的指令,在错误发生之前,就能收回这个指令。

4. 局部动作综合成大的动作的系统。心理学研究表明,熟练的演奏家不是对单个音符作孤立的反应。他们的局部动作已综合成大的动作系统。凯尔(S. W. Keele)的研究表明,尽管动作技能开头可能是通过逐个动作学会的,但技能学习的较高阶段则是形成一个内部高度协调的动作系统,使完整的操作畅通无阻地执行,很少需要反馈。

5. 在不利条件下能维持正常操作水平。具有同样动作技能的人,在技能的熟练程度方面可能存在一定的差异。检验谁的技能最为熟练,最好方法是看谁在不利的条件下能保持正常的操作水平。最优秀的飞行员能在恶劣的气候条件下准确而协调地进行操作。最优秀的球星在自己身体失去平衡时,能摆脱对手的贴身防卫,将球踢入网内。在不利的条件下,技能不够熟练的人则会手足无措。

(二)动作技能形成的过程

动作技能的形成的过程是指学习者从初学到熟练操作这一变化过程中个体心理的发展进程。心理学家费茨(P. M. Fitts)和波斯纳(M. Posner)将动作技能的形成过程分为三个阶段:

1. 认知阶段。认知阶段的主要任务是,学习者通过指导者的言语讲解或观察别人的动作示范,了解动作系统的结构以及每一具体动作的要求。这一阶段的学习重点在于注意应予以反应的线索。由于这一阶段的学习主要是通过学生的知觉活动进行的,因此也称知觉学习。例如,儿童临帖写字,首先必须仔细观察字帖上要临写的字,通过观察,了解这个字的笔画、笔顺,要知道字的间架结构,还要了解每一笔起笔、运笔、收笔的方式等。在认知阶段,学生还要进行初步尝试,掌握技能的局部动作。

这一阶段的主要特点是:注意范围比较狭窄;精神和全身肌肉紧张;动作忙乱、呆板而不协调,常出现多余的动作;不能觉察自己动作的全部情况,难以发现错误和缺点。

任何动作技能的学习,都必须经历认知阶段。不过,有的认知阶段的学习是在非正式的情形下进行的。不同的动作技能的学习,所经历的认知阶段的时间也有长有短。

2. 联系阶段。联系阶段的任务是将局部的动作联系起来,组成一个完整的动作系统。学习者必须在掌握动作技能中的每个具体动作后,学会将由前一个刺激引起的动作反应作为刺激,来引起后一个动作反应,以此形成一个连续的刺激—反应的锁链。如用英文打字机打出 sky 这个词,学习者必须知道并打出每个字母,而且看到被打出的第一个字母,就要想到接着该打第二个字母……

在联系阶段的初期,练习者逐步掌握了一系列局部动作,并开始将这些动作联系起来,但是各个动作结合得还不紧密。在从一个动作过渡到另一个动作时,常出现短暂的停顿。练习者的注意分配能力较差,在同一时间只能注意一个动作,即先集中注意一个动作,然后再注意做出另一个动作。通过注意的反复地交替,对不同的动作进行调节。这种交替慢慢加快,技能的结构趋于完善,逐渐形成整体的协同动作。

在联系阶段的后期,技能的局部动作被综合成更大的单位,最后形成一个连贯的技能整体。练习者视觉的控制作用逐渐减弱,而肌肉运动感觉的自控作用逐步提高,动作间的相互干扰减少,紧张程度有所减弱,多余动作趋于消失。

3. 自动化阶段。自动化阶段是动作技能学习的最后阶段。动作技能的各个局部动作已联系为一个有机的整体,并已巩固下来,各个动作或各局部动作之间相互协调,动作技能能按规定的程序,以连续的反应方式实现,即达到熟练操作的水平。因此,前面所论述的动作技能形成的特征也就是动作技能学习进入第三阶段的特征。

(三) 动作技能形成的有效条件

1. 练习。练习是动作技能形成的基本条件和途径,动作技能是在练习过程中逐步形成和提高的。影响练习效果的重要因素有练习的次数和练习时间、练习结果的反馈信息、练习方式等。

虽然技能的形成,需要有足够的练习次数和练习时间,但不是练习越多效果越好。通常,如果连续的练习次数很多,或练习时间过于集中,则容易使学生产生疲劳感和厌倦感,从而导致练习兴趣下降,降低练习效果,造成时间和精力的浪费。但每次练习时间和练习之间的时距以多少为宜,要根据练习的性质、内容和学生的年龄特点及技能掌握程度来决定。一般而言,简单技能可以集中时间练习;复杂的技能,由于练习内容较多,则应分散练习;若学生年龄小或身体欠佳,最好用分散练习,而且每次练习时间和各次练习之间的时距都不宜太长;在练习初期,由于技能动作生疏,练习时间相应要长一些,但也要注意适当。在教学上特别要防止单纯增加练习次数和时间,搞疲劳战术的做法。

练习结果的反馈是影响学生练习效果的又一重要的因素。心理学研究表明,学生及时了解自己每次练习的结果,是提高练习效果的有效方法。美国心理学家比拉等人将动作能力相等的学生分为两组,甲组开始练习打靶时,有电机响声表示击中目标,乙组则没有此击中信号。一小时后,两组交换。实验结果表明:两组击靶成绩前后差异很大,甲组在有反馈信号的第一小时内,曲线一直上升,而第二小时没有反馈信息时,虽然学生继续练习,但练习成绩没有进步。乙组刚好相反,第一小时无反馈,练习进步很小,第二小时有反馈,练习效果明显提高。练习结果的反馈可以使正确的动作得以巩固,错误的动作得以及时纠正,便于有效地掌握动作技能。因此在教学中,教师应该及时地让学生了解自己的练习结果,并给予评价,充分利用反馈的强化作用。

　　练习的方式是影响练习效果的重要因素。选择合适的方式进行练习,可以提高学生的练习兴趣,保持注意的稳定和集中,还可以培养学生在实践中灵活运用知识和技能的能力。在练习的初始阶段,应要求学生掌握正确的练习方法,避免盲目的尝试,防止形成不良的动作习惯。因此,在教学上应通过教师的讲解和示范,使学生明确完整的动作结构以及每一动作的具体要求。练习还必须由浅入深,由简到繁,先易后难地分步骤进行。对一些较为复杂的技能,应把它划分为若干个单元的局部动作,每个局部动作由若干个具体动作组成,待掌握这些局部动作以后,再过渡到比较完整的动作系统。许多实验研究表明,这样的练习远比不分步骤的练习效果好。同时,要注意将心理练习与身体练习相结合。理查逊(A. Richardson,1967)研究表明,心理练习与作业改进有一定的相关;若心理练习与身体练习相结合,其效果最佳。但心理练习并不总是有效的,一般而言,如果学生对练习任务较为熟悉,或练习任务中包含较多的认知因素,则心理训练的效果较好;反之,则心理练习作用甚微。心理练习的时间也不能太长,否则容易产生厌烦情绪,使练习效果下降。

2. 指导。在动作技能的学习中,练习固然重要,但接受一定的指导同样不可忽视。正确的指导,在一定场合能使动作技能的学习效果迅速提高。心理学家戴维斯(D. R. Davies,1945)曾作过两种学习方式的效果比较研究。在研究射箭技能学习的实验中,他把被试分成两组,甲组受到详细指导,乙组自行尝试。练习18次,甲组射中率为65%。乙组射中率仅45%。麦伦洪(J. E. Manachab,1972)也作了类似的比较研究,发现指导组的成绩也高于自行尝试组。

但是,并不是所有指导都有积极作用,有时指导的分量过重,往往不能取得良好的效果。许多研究都表明了这一点。尤其是在技能学习的初期阶段,要使指导有效,则示范动作必须慢速进行,而所指导的动作的数量不宜过多。当学生尚未领悟动作要领时,指导学生进行练习往往是无效的。

不同的指导方法所产生的效果也是不同的。汤姆森(L. Thomson)曾做过比较研究,他将被试分成5组,学习装配锯齿形的七巧板,直至无错误为止,在学习过程中分别予以不同的指导。各组成绩如表3-1所示(见下页)。实验结果说明,在技能形成的初级阶段,教师要使学生注意观察并理解他所示范和指导的动作[①]。

动作技能的形成,除了要受到练习和指导的影响外,更要受到学生的一些心理状态和特征的影响,其中,学习者的学习态度、学习的意志品质等对技能学习也有明显的影响。

三、智力技能的形成

(一)智力技能的形成过程

前苏联的心理学家加里培林认为,人的智力技能的形成是智

---

① 李山川等:《小学儿童教育心理学》,第160页,合肥,中国科技大学出版社,1995。

力活动的个体内化过程。所谓内化就是指,智力活动由外部的物质化活动向内部的心理活动转化。据此,他提出了智力技能按阶段形成的理论。他将智力技能的形成过程分为五个阶段:

表3-1 不同指导方式的不同效果

组别	在观察时被试的活动	示范者的语言解释	拼七巧板所需的时间(容易的)	拼七巧板所需的时间(困难的)
1	连续加2至100	无	5.7	25*
2	拿出示范者所演示的	无	3.1	22
3	静默观看	不完整的描述	3.5	16
4	静默观看	完整描述	3.2	14
5	说出示范者所演示的	纠正叙述中的错误	2.2	12

(*表示25名儿童中仅有3名完成了任务)

1. 活动的定向阶段。这是智力活动必需的准备阶段。活动的定向阶段的任务是通过观察智力活动的"原型",理解活动的目标、程序及每个步骤的具体要求,并在此基础上形成相应的表象。例如,在小学应用题教学中,教师讲解例题,将解答应用题的思维过程呈现给学生,学生通过观察、思考以了解解答应用题的目标、程序和要求,在头脑中形成关于解答应用题过程与结果的表象。这个过程就是活动的定向。

2. 物质活动和物质化阶段。所谓物质活动就是指运用实物进行智力活动;所谓物质化活动就是运用实物的图片、模型、示意图等实物的替代物进行智力活动。物质活动和物质化活动的任务是,在活动的定向的基础上,根据对活动的目标、程序、要求的认识和表象,利用实物或实物的变形,来进行实际的智力活动,从而形成实际操作的动作表象。例如,在小学一年级,教学退位减如15-7时,可以借助小棒来进行运算。先分:将15分为10和5;再减:将10减去7得3;最后是加:将5和3加起来,得8。物质活动或物质化活动的基本要求是,每一个智力动作必须以展开的形式进行,并以相应的实际操作来完成。

3. 出声的外部言语阶段。个体通过出声的外部言语来进行智力活动。以出声的外部言语来概括已形成的动作表象,使智力活动摆脱了实物的限制,提高了智力活动的概括性。但是,在本阶段,个体的智力活动仍然是展开的、非自动化的。例如,在上例中,个体仍需要按照"分、减、加"的操作程序进行智力活动。本阶段往往与前一阶段合并。

4. 无声的外部言语阶段。在本阶段,个体虽然发音器官在动,但不发出声音,相当于"默读"。智力活动是借助言语声音的表象来进行的。这一阶段,本质上与上一阶段没有区别,本阶段的任务是使智力活动的进行由外部言语调节逐步向内部言语调节过渡。

5. 内部言语阶段。本阶段是智力技能形成的最后阶段,智力活动借助于内部言语以内化的、简缩且自动化的形式进行。由于内部言语是一种简缩的、意义性言语形式,因而,它可以使智力活动达到高度的概括水平。智力活动只有达到高度概括化,才可能实现简缩化和自动化。

(二) 智力技能形成的特征

智力技能形成的特征,就是指智力技能形成的最后阶段的特征。了解智力技能形成的特征,有助于教师明确智力技能培养的目标。智力技能形成主要有以下几个方面的特征。

1. 智力活动主要靠内部言语来调节。在智力技能形成的初期,智力活动主要是通过对具体实物的操作来进行的。这时智力活动离不开以动作表象形式存在的具体经验。智力技能形成的中期,外部言语代替了动作表象来调节智力活动,这使智力活动摆脱了具体经验的束缚,具有更高的概括性。在智力技能形成的后期,内部言语代替了外部言语,更进一步提高了智力活动的概括性,使之更能适应复杂智力活动情境。

2. 智力活动具有简缩的特征。在智力活动的早期与中期,智力活动是展开的,而在智力技能形成的最后阶段,智力活动则是简化和压缩的。例如,当一个高中生看到一个小学应用题时,他不需要进行审题、分析数量关系、列式、运算、检验等动作,就可以直接回答问题。这些智力动作已被压缩到一起,一步就完成了。

3.智力活动的速度和品质得到改善。在智力技能形成的最后阶段,智力活动高度熟练,达到了自动化程度,以至于人们往往意识不到自己的智力活动过程。因此,运用智力技能解决问题的速度明显提高。

智力技能形成后,思维的灵活性与敏捷性、广阔性与深刻性、独立性与批判性都有明显提高。

(三)智力技能形成的条件

影响智力技能形成的因素很多,这里我们只讨论几种主要的影响因素。

1."原型"的特点。智力技能形成的基础是个体对活动的定向。而活动的定向是通过个体观察"原型"来实现的。因此"原型"的特点是影响智力技能形成的重要因素。首先,所提供的"原型"的结构必须是完备的,要保证个体能完整地了解动作的程序和各基本动作的要求,不能有任何遗漏。其次,所提供的"原型"要具有一定的概括性和典型性,要对同类智力活动具有广泛的迁移价值。

2.练习。同动作技能一样,智力技能也是通过练习形成的。首先,练习必须达到一定的量,没有足够量的练习,就不能实现智力活动的内化。其次,练习的方式也是影响智力形成的重要因素。练习必须分阶段进行,而且要注意多样化。关于智力活动的练习问题,后面再详细探讨。

3.学习者的主体积极性。学习者对智力技能学习的积极性是影响智力技能学习的重要因素。例如,在小学数学20以内的加减法学习中,由于数量较小,一些学生就满足于用计数的方法来完成运算任务,而不是根据数的组成的知识,通过数的组合和分解动作来完成运算任务。其结果是这些学生不能掌握加减法运算的算理,形成加减运算的技能。到了更大数量的加减运算时,这种不足就会暴露出来。可见,调动学生学习智力技能的积极性十分重要。

4. 概括水平。学生的概括水平是智力技能形成的重要条件。学生的概括水平越高,所学习的新技能就越能摆脱具体经验的束缚,具有广泛的应用性。例如,在 20 以内退位减的运算中,只要掌握了"破十法"的规则,就会运算 20 以内的所有退位减法题。

5. 基本技能的熟练。任何复杂的智力技能,都是由一些简单的技能组合而成的。因此,基本技能的熟练是相当重要的。例如,如果解答简单应用题的技能掌握得很熟练,那么,学习复合应用题的技能就很容易了。

第四章 学习动机

学习与动机的关系极为密切。人们总是在不断地探索：人为什么而学习？这意味着学习与动机之间有着不解之缘。学习动机的指向和水平直接影响学习行为和学业成就。于是，当不存在智力障碍与知识缺陷时，学习动机的有无与强度对学习的影响就变得至关重要了。本章将首先阐述学习动机的概念、心理结构及其功能，然后讨论影响学习动机的因素及如何激发学生的学习动机。

第一节 学习动机的概述

一、学习动机的含义

（一）动机的概念

动机是指引起并维持人们从事某项活动，以达到一定目标的内部动力。这一定义很明确地告诉我们：

第一，动机是人们从事某种活动的原因，是推动人们进行某种活动的内部动力。比如：饥择食、渴择饮。这种择食、择饮的活动是由饥、渴的动机激发起来的。没有这种动机，就不会产生相应的行动和活动。

第二，在动机的支配下，有机体的行动将指向一定的目标或对象。比如：在学习动机的支配下，人们可能去图书馆借书，或者去书店买书；在休息动机的支配下，人们可能去电影院、娱乐场或公园，并选择自己乐意的休息方式。可见，动机不一样，有机体活动的方向以及它所追求的目标，也是不一样的。

第三，动机还将维持已引起的活动，并使该活动朝向某一目标进行。

第四,动机是一种内部心理过程,我们无法直接观察到它,有时甚至不一定能意识到它的存在,只有通过一个人"当时所处的情境及其行为表现",才能觉察或测量到这个人的动机,并给予解释。

(二)学习动机的概念

动机总是和一定的实践活动联系在一起的。可以说,参与不同实践活动的动机,其性质是各不相同的。正因为如此,才会有各种各样的动机。例如:劳动动机、学习动机、游戏动机等等,那么,什么是学习动机呢?所谓学习动机,就是推动、引导和维持人们进行学习活动的一种内部力量或内部机制。

学习动机一旦形成,它不仅使学生对所学的东西有一定的指向性,而且也有一定的动力,使学习过程中的注意状态、兴趣水平保持下去,在遇到困难时有克服困难的意志力。可见,对于教师来说,了解学生的学习动机,并采取一定的教学手段,激发和培养学生的学习动机是十分重要的,也是提高教育和教学质量的前提保证。

(三)学习动机与学习目的、学习效果之间的关系

1.学习动机与学习目的。学习动机与学习目的的区别是十分明显的。学习动机是学习活动的原因、出发点,学习目的则是学习活动所追求的结果、归宿。更通俗地说,学习动机回答"为什么"而学习的问题,而学习目的则回答学习是"为了什么"的问题。学习动机与学习目的又是紧密相连的。一般来说,在学习活动中,没有无学习动机的学习目的,也没有无学习目的的学习动机。而且,两者可以相互转化的,在这一阶段是学习动机的东西,在下一阶段却成了学习目的;同样,在这一阶段是学习目的的东西,在下一阶段又成为学习动机。正是由于学习动机与学习目的的相互转化、共同推进,二者才贯穿于学习活动的全过程,保证学习质量,提高

学习效果。

学习动机与学习目的的关系是错综复杂的。它们之间不是一对一的,一个学习动机不只指向一个学习目的,一个学习目的也不只由一个学习动机出发。某一种学习活动可能只有一个学习动机,但可以有若干局部的或阶段的学习目的;某一学习活动只有一个总的学习目的,却也可以有若干局部的或阶段性的学习动机。另一种情况是,在同一个人或不同人身上,同样的学习动机,可以指向几种不同的学习目的,围绕同一学习目的展开的学习活动也可以包含几种不同的学习动机。在学习活动中,考虑学习动机与学习目的的这种错综复杂的关系,对于搞好学习、提高学习效率是十分必要的。

2. 学习动机与学习效果。学习动机的性质一方面决定着学习的方向和进程,另一方面也影响着学习的效果。在一般情况下,学习动机和学习效果是一致的,如优等生的学习动机较广,水平也较高,而差等生的学习动机范围比较窄,水平也较低。

然而,在现实生活中,也常常存在着动机与效果不太一致的情况,这是由于,动机与效果的关系不是直接的,而是间接的。也就是说,动机是以行动为中介来影响效果的。而人的行动除了受动机的控制与调节外,它还要受到其他主客观方面一系列因素的影响。比如,学习动机好而短期内学习效果不好的情况,可能是由于学生基础知识差,智能发展滞后,学习方法不对头,没有养成良好的学习习惯,以及身体状况不好等原因所造成的;而学习动机不正确,学习成绩却较好的情况,可能是由于这些条件较好所致。

由此,我们可以得出这样的结论:学习动机是影响学习行为、提高学习效率的一个重要因素,是学习过程中不可缺少的条件,但却不是惟一的条件。因此,在教学过程中教师不但应重视激发学习动机因素,同时还应针对具体情况进行具体分析,注意改善学生的主客观条件,以便使二者保持一致。

二、学习动机的分类

由于学习动机所采取的形式及其影响的范围不同,借以实现活动的具体内容以及所起作用的持续时间也不同,因而我们可以从不同的角度和侧面对学习动机进行分类。

(一)广泛性动机与狭隘性动机

根据动机影响范围的大小来区分,可以把学习动机相对区分为一般的、概括的广泛性动机和特殊的具体的狭隘性动机。对所有知识的探求都有推动作用的称为广泛的动机,如求知欲等;只对某一方面知识的探求具有推动作用称为狭隘的动机,如对数学或音乐的特殊兴趣和爱好。

(二)正确的动机与错误的动机

根据动机内容的性质,可以把动机区分为正确的与错误的、高尚的与低下的。那些符合并有利于社会发展与进步的学习动机就是正确的或高尚的;违反社会发展与进步的学习动机就是错误的或低级的。

(三)长远动机与短暂动机

根据动机持续作用的时间,可以把动机区分为长远的动机和短暂的动机。例如,一个学生立志要在数学上取得一些成就,这种抱负不仅在小学、中学、大学的学习中起作用,而且在以后长时期内都起作用,它就是一种长远而持久的动机;如果学生的期望只是为了某一次考试取得高分,这个动机就比较浅近短暂,它只会在此次考试之前起到一点作用,考试之后就消失了。

(四)内部动机与外部动机

从学习动机的来源上,可以划分为内部的动机和外部的动机。由外在力量激发产生的动机,可以称为外部动机;由内在心理因素转化而来的学习动机,可以称为内部动机。一般说来,内部动机比较持久,使学习者有较大的主动性,外部动机起作用的时间比较短,使学生的学习比较被动。

周国涛等人(1993)通过对我国中小学生学习动机的实证研究将其分为四类:一类学习兴趣,对所学内容和从事某种活动感到有乐趣,如学生感到动脑思考学习中的问题有一种说不出的乐趣。二类学习能力感,对自身学习能力的认知,如学生感到自己在作业上不吃力。三类外部目的,学习是为了获得他人尊敬、称赞等学习以外的目标,如努力学习是为了让同学看得起自己。四类知识价值观,对所学知识价值的认知,如觉得学习能使人的能力得到充分的发展。其中,前两类可以划分为内在动机,后两类可以划分为外在动机。

对学习动机进行分类的目的是为了进一步了解学习动机,进而明确激发和培养学生学习动机的途径。但是,任何一种对学习动机的分类都有其长处,也有其不足。这些分类只是相对的。

三、学习动机的心理结构

学习动机的心理结构主要指两个方面:学习需要和学习期待。两者相互作用形成学习的动机系统。

(一)学习需要与内驱力

学习需要是反映个体在学习活动中感到有某种欠缺而力求得到满足的心理倾向。它的主观体验形式是学生的学习愿望或学习意向。这种愿望或意向是驱使学生进行学习的根本动力,他包括学习的兴趣、爱好和学习的信念等。从需要的作用上看,学习需要即为学习的内驱力。所以,学习需要对学习的作用,就称为学习内驱力。

奥苏伯尔指出,学校情境中的成就动机主要由三个方面的内驱力组成,即认知内驱力、自我提高内驱力和附属内驱力。这三种内驱力就是学习需要的三个组成要素。

认知内驱力是一种要求理解事物、掌握知识,以及系统地阐述问题并解决问题的需要。这种内驱力主要是从好奇的倾向中派生出来的。但是学生对某门学科的认知内驱力,并非来自于天然的好奇心，而是在学习过程中由于多次获得成功，体验到满足需要的乐趣，逐渐巩固了最初的求知欲，从而形成一种比较稳固的学习动机。成功的学习经验可以增强认知内驱力，认知内驱力对学生起推动作用。可见，认知内驱力和学习之间的关系是互惠的。研究表明，认知内驱力在课堂学习中是一种最重要和最稳定的动机，他对学习起很大的推动作用。

自我提高的内驱力，是指个体因自己的胜任能力或工作能力而赢得相应地位的需要。这种需要是由人的基本需要——尊重和自我提高的需要所派生出来的。自我提高的内驱力和认知内驱力不一样，它并非直接指向学习任务本身，而是把一定成就看作赢得一定地位和自尊心的根源，因为一个人赢得的地位通常是与他的成就水平或能力水平相称的。成就的大小决定着个体地位的高低，同时又决定着自尊需要满足与否。在教学中认知内驱力固然重要，但适当激发学生自我提高的动机也是必要的。因此学校教育中通常采用评"三好学生"、"优秀学生干部"的方式，或用学习反馈、以物质与精神奖励的方式引起学生的动机。这些手段可以使学生体验到荣誉感、自尊感，体验到学习的成功与失败，从而激起他们的学习热情。

附属内驱力，是指一个人想获得自己所附属的长者（如家长、教师）的赞许或认可，取得应有的赏识的欲望。也就是说，学生努力求得学习成就，是为了从长者那里得到赞许或认可。研究表明，具有高度附属感的学生，一旦得到长者的肯定或表扬，会进一步努力学习，学习上取得良好的成绩。反之，如果他们的某些努力暂时得不到师长的赞许，有时会丧失信心，甚至学习积极性下降。

成就动机的三个组成部分在动机结构中所占的比重，通常随年龄、性别、人格特征、社会地位、文化背景等因素的变化而变化。在儿童早期，附属内驱力最为突出，他们努力学习以求得好成绩，主要是为了得到父母、老师的肯定和表扬。到了儿童后期和少年期,附属内驱力不仅在强度上有所减弱,而且开始从父母转向同龄伙伴。在这期间,来自同伴和集体的赞许和认可就成为一个强有力的动机因素。而到了青年期,认知内驱力和自我提高内驱力成为学生学习的主要动机,学生学习的主要目的在于满足自己的求知需要,并从中获得相应的地位和威望。

(二)学习期待与诱因

学习期待是个体对学习活动所要达到目标的主观估计。诱因是指能够激起有机体的定向行为,并能满足某种需要的外部条件或刺激物。学习期待就其作用来说就是学习的诱因。学习期待所指向的目标可以是成绩,也可以是奖品、教师的赞扬、名誉、地位等。

影响学习期待的因素是多方面的。首先,研究表明,父母对子女的要求与子女的学习期待之间存在着正相关,即如果家长对子女要求较高,则子女自己的学习期待一般也较高。其次,学习期待还与原来的学习成绩有正相关。一般说来,成功的经验会提高学生的学习期待,相反,失败的经验会降低学生的学习期待。再次,学生在班级中的成绩、名次也会影响他的学习期待。优等生知道自己的学习成绩在同班同学之上,因此,其学习期待一般较高;中等生处于中间的地位,一般安于现状;而差等生由于缺乏成功经验,其学习期待日趋下降。另外,教师对学生的期望水平也会对学生的学习期待产生影响。教师对学生有较高的期望水平,会使学生提高对自己的评价,自信心得到增强,从而提高自己的学习期待,以致提高学习成绩。

学习需要和学习期待是学习动机心理结构的两个基本成分,二者密切相关。学习需要是个体从事学习活动的最根本的动力,如果没有这种自身产生的动力,个体的学习活动就不可能发生。所以说,学习需要在学习动机结构中占主导地位。另外,学习需要是产生学习期待的前提之一,因为正是那些能够满足个体的学习需要与那些使个体感到可以达到的目标的相互作用而形成了学习期待。学习期待则指向学习需要的满足，促使个体去达到学习目标。因此，学习期待也是学习动机结构中不可少的成分。

四、学习动机的影响因素

（一）客观因素

影响动机的客观因素又叫外在条件，外在条件就是能满足需要的外在刺激，常称诱因。学习需要和学习兴趣与学习诱因相互作用形成学习动机。在学习诱因稳定的情况下，个体最强烈的学习需要，往往引起最强烈的学习动机，并决定个体的行动。为了探明这方面的机理，在第二次世界大战期间，美国明尼苏达大学心理学家凯斯做了一个有趣的实验。他邀请了36位大学生（自愿者）做被试，实验时间半年。他减少被试的营养，使他们仅维持最低生活水平。他们得到的热量不足一般人所需热量的一半，但仍要坚持例行的劳动与正常的学习。结果他们的体重普遍下降了15%左右，与之相随的是他们的认识也受到了很大的影响，注意力分散、情绪不稳定，平时只是想着能吃到什么。此外对别人的态度也发生了变化，不仅对别人的行为吹毛求疵，而且憎恶同伴、痛恨他人。可见，一种强烈的需要与诱因相结合会直接影响动机，学习动机也不例外。

（二）主观因素

1. 需要。主观因素通常叫内在条件，引起学习动机的内在条件主要是学习需要。简言之，学习动机主要是在学习需要的基础上产生的，离开学习需要的动机是不存在的。但不是有学习需要就有学习动机。学习需要是学习动机的必要条件，而不是充分条件。

值得注意的是，学习需要虽然是影响学习动机的主要内在条件，但不是惟一的内在条件。除学习需要外，还有主体的学习兴趣、抱负水平、学习结果对学习动机都有影响。

2. 兴趣。兴趣是人们注意与探究某种事物或从事某种活动的积极态度与倾向。可分为直接兴趣和间接兴趣两大类。直接兴趣是由事物本身诱发的。间接兴趣是由活动结果诱发的。在人的兴趣"集合"中,由于一些因素的影响,有的兴趣占优势地位,成为中心兴趣。日久天长,这种优势兴趣稳定下来,便成为爱好,其驱动力量非一般兴趣可比。

3. 抱负水准。兴趣主要影响学习动机的指向,而抱负水准则决定学习动机的强度。所谓抱负水准是一种欲将自己的工作做到某种质量标准的心理需求。在从事某一实际工作之前,主体通常在内心估计可能达到的成就目标,假如工作结果的质量与数量都超过了预期的目标,便会产生一种成就的感觉,即成功感,反之则会出现失败感或挫折感。抱负水准受三种因素制约:一是个人的成就意识,二是过去的失败经验,这与个人的能力如判断力等有关。过去从事同类事情如获成功,自会增强主体的信心,提高其抱负水准,反之,则降低抱负水准。三是有影响力的人物或社会的期待。如老师、父母、知心朋友,主要领导等的希望,或是社会促人奋进的气氛等,都可以促使主体提高自己的抱负水准。这三种因素中个人成就意识的作用最大。

4. 学习的结果。学习结果对学习动机本身有一定的影响。首先,学习结果的成败对学习动机有重要影响。成功的结果会增强自己的信心,提高自我表现效能感,从而加强已有的学习动机。其次,学习结果的及时反馈对学习动机有重要影响。一般而言,及时知晓学习的结果既能使个体发现自己的成功和进步,增强学习的热情,又能发现自己的不足,以调整自己的学习活动。如果个体不能及时知晓学习的结果,则学习结果的反馈作用就会减弱或消失。再次,他人对学习结果的评价对学习动机有重要影响。表扬和奖励等正面评价对已有学习动机有强化作用,批评与惩罚则对已有学习动机有削弱作用。

第二节 学习动机的理论

一、强化理论

强化理论是由行为主义心理学派的理论家们提出的。他们认为人的一切行为都是后天在环境中通过条件反射的方式建立和形成的,而动机则是由外部刺激引起的一种对行为的激发力量。在人类行为的习得过程中,强化是一项必不可少的因素,他使外界刺激与学习者的反应之间建立起条件反射,并通过不断地重复而使二者的联系进一步加强和巩固,从而达到我们所说的"学会了"的地步。由此,研究者认为,任何条件反射的建立、任何行为的学习都是为了获得强化物、得到报偿,以满足个体的内心需要。在学习活动中也是如此。学生之所以进行学习是因为在学习过程中可以得到奖赏、赞扬、优秀的成绩等等。我们通过奖励、等级评定这些外部强化手段来激发学生的学习动机。

强化可以分为正强化和负强化两种。正强化通过个体获得心理上的满足感而起到增强学习动机的作用,如适当表扬、奖励,获得优秀成绩等便是正强化手段;负强化一般是通过引起个体的消极反应从而减少不恰当的学习行为,如惩罚、考试不及格等便是负强化。负强化在一定程度上可以对不当行为起到阻抑作用,从而促使个体采取正当的行为。但这种方式容易造成个体情绪上的对抗与不满。因此,在教师的教学与学生的学习过程中,应该合理地增强正强化的作用,慎用负强化的作用,这将有助于学生提高学习动机水平,改善他们的学习行为和效果。

从强化物的性质上可将强化分为物质强化和精神强化两种。物质强化包括有形奖品的奖励或剥夺,精神强化则包括教师的表扬、称赞、积极的关注或批评等,在我们的教学过程中,应该更多地使用精神强化来激发学生的学习积极性。

美国社会心理学家班杜拉又将强化分为三种方式:一是直接

强化,即通过外部因素对学习行为予以强化,如惩罚与奖励就是常见的两种形式;二是替代性强化,即通过一定的榜样来强化相应的学习行为或学习行为倾向;三是自我强化,即学习者根据一定的评价标准进行自我评价和自我监督来强化相应的学习行为。这三种方式也可以在教育领域中结合运用。

强化理论曾在教育领域中盛行过一段时间,也取得了一定的效果,但由于它只强调了引起学习行为的外部力量,忽视了人的学习行为的自觉性与主动性,因而有较大的局限性。

二、自我效能感理论

(一)自我效能感的概念与作用

自我效能感(self-efficacy)指人对自己是否能够成功地进行某一成就行为的主观判断,它与自我能力感是统一的。这一概念是班杜拉(1977)最早提出的,在80年代,自我效能感理论得到了丰富和发展,也得到了大量实证研究的支持。

班杜拉在他的动机理论中指出,人的行为受行为的结果因素与先行因素的影响。行为的结果因素就是通常所说的强化,但是班杜拉关于强化的看法不同于传统的行为主义理论。他认为,在学习中没有强化也能够获得有关的信息,形成新的行为模式。而强化在学习中也有重要的作用,它能够激发和维持行为的动机以控制和调节人的行为。这种作用通过人的认知形成期待,成为决定行为的先行因素。

一些研究表明,通过下述几种方式可以增加学生的自我效能感。

1. 行为的成败经验。这是学习者的亲身经验,对效能感的影响是最大的。成功的经验会提高人的自我效能感,多次失败的经验会降低人的自我效能感。不断成功会使人建立起稳定的自我效能感,这种效能感不会因一时的挫折而降低,而且还会泛化到类似情境中去。

由于一些非能力因素会制约活动质量的高低,所以,人们在评价自我效能感时往往要同时斟酌能力因素与非能力因素对于自己行为成败的作用。因此,除能力因素外,一些非能力因素,如活动任务的难度、个人努力的程度、外力援助的多少等都会或多或少地影响着自我效能的建立。如果任务很难,或者个人没有付出多少努力,或者没有什么外力援助,这时的成功会增强自我效能感,而这时的失败不会降低自我效能感。如果任务简单,或者活动中费力很大,或者外力援助较多,这时即使成功也不会增强自我效能感,倘若失败就会降低自我效能感。班杜拉在研究中发现,人们对于行为成败的归因方式,会直接影响自我效能感的评价。

2. 替代性经验。这是学习者通过观察示范者的行为而获得的间接经验,它对自我效能感的形成也具有重要影响。当一个人看到与自己的水平差不多的示范者取得了成功,就会增强自我效能感,认为自己也能完成同样的任务;看到与自己能力不相上下的示范者遭遇了失败,就会降低自我效能感,觉得自己也不会有取得成功的希望。

这种观察学习对于自我效能的影响,是通过两种认知过程实现的。一种是社会比较的过程,学习者采用与示范者比较的方式,参考其表现以判断自身的效能。另一种是提供信息的过程,学习者可以从示范者的表现中学到有效的解决问题的策略或方法,了解解决问题的条件,这些都会对自我效能感产生一定的影响。在观察学习过程中,影响观察学习的诸因素,都可能对自我效能感的建立发生作用。

3. 言语说服。这是试图凭借说服性的建议、劝告、解释和自我引导,来改变人们自我表现效能感的一种方法,由于使用简便它成为一种极为常见的方法。然而,依靠这种方法形成的自我效能感不易持久,一旦面临令人困惑或难于处理的情境时,就会迅速消失。一些研究结果表明,缺乏体验基础的言语说服,在形成自我效能感方面的效果是脆弱的。人们对说服者的意见是否接受,往往要以说服者的身分和可信度为转移。此外,如果言语说服与个人的直接经验不一致,也不大可能产生说服效果。

舒恩克(1981)以算术成绩极差的小学高年级儿童为被试,对自我效能感进行了研究。他为这些差生安排了一个星期的训练,在每次训练中他先让儿童分别学习算术的自学教材,然后由榜样演示如何解题,榜样在解题时一面算一面大声地说出正确的解题过程,最后再让学生自己解题。在学生自己解题之前,他让儿童把所有的题看一遍,并判断一下他们能有多大把握来解每一道题,以此来了解学生解题的自我效能感。结果发现,经过训练,儿童的自我效能感逐渐得到增强,与之相应、儿童解题的正确性和遇到难题时的坚持性也得到了提高。

三、成就动机理论

成就动机是近代动机心理学中的重要研究领域。这一理论的代表人物有麦克里兰德(D. C. McClelland)、阿特金森(J. W. Atkinson)等。

成就动机是在人的成就需要的基础上产生的,它是激励个体对自己所认为重要的或有价值的工作乐意去做,并努力达到完善地步的一种内部推动力量。成就动机涉及到成就活动的各个方面,如青年人想为祖国作出更多的贡献,学生想获得优良的学习成绩,都是成就动机作用的表现。这种动机是人类所独有的,是后天获得的具有社会意义的动机。在学习活动中,成就动机是一种主要的学习动机。许多研究者指出,高成就动机者具有下列特征:第一,能积极地全力以赴地完成某种困难的任务,注重声誉,并获得成功;第二,有明确的目标和较高的抱负水平,相信自己的技能,并坚信自己一定会成功;第三,精力充沛,探新求异,具有开拓精神;第四,选择工作伙伴以高能力为条件,而不是以交往的亲密关系为标准。

阿特金森认为成就动机水平依赖于一个人对目的的评价以及达到目的的可能性的估计。他非常重视成就动机与害怕失败之间的冲突。在他看来,个人追求成功的倾向(Ts)是一个多重变量的函数。可用公式:Ts = Ms × Ps × Is 表示。在公式中,Ms 表示追求成功的动机,Ps 表示成功的可能性,Is 表示成功的激励值。Ps 值在 0 至 1 之间。Ps 为 1 时,意味着主体确信取得成功。Ps 为 0.5 时,表示成功的可能性为 50%。Ps 为 0 时,表示确信失败。

在阿特金森看来,个人在竞争时会产生两种动机:追求成就的动机和回避失败动机,这两种动机的相对强度是不同的。成就动机比回避失败动机强的人倾向于选择做中等难度的工作,因为中等难度的工作,既存在成功的可能性,也存在足够的挑战性,能够满足个人的成就动机。回避失败动机强的人则避免做中等难度的工作,而倾向于挑选成功可能性极小的困难任务,其心态是即使不能完成任务,也是难度太大所致,并非自己无能而失败。不过他们也可能挑选容易的任务,因为在这些任务中成功的可能性很高,可以减少自己的失败恐惧心理。

四、归因理论

在日常生活中,我们经常发现,当人们在做完一项工作之后,往往喜欢寻找自己之所以成功或失败的原因。不同的人对自己的行为结果会从不同的方面去解释,这种现象在心理学上称为归因。

韦纳(B. Weiner)及其同事在 70 年代进行了大量关于归因与学习动机的研究表明,个体对成功和失败原因的解释影响着与成就有关的行为,他们通过广泛的调查分析,归纳出个体对成功和失败的原因推断(即归因)主要包括三个方面的因素(又称三个维度),即原因源(内外性)、稳定性和可控性维度。原因源维度指的是将造成事实的原因归属于个体内部还是外部的因素,如天资、能力、心境、努力等因素都属于个体内部的原因,而任务难度、运气、教师偏见、别人帮助等则属于个体之外的原因决定的;稳定性维度指的是作为行为原因的内外因素是否具有持久的特征,如能力和任务难度等因素是稳定的,而心境、运气和一时努力因素是不稳定的;可控性维度是指行为动因能否为行动者或他人所支配或驾驭,如努力、教师偏见、别人帮助是可控的,而天资、心境、任务难度和机遇是难以控制或不可控的。由此,这三个维度的归因因素可以用表4-1表示。

表4-1 成败原因知觉的三维度分类

	内	部	外	部
	稳定	不稳定	稳定	不稳定
不可控	天资、能力	心境、疲劳	任务难度	运气
可控	持久努力	一时努力	他人偏见	他人帮助

归因理论者认为,个人对其成功原因的归因广泛地影响着后来行为的动机。不同的归因,对学生所产生的影响是极不相同的。

当倾向于能力归因时,个体成功时,就会认为自己能力高,因此而信心十足,甚至趾高气扬。个体失败时,就会认为本身能力低,脑子笨,因此而丧失信心,只好听任失败的再次到来。

当倾向于努力归因时,个体成功时,会认为是由于努力的结果,就会鼓励自己继续努力,并预期今后再次获胜。个体失败时,会认为是不努力造成的,因此相信自己只要努力,一定可以获得下次的成功。

当倾向于任务难度的归因时,个体成功时,会提醒自己,今后要认真学习,以应付更困难的任务。个体失败时,则会埋怨客观,并把今后的成功寄希望于难度较小的任务上。

当倾向于运气归因时,个体成功时,会认为只不过是自己此次侥幸,并不是自己真有水平,个体失败时,则自认倒霉,但祈求今后的好运气还能降临。

科文顿(M. V. Covington,1976)等人对具有成功倾向的儿童和具有失败倾向的儿童的归因特点进行了详细的分析。他们指出,具有成功倾向的儿童倾向于认为自己可以胜任大多数的学业挑战。因此,在他们的学习过程中,能力并不是一个重要的因素。学生们把成功和失败更多地看做与努力的质量有关系。研究表明,成功倾向的学生更多地将成功归因于自己的能力和努力,而将失败归因于努力不够。这种解释对个体后续的活动是十分有帮助的。因为成功激发了更高的自信心以表明自己有能力做得好,而失败则是需要更努力的信号。因此,成功倾向的个体在失败出现时也不受威胁,因为它并不反映个体的能力。这也表明了一些成功的学生为什么也能将失败作为学习的动力。

而具有失败倾向的学生则更倾向于将失败归因于缺乏能力,而将成功归因于偶然的外部因素造成的,如这次考试全靠运气好或内容简单。由此而出现了一个十分令人沮丧的境况——这些学生为失败而自责,但对于他们所取得的成功却很少感到自豪。他们觉得自己没法控制学业上成功和失败,因此只好试图以回避失败而减轻痛苦。由于采取了回避的措施,而不是积极争取或付出努力以提高成绩的措施,往往使他们在下一次的考试中也很难再成功。再次的失败又使他们进入了更进一步的消极归因,于是便在恶性循环中难以自拔。长此以往,这样的学生会发展为习得无助(learned helplessness),即个体感觉到他并不能控制事件的结果,对自己的学习处于无能为力、听天由命的状态。

第三节　学习动机的激发

一、激发学习动机的原则

如何在课堂里激发学生的学习动机？这是当今心理学家十分关心的问题。将心理学家在这方面进行的研究加以概括,可以归纳成六个原则：

(一)建立以学习为中心的环境

在以学习为中心的课堂中,学生具有学习的意向;能一贯地、努力地求得成就而没有焦虑;经常有成功的体验,有时也会失败,但这失败并不是惩罚,而是由于缺少努力的自然结果。这种课堂要求:

1. 集中学生的注意。选择性注意是学习的根本条件,因而,教师要将学生的注意集中在学习活动上,学生就能进入学习的情况。这样,学生好奇心变成了注意集中过程的一部分。教师提出问题和鼓励讨论可以集中学生的注意。如英语教师提出问题"神话是怎么来的?"更吸引了学生的注意和引起了他们的好奇心。教师鼓励每一个学生认真听和回答问题,能够加强注意和减少非学习活动。

2. 帮助学生树立学习的意向。意向是自我控制活动的执行控制的过程。例如,学生们有按时到校的意向,于是他们便计划和完成按时到校的行动。学生按时到校的意向受到家长和教师的鼓励,对大多数学生而言,在早先他们即已成为习惯了。

3. 避免学生产生高度焦虑。一般的焦虑是人们由于对来源不明的厌恶和痛苦而产生的预想。换句话说,焦虑使人对某些未来的事情总是担心甚至有恶感,但又不能确定其原因。除一般焦虑以外,还有一种焦虑叫做考试焦虑。考试焦虑是对考试期望过高的学生常有的焦虑。根据托比亚斯(Tobias, 1979)的调查,发现低水平的焦虑可促进学生努力以取得成就,但是高水平的考试焦虑会降低学生的努力,不易取得成就。此外,如果考试显得特别重要,学生期望成就较高,则考试焦虑的水平也会增高。学生缺课、不进行有效的准备必然引起考试焦虑和不良的学业成绩。心理学家库勒和霍拉汉(Culler and Holahan, 1980)等人指出,要使学生消除考试焦虑和提高学习成绩比较有效的方法是培养学生良好和有效的学习习惯,比较愉快、自觉,但又要有低度的焦虑,用足够的时间去准备考试。

（二）利用学生的需要和内部动机

学生的活动总是为了满足他在成长过程中不断增长的需要，因此教师要精心和聪明地进行指导，掌握方向。教师在指导学生活动时，为了满足他们的需要，应当采取为社会所认可的方式。教师应当给学生提供更多的学习活动的机会，并且引导他们建立自己的成就的标准，是利用他们的成就动机的一种最好的方法。应帮助学生按照自己制定的计划去工作，会使他们要求更高成就需要。教师还应当利用学生的好奇心，因材施教，为每一个学生提供新的教学材料和安排适当的学习活动，并鼓励每一个学生去探索知识和新的事物。

（三）教学内容要有趣味

怎样才能使教学内容有趣味？当前心理学家的一致意见是教学的材料要多样化——如印刷的材料、声像材料、实物、模型比单一用本教科书更能引起学生的兴趣；教师安排学生的活动，应让学生亲自动手做、观察、阅读、听讲、讨论比仅仅只是阅读教科书或听讲更能吸引学生；在一堂课中，教师经常变换教学活动，也会产生较好的效果。

（四）帮助每个学生树立目标和达到目标

帮助学生树立目标对于激发他们的动机具有强大的作用。学生有了学习目标便会产生学习的意向，因而他才愿每天主动地学习，并一直指向目标。学生有了学习目标，才有取得成就的机会。心理学家罗斯沃克（Rosswork，1977）等人认为，帮助学生树立目标，最好的方法是让他们的活动有明确的目的与任务。教师在开学时，即将学生所学的课程分成若干单元，并把每个单元的目的任务告诉学生。教师有计划、有组织地将教学活动与每个单元的目的任务结合起来。教师还应鼓励学生在一定的时间里完成目的与任务。在这个过程中他们事实上也在树立特定的目标。事实说明，引导学生完成某种目的与任务或是通过某些活动，或是二者兼而有之是帮助学生树立目标的好方法。

为了使学生树立目标并能产生良好的效应,教师应当研究学生的动机和与之相适当的教学方式。学生需要教师教他们为学好某一课程而树立目标的策略。教师提出的策略是以学生能达到目的的所需的足够努力为基础的。有的心理学家如肯尼迪(Kennedy,1968)等人指出,只要给以恰当的指导练习,连多数小学生也可以树立自己的学习目标。心理学家还发现,在数学方面,学业成绩在中等和上等水平的学生树立了特定的目标比起同等水平但是没有树立特定目标的学生学得更好和更多的数学知识,而且牢记的数学知识也更多。这些自觉树立了目标的学生,在学业成绩上也大大超过那些由教师代为树立目标的学生。另一方面,学业上处于低水平的学生在教师的深入了解和有益的建议下,可以取得较好的成绩。这些实验的一条最重要的结论是教师对学生要有正确的判断,并在对学生仔细观察和认真了解的基础上,确定采取什么程度的协助和哪一种协助以满足学生达到目标的需要。

(五) 帮助学校加强对学习活动的责任心

学生在学习活动中的自我控制和自我调节要求他们自己主动决定他们如何学习和要用多大的努力去学习。跟树立目标一样,自我调节意味着在学习时要自觉自愿地花费时间做出努力才行。根据沃罗柯夫斯基(Wlokowski,1978)的调查,发现能自我调节的学生所采取的做法如下:选择我要完成的学习目标;计划如何完成我选择的学习目标;不间断地为我选择的学习目标工作和使之圆满完成;对学习负责;评价我的学习;练习对我的学习十分必要的技能;自己核查学习的进展;只要有选择的余地,我便以我的价值标准为学习做出选择;根据我个人的标准判断我的学习质量;选择有挑战性的目标;根据自己的速度干工作。

学习活动的自我控制的另一种方法是由个人自主进行活动,而不是由别人控制或操纵。狄恰姆斯(De Charms)1980年的一份对学生的跟踪实验研究指出学生的这种自主学习活动,是这样安排的:自己树立目标;选择达到目标的活动;个人为达到目标敢于负责;个人有信心以自己的能力达到目标;评估自己的进步。跟踪调查两个成绩不及格学生的结果显示,接受教师的教育、能个人自主安排学习活动并对学习活动负责的学生(实验组)和控制组的学生比较的结果表明,在五年级时,两组学业成绩是相当一致的,六个月后,开始出现差距。八年级时,两组学生的学业成绩的差距已经拉大,即实验组学生的学业成绩有三分之二以上已经及格,而控制组的学生则仍大致保持原有的学业水平。至八年级毕业后,实验组学生已全部考入中学。

(六)提供反馈信息,必要时提供内部控制

学生需要反馈以指导他们指向目标的活动。学生可以独立地获得信息,如使用字典来改正自己的错别字和错误的定义。从教师那里获得的信息包括口头的和书面的评论,这些评论指出什么是对的和错误的,什么是合适的和不合适的。不指出误差的信息对学生来说是没有什么益处的。学生还需要别人告诉他们如何克服或校正误差的线索。

除了以上这六条原则外,我们还必须要考虑学生的年龄特点。从小学到大学,学生的年龄不同,心理特点如能力、兴趣和态度等都存在差异。应用这些原则时还应考虑一个学校的或是一个班级的社会心理因素;在一个大多数学生都学习十分努力、行为良好的学校和一个大多数学生学习不够努力、行为不够好的学校,在应用时要考虑这些具体条件。此外,教师有着不同的价值观,不同的思想,不同的工作作风和能力的大小,因而必须从实际出发,采取不同的方法,以取得良好的效果。

二、激发学习动机的手段与方式

(一)激发学习动机的手段

教师有时会发现,一些学生对某门课程特别感兴趣,不需要什么引导、鼓励或奖励,也学得比其他课程更卖力些,对这些学生说来,这门课本身具有足够的内在诱因价值,能驱动他们去学习。但是,学校里大多数教学内容对学生说来,可能一时并不感到很有趣味或很有用,因而,教师要采用各种外部诱因来激发学生学习。在这样做时,一般需要注意以下几个方面。

1. **提出明确而又适度的期望和要求。**学生需要确切知道应该做些什么,将会怎样评价他们,以及成功后会得到什么结果。一些证据表明,学生从事某项学习任务时之所以失败,是由于搞不清楚要他们做什么。此外,提出的要求既不能太高,使学生感到无法达到;但也不能太低,使学生感到不值得去努力。

2. **给予清楚而又及时的反馈。**对学生的作业及时给予不含糊的反馈,这是课堂教学中一个重要的部分。对年幼学生来说,尤其是这样。事实上,每一反馈既起信息的作用,又起动机的作用。如果告诉学生做得对,他们不但知道将来该怎么做,还有助于他们把成功归结于自己的努力。另外,反馈的及时性也极为重要。如果学生这个星期做的作业到下个星期再给反馈,那么反馈的信息作用和动机作用就很难发挥了。因为学生由于不知道错在什么地方,仍然把错误的观念视为正确的。而且,对年幼学生来说,一星期前的作业往往已被他们淡忘了,这时再给他们成绩很难激起他们的动机。

3. **注意评估、反馈和奖励的频率。**教师需要经常给予学生反馈和奖励,以使学生尽力而为。事实上,除非经常给学生以反馈,否则要他们只为最终的奖励而长期努力学习是不现实的。研究表明,无论这种奖励多么吸引人,如果不能经常有可能得到的话,对行为是没有什么影响的。小的但又经常的奖励,比大的但极少的奖励更具有诱因价值。对测验频率的研究也表明,对学生进展的评估,与其给予少量的大测验,不如经常给予一些小测验更好些。这里要指出的是,课堂提问也是很重要的,这样做,学生既可以了解自己理解的水平,又能因注意听讲而受到奖励。

4.了解学生对奖励的估价。前面讲到的期望理论已提及,动机是学生对成功的估价和对成功概率的估计的产物。这意味着,学生必然会对奖励作出估价的。有些学生对教师的赞扬或分数不大看重,而对教师写的评语较重视,因为后者是要给家长看的。这里要注意的是,教师应把奖励的重点放在学生的努力上,而不是放在学生的能力上。对学生的奖励,应根据学生是否尽了力,是否在原有基础上有所提高。如果只是奖励成绩好的学生,必然会使成绩不好者失去信心,而成绩好的学生也会因表扬多了而不在乎。

5.使所有学生都有得到奖励的可能性。要使全体学生意识到,只要他们尽力而为,所有人都有机会得到奖励。与此同时,又要注意,不能使有些学生感到不费吹灰之力就能得到奖励。但是,这一原则往往遭到目前流行的评分制度的阻碍,事实上,有些学生尽了力也得不到5分;而有些学生没怎么下功夫也能得到好成绩。如前所述,实际上这两种学生都不会尽自己的最大努力。作为教育工作者,我们应该认识到,虽然并不是所有学生都能够获得高分,但是,所有学生同样都有可能尽自己最大的努力,超过自己以往的成绩。因此,在采用目前的评分制度的同时,辅之以适当的奖励标准,奖励那些尽了自己努力的学生,是很有必要的。

(二)激发学习动机的方式

首先,创设问题情境,实施启发式教学。所谓问题情境,指的是具有一定难度,需要学生努力克服,而又是力所能及的学习情境。简单地说,问题情境就是一种适度的疑难情境。在学习过程中,对难度过小或难度过高的东西学生都不会感兴趣。只有在学习那些"半生不熟"、"似会非会"的东西时,学生才感兴趣而迫切希望掌握它。因此,能否成为问题情境,主要看学习任务与学生已有知识经验的适合度如何。研究表明,问题情境的难度在50%左右最有利于激发学习动机。创设问题情境要求教师熟悉教材内容,掌握教材内容的结构,了解新旧知识之间的内在联系;并且充分了解学生已有的认知结构状态,使新的学习内容与学生已有水平构成一个适当的跨度。这样,才能创设问题情境。具体创设问题情境的方式可以多样,既可以用教师设问的方式提出,也可用作业的方式提出,既可以从新旧教材内容的联系方面引进,也可以从学生的日常经验引进。问题情境的创设既可以是在教学的开始阶段,也可以在教学中和教学结束时进行。

第二,学习材料要具有科学性与趣味性。学习材料的科学性不仅是指材料内容要正确,符合客观规律,逻辑结构严谨,它还包括材料内容要适合学生已有的知识背景,符合学生的年龄特征和心理发展水平。材料的趣味性是指材料的内容要生动活泼,富有趣味,同学生生活经验联系紧密,实用性较强。

第三,利用学习结果的反馈作用。让学生及时了解自己的学习结果,会产生相当大的激励作用。因为学生知道自己的进度、成绩以及在实践中应用知识的成效等,可以激起进一步学习的愿望。同时,通过反馈的作用又可以及时看到自己的缺点,及时改正,并激发起上进心。因此,在教学过程中,教师应注意:首先,及时批改和发还学生的作业、测验试卷。"及时"指利用学生刚刚留下的鲜明的记忆表象,满足其进一步提高学习的愿望,增强学习信心。其次,眉批、评语要写得具体,有针对性、启发性和教育性,使学生受到鼓舞和激励。

第四,进行正确的评价和适当的表扬与批评。正确的评价和适当的表扬与批评所起的作用,主要是对学生的学习活动予以肯定或否定的强化,从而巩固和发展正确的学习动机。一般说来,表扬和鼓励比批评、指责更能有效地激励学生的学习动机。因为前者能使学生产生成就感,后者则会挫伤学生的自尊心和自信心。进行有效的评价和适当的表扬与批评,应注意以下几点:第一,要使学生对评价有一个正确的态度。只有对分数持正确的观点,分数才能起积极的激发学习的作用。第二,评价必须客观、公正和及时。若评价不公正,则会使评价产生相反的结果。第三,评价必须注意学生的年龄特征与性格特征等。如对学龄初期的学生,教师的评价起的作用更大些,对学龄中、晚期的学生,通过集体舆论来进行表扬或批评效果更好。对自信心差的学生更应多一些鼓励与表扬,对过于自信的学生,则应更多地提出要求,在表扬的同时还应指出其不足之处。

第五,适当开展竞赛。一般在竞赛过程中,学生的好胜动机和成就需要更加强烈,学习兴趣和克服困难的毅力会大大增强。所以,多数人在竞赛情况下学习和工作的效率会有很大的提高。然而,竞赛也具有消极作用,过多的竞赛不仅会失去激励作用,还会造成紧张气氛,加重学生负担,有损学生身心健康。学习成绩差的学生常会因失败而丧失学习信心和兴趣。在某些情况下,竞赛还可能带来人际关系紧张等消极影响。为了使竞赛能对大多数人起到激励的作用,应注意以下几点:第一,按能力分组竞赛,这样多数学生都有获胜的机会;第二,按项目分组竞赛,使不同智力、不同兴趣、不同特长的学生都有施展自己才能的机会;第三,鼓励学生自己和自己竞争,争取这次成绩比上次好,今年成绩比去年好,这样,同样可起到激励作用。

第六,指导正确归因,促使学生继续努力。成败归因理论的研究表明,不同的归因方式对学生今后的行为所产生的影响不同。因此,可以通过改变学生的归因方式来改变其今后的行为。在学生完成某一学习任务后,教师应指导学生进行成败归因。一方面,要引导学生找出成功或失败的真正原因;另一方面,教师也应根据每个学生过去一贯的成绩优劣差异,从有利于今后学习的角度进行归因,哪怕这时的归因并不真实。一般而言,无论对优生还是差生,归因于主观努力的方面均是有利的。因为归因于努力,可以使优等生不至于过分自傲,能继续努力,以便今后能继续成功;使差等生不至于过分自卑,也能进一步努力学习,以争取今后的成功。

总之,激发学生学习动机的方式和手段多种多样,只要教师有效地利用上述手段来调动学生学习的积极性,学生就有可能学得积极主动,并学有成效。

第五章　学习迁移

学生的学习,无论是认知的、情感的,还是运动技能的,通常都是有计划的和有系统的学习。新的学习总是以原有的学习为基础,原有的学习一般可以促进后继的学习,但有时也可以干扰后继的学习。原先的学习对后继学习的促进或干扰都是学习的迁移。

现代学习理论要求学习的目标之一是学生能够做到举一反三、闻一知十,能够运用所学知识解决类似或同类课题。为此,心理学家们十分重视学习的迁移问题,并提出口号:为迁移而教学。

第一节　学习迁移的概述

一、学习迁移的含义

学习迁移是指一种学习对另一种学习的影响。研究和实践证明,学习迁移现象是普遍存在的。先前已经形成的旧知识、旧技能对后继学习的新知识新技能具有迁移作用。如一种外语的学习,有助于另一种外语的学习;阅读能力的提高有助于写作能力的形成。这些都属于迁移现象。大家常说的"举一反三"、"触类旁通"指的就是学习迁移。

学习迁移的范围随着学习心理学研究的进展而不断扩大,有知识、技能的迁移,有学习方法、学习策略的迁移,有学习动机和学习态度的迁移,有思想、观念的迁移,等等。所以,迁移问题的研究不仅局限于知识的学习,其他很多领域的学习之中都存在着迁移现象。

研究表明,学习迁移现象的表现是复杂的。一种学习对另一种学习的影响常常是在某一方面起积极作用,而在另一方面又起消极作用。例如,开始学习英语字母时,以前学习的汉语拼音字母,在识记字形上能起积极作用,而在读音上却会产生消极作用。不过,一般说来,这种消极作用是暂时性的,经过练习便可以消除。

学习迁移在学习中是无处不在、无时不在的。学习迁移对学生现在学习和将来参加现代化建设都具有十分重要的作用。学生在学校里要掌握大量的知识、技能、学习方法、学习手段、思想,在学习过程的每一环节都存在迁移现象。例如知识的理解、巩固、应用都是在已有经验的影响下实现的,也可以说是在迁移中实现的。学校的教学措施,教师的教学努力,都是在为了学生学习的迁移创造条件。只有这样,才能产生较好的学习效果,才能保证教育质量,促使学生全面发展。

二、学习迁移的分类

(一) 正迁移和负迁移

学习迁移按其效果来看,可分为正迁移和负迁移。

1. 正迁移。正迁移是指一种学习对另一种学习的促进作用。如会写铅笔字,就容易会写钢笔字。先学加法,就容易学会乘法。会骑自行车,就容易学会骑摩托车。通常人们习惯于用"迁移"一词来指代正迁移。所以,迁移作用一般是指促进作用。

2. 负迁移。负迁移也叫干扰,是指两种学习之间的干扰作用。如使用电脑,学熟了五笔字型输入对其他输入法的干扰作用;把平面几何的同垂直于一条直线的两条直线相互平行这一定律搬到立体几何中等现象,都是负迁移。负迁移可以通过反复练习而加以排除。

学习的迁移与干扰并不是绝对的,有时两种技能既有迁移也有干扰。中国人学习日本语,一开始汉语对学习日文(含有大量汉字)有正迁移,而随着学习的深入,汉语句子里的词序与日本语句子里的词序有些是相反的,产生了干扰作用。

(二)顺向迁移和逆向迁移

按迁移的顺序来分,可分为顺向迁移和逆向迁移。

1. 顺向迁移。先学习的材料对后继学习产生的影响,称为顺向迁移。

2. 逆向迁移。后学习的材料对先前学习产生的影响,称为逆向迁移。

无论是顺向迁移还是逆向迁移,都存在正迁移或负迁移的现象。把它们组合起来,就形成顺向正迁移、顺向负迁移,以及逆向正迁移和逆向负迁移四种形式。例如先学习阅读,后学习写作,且学习阅读能力的提高有助于写作能力的形成,这样我们说阅读学习对写作能力的提高产生顺向正迁移。又如学习汉语语音对后来学习英语语音会产生顺向负迁移。

(三)纵向迁移和横向迁移

按迁移的层次来分,可分为纵向迁移和横向迁移。

1. 纵向迁移。纵向迁移是指不同层次之间的知识、技能、观念等的相互迁移,也叫垂直迁移或上下迁移。认知结构中,概念根据概括的不同水平,有上位结构与下位结构的两个层次。上位结构包括抽象概括水平较高的上位概念、上位规则等;下位结构包括抽象概括水平较低的下位概念、下位规则等。上位结构与下位结构之间可以互相迁移。有的是从上而下的迁移,即从上位结构向下位结构的迁移。例如,已掌握的"心理学"原理有助于向"教育心理学"知识迁移。有的是从下而上的迁移,即下位结构向上位结构的迁移。例如,已经掌握了有关猴子、猩猩、猫、狗、牛、马等知识,有助于向哺乳动物概念的迁移。

2. 横向迁移。横向迁移是指同一层次上并列的知识技能之间的迁移。例如,有关写钢笔字的经验可以向写毛笔字迁移,有关加法的知识可以向乘法迁移等。

在纵向迁移和横向迁移中,既有顺向迁移,又有逆向迁移;既有正迁移,又有负迁移。

(四)特殊迁移和一般迁移

按学习迁移作用的范围来分,可分为特殊迁移和一般迁移。

1. 特殊迁移。当某种学习只能对某些相似的学习材料产生迁移作用,即迁移作用的范围比较狭小时,我们把它称之为特殊迁移。一般认为,动作技能的学习迁移大都属于特殊迁移。

2. 一般迁移。当一种学习能够对那些差异比较大的学习产生迁移作用,即迁移作用的范围比较宽广时,我们把它称之为一般迁移。一般认为,基本概念、基本原理的学习能够对比较宽广的领域里的知识的学习产生迁移作用,因而是一般迁移。

第二节 学习迁移的理论

一、形式训练理论

学习迁移现象早已为人们所知。如我国古人就知道学习可以"举一反三"、"触类旁通"。从心理学上讲,"举一反三"和"触类旁通"都是指先前的学习对以后的学习的促进,所以都是学习的迁移现象。但是,对学习迁移现象最早的系统解释,则是形式训练理论提出的。

形式训练理论来自于官能心理学(faculty psychology)。官能心理学认为,人的"心"由"意志"、"记忆"、"思维"、"推理"等官能组成。"心"的各种官能是各自分开的实体,分别从事不同的活动,如利用记忆官能进行记忆和回忆;利用思维官能从事思维活动。各种官能可以像肌肉一样,通过练习来增强能力。这些能力在各种活动中都能发挥效用。比方说,记忆官能增强以后,可以更好地学会和记住各种东西。不仅如此,由于心是由各种成分组成的整体,一种成分的改进,也在无形中加强了其他所有官能。可见,从形式训练的观点来看,迁移是通过对组成"心"的各种官能的训练,以提高各种能力如注意力、记忆力、推理能力、想像力等而实现的。迁移的发生是自动的。

形式训练理论把训练和改进"心"的各种官能,作为教学的重要目标。它认为学习的内容并不重要,重要的是所学对象的难度及其训练价值。它还认为,学习要收到最大的迁移效果,就应该经历一个"痛苦的"过程。于是,难记的古典语言、数学和自然科学中的难题,就被视为训练"心"的最好材料,在这样的训练中,"学生学会观察、分析、比较、分类,学会想像、记忆、推理、判断,甚至于创造……有了这样的造诣,足以使学生们在日后的学习和工作中受益无穷"。反之,学生们如果仅记住了一些具体事实,其实用价值便十分有限。

形式训练理论在欧洲和北美盛行了约200年,至今,这一理论在国外和我国仍有一定的影响。但是,"心"的各种官能能不能分别地加以训练,使之提高,从而自动迁移到一切活动中去呢?教学的主要目标是不是训练"心"的各种官能呢?形式训练理论对这些问题的回答虽然十分肯定,但它的鼓吹者和信奉者并没有拿出经得起科学检验的证据。早期的以及近现代的心理实验研究都对这一学说提出了挑战。

二、相同要素理论

19世纪末和20世纪初,心理学家开始借助实验来检验形式训练理论的可靠性。1890年,美国著名心理学家詹姆士(W. James)首先通过记忆实验来探讨迁移问题。其实验结果表明:记忆能力不受训练的影响,记忆的改善不在于记忆能力的改善,而在于方法的改进。

继詹姆士之后,许多心理学家纷纷设计更为严密的实验,从各种不同角度向形式训练理论提出了挑战。其中桑代克(E. L. Thorndike,1874~1949)和伍德沃斯(R. S. Woodworth)的研究影响最大。桑代克在1901年所做的"形状知觉"实验是相同要素理论的经典实验。他以大学生为被试,训练他们判断各种形状、大小图形的面积。被试先接受预测,估计了 127 个矩形、三角形、圆形和不规则图形的面积,使他们判断形状面积的能力达到了一定的水平。然后,用 $10cm^2$ ~ $100cm^2$ 大小的 90 个平行四边形,让被试进行充分训练。最后,对被试进行两种测验:第一个测验是要求他们判断 13 个与训练图形相似的长方形面积;第二个测验是要求被试判断 27 个三角形、圆形和不规则图形的面积,这 27 个图形是预测中使用过的。

桑代克的研究结果表明:通过平行四边形的判断训练,被试对矩形面积的判断成绩提高了;而对三角形、圆形等不规则图形面积的判断成绩却没有提高。

此外,桑代克也作过长度和重量方面的实验,如让被试者估计 1cm ~ 1.5cm 的直线,经过练习,取得相当进步,然后用 6cm ~ 12cm 的直线进行迁移测验,结果,其估计能力并不因先前的训练而有所增进。在记忆和注意方面,桑代克也做过类似的实验。在这些实验中,桑代克发现,经过练习,被试的成绩取得明显提高,这些训练可以迁移到类似的活动中去,不过迁移的成绩远不如直接训练的成绩。在知觉、注意和记忆方面的训练,并未能迁移到不相似的活动中去。据作者报告,迁移效应的产生,是由于练习所用的特殊方法、观念或有用的习惯带到了最终测验之中的结果。

桑代克在他的迁移实验的结果的基础上,提出了相同要素(idenitical elements)理论,同形式训练理论相对抗。该理论后来被伍德沃斯改为共同成分(common components)理论,意指只有当学习情境和迁移测验存在共同成分时,一种学习才能影响另一种学习(即产生迁移)。用桑代克自己的话说,"只有当两种心理机能具有共同成分作为因素时,一种心理机能的改进才能引起另一种心理机能的改进"。所谓共同的心理机能指什么?尽管桑代克认为包括经验上的基本事实(如通过不同组合一再重复的长度、颜色和数量)、工作方法乃至一般原理或态度,但由于他对学习持联结主义观点,实际上,所谓共同的心理机能,只是共同的刺激和反应的联结而已。他还设想,这种共同的刺激和反应的联结,是"凭借同一脑细胞的作用"而形成的。

韦斯曼(A. Wesman)在1944年重新检验了桑代克早年的结论。在一个学年的开始和结束,他对中学生进行了一系列一般智力和成绩测验,研究表明,所学的任何一种学科并不比任何其他学科优越;在所测量的任何一种成绩范围内,智力并没有更多增长。在60年代以后,还有人进行了新的研究,仍然证实了桑代克的早期发现。

桑代克在迁移方面的研究,揭露了形式训练理论的谬误,这是他的功绩。但是,他坚持认为,"头脑……就它的功能方面来说,是对特殊情境作特殊反应的一架机器"。根据这种观点,人们在特殊情境中所需要的每一种知识、技能、概念或观念,一定要作为一种特殊的刺激—反应的联结来学习。这样,迁移的范围就大为缩小。根据相同要素理论,在两种没有相同要素或共同成分的过程之间,两个完全不相似的刺激—反应联结之间,不可能产生迁移,这会使人们对迁移产生悲观态度。

三、概括化理论

概括化理论是贾德提出来的学习迁移理论。该理论认为,在先期学习A中所获得的东西,之所以能迁移到后期的学习B,是因为在学习A时获得了一般原理,这种一般原理可以部分或全部运用于A、B之中。根据这一理论,两个学习活动之间存在的共同成分,只是产生迁移的必要前提,而产生迁移的关键是:学习者在两种活动中概括出它们之间的共同原理。而原理的获得是通过概括这种思维机制实现的,所以贾德的学习迁移理论便被称为概括化理论。

贾德在1908年所做"水下击靶"的实验,是概括化理论的经典实验。

他以5年级和6年级学生作被试,分成两组。实验者要他们练习用镖枪投中水下的靶子。给一组学生充分解释水的折射原理;但不给另一组学生说明关于水的折射原理,致使他们只能从尝试中获得一些经验。在开始一系列投掷练习时,靶子置于水下1.2m处。结果,教过和未教过折射原理的学生,其成绩相同。也就是说,在开始的测验中,理论对于练习似乎没有起作用,因为所有的学生必须学会运用镖枪,理论的说明不能代替练习。接着改变条件,把水下1.2m处的靶子移到水下4m处,这时两组的差异便明显地表现出来。没有给予折射原理说明的学生,表现出极大的混乱,他们投掷水下1.2m靶时的练习,不能帮助改进投掷水下4m靶的练习,错误持续发生。而学过折射原理的学生,迅速适应了水下4m的条件。

贾德在解释实验结果时说:"理论曾把有关的全部经验——水外的、深水的和浅水的经验——组成了整个的思想体系……学生在理论知识的背景上,理解了实际情况以后,就能利用概括了的经验,去迅速地解决需要按实际情况作分析和调整的新问题。"

后来,赫德里克森(G·Hendrickson)和施罗德(W·H·Schroeder)在1941年,奥弗林(R·L·R·Overing)和特拉韦斯在1967年,都作过类似的实验,进一步证实了贾德的概括化理论,同时还指出,概括不是一个自动过程,它与教学方法有密切的关系。这与课堂教学实践经验是一致的,即同样的教材内容,由于教学方法不同,而使教学效果大为悬殊,迁移的效应也大不相同。

概括化理论揭示了原理在学习迁移中的作用,这是有积极意义的,但是原理只是影响学习迁移的一个因素,用它来解释学习迁移现象是有局限性的。

四、关系转换理论

关系转换理论是格式塔心理学家苛勒(W·Kohler)提出的迁移观点。格式塔心理学家并不否认依赖于学习原理的迁移,但他们认为"顿悟"关系是学习迁移的一个决定因素。他们认为,迁移不是由两个学习情境具有共同成分、原理或规则而自动产生的某种东西,而是学习者突然发现两个学习经验之间存在的关系的结果。学习者所迁移的是顿悟——两个情境突然被联系起来的意识。可见,关系转换理论更强调个体的作用。

支持关系转换理论的经典实验是苛勒在1919年所做的"小鸡和一个3岁儿童觅食"实验。实验对象是小鸡和一个3岁儿童,任务是教被试在两张纸中的一张下面寻找到食物。两张纸一张是浅灰色的,一张是深灰色的,食物总是放在深灰色纸下,通过条件反射学习,小鸡经过四百次至六百次尝试,小孩经过45次尝试,都学会了在深灰色纸下觅食的反应。然后,变换实验情境,保留原来的深灰色纸,用黑色纸取代浅灰色纸。现在的问题是:如果小鸡、小孩仍然到深灰色纸下面寻找食物,那就证明迁移是由于相同要素的作用;如果小鸡、小孩是到两张纸中颜色更深的那张,即黑色纸下面寻找食物,那就证明迁移是对关系作出的反应。实验表明:小鸡对新刺激(黑色纸)的反应为70%,对原来的刺激(深灰色纸)的反应是30%;而儿童在做同样的实验时始终对黑色纸的刺激作出反应,是百分之百。

苛勒作出结论说,虽然原来的深灰色纸是在所有实验情境中都存在的相同要素,但在作最后测验时,小鸡和小孩并不对其作出反应,而是对新的更深色的纸作出反应,可见在迁移中起作用的不是相同要素,而是对关系的顿悟——即被试始终对两张纸中颜色较深的一张作出反应。

五、学习定势理论

学习定势理论考虑的是学习方法的迁移问题。所谓学习定势,就是习得的学习方法的态度倾向。一个学生的学习迁移,往往受他的学习意图或学习心向的影响,这就是学习定势的作用。先行学习为后继学习准备了迁移的条件,或使后继学习处于准备状态中,这就有利于迁移。在先行学习中改进学习的一般方法,学会如何学习也能起到定势的作用,有利于学习迁移。

1949年,哈洛(Harlow·H·E)著名的"猴子实验"证明了进行学习方法的学习有利于形成学习定势。哈洛在实验中,给猴子呈现由两个刺激物组成的配对刺激:一个是圆柱体,另一个是圆锥体;圆柱体下面放有食物,圆锥体下面不放任何东西。实验开始后,猴子偶然拿起一个刺激物进行观察,遇到食物随即摄取。如此训练6次以后,再给猴子呈现另外两个刺激物组成的配对刺激,仍然在其中一个刺激物下面放有食物,另外一个刺激物下面不放任何东西,猴子经过上述同样的6次辨别学习试验。然后再换上另外两个配对刺激进行上述实验。如此进行下去,虽然不断地变换刺激物,但猴子选择放有食物刺激的正确反应的百分比在快速上升。这说明,猴子在前几次辨别学习中学会了选择的方法,或者说形成了辨别学习的定势,并将学会的方法或形成的定势运用到以后的学习中,使学习效果得到提高。

六、认知结构理论

认知结构理论是现代认知学派用来解释知识学习迁移问题的理论。该理论可以用奥苏伯尔(D·P·Ausubel)的下述观点作为代表。

1. 奥苏伯尔非常重视认知结构在学习迁移中的作用。他在有意义言语学习的研究中强调,一切新的有意义学习都是在原有学习的基础上产生的,因此,一切有意义学习必然包括学习迁移,而原有的学习对新知识学习的影响是通过学习者原有认知结构的作用实现的。也就是说,不受学习者原有认知结构影响的有意义学习是不存在的。

2. 奥苏伯尔认为,学习者的认知结构在新知识学习中的迁移主要是通过认知结构特征的作用实现的。他认为,在有意义学习中,学生认知结构的特征始终是影响新的学习与保持的关键因素,而认知结构的主要特征(或说认知变量)具有可利用性、辨别性和稳定性(含清晰性)[1]，它们也是影响知识学习迁移的重要因素。奥苏伯尔等人在这方面进行了不少成功的实验研究。

3. 奥苏伯尔还从认知结构理论的观点对学习迁移的理论模式作了新的解释。他认为，原来的学习迁移模式仍然适用，但先前的学习不只是课题 A，还应该包括过去经验即累积获得的、适合当前学习任务的知识体系，而不是最近经验的一组刺激—反应联结。在学习课题 A 时所得到的最新经验，并不是直接同课题 B 的刺激—反应成分发生相互作用，而是由于它影响了原有认知结构的有关特征，从而间接地对学习迁移产生影响。

4. 奥苏伯尔还对课堂学习中的迁移问题提出了自己的见解。他认为，在一般的课堂学习中，并不存在孤立的课题 A 和课题 B 的学习。学习 A 是学习 B 的准备和前提，对于 B 也不是孤立地学习，而是在同 A 相联系中学习。因此，学校课堂学习中的学习迁移，比实验室条件下的学习迁移所指的范围更加广阔。无论在哪种形式的课堂学习中，凡有已经形成的认知结构影响新的认知功能的地方，都有学习迁移现象存在。而且迁移的效果主要不是指提高了运用一般原理于特殊事例的能力，即所谓派生类属学习能力，而是指提高了相关类属学习、总括学习和并列学习的能力[2]。

一般认为，现代认知学派的认知结构理论能够比较好地解释知识学习中的迁移现象，但却不能解释技能、情感、态度学习中的迁移现象。因此，关于学习迁移问题的研究还须继续深入。

---

[1] 邵瑞珍：《教育心理学》，第 254 页，上海教育出版社，1988。
[2] 邵瑞珍：《教育心理学》，第 75 页~第 77 页，上海教育出版社，1988。

第三节　学习迁移的影响因素

一、学生的知识背景

现代认知心理学把知识的迁移看成先前学习的知识在后继学习中的运用。现代认知心理学把知识分为陈述性的与程序性的两大类,前者是用于回答"世界是什么"的问题;后者是用于回答"怎么办"的问题。

由此而出现了对知识迁移的新的分类(如图5-1所示)。

	目标知识	
原有知识	程序性的	陈述性的
程序性的		
陈述性的		

图5-1　新的迁移分类

图中原有知识是先前习得的知识,目标知识是迁移阶段要学习的知识。两者都包括陈述性和程序性知识两类,这样就形成四种迁移。

(一)程序性知识向程序性知识的迁移

当先前习得的产生式直接运用于迁移任务时,便出现此类迁移。比如,学生习得了圆面积计算的产生式后,在他遇到"已知半径或直径的长度,求圆的面积"的问题时,可以直接运用这一产生式。如果原有的产生式已相当熟练,这种迁移可自动产生。

(二)陈述性知识向程序性知识的迁移

当原先习得的陈述性知识有助于迁移任务中产生式的习得时,便出现此类迁移。这里有两层含义,一层含义是指技能习得过程中,在变式练习的条件下,由陈述性向程序性转化,这本身就反映了陈述性知识向程序性知识的迁移。另一层含义是,陈述性知识有助于一些新技能的学习。比如,丰富的日常知识,有助于写作技能的习得。

(三)程序性知识向陈述性知识的迁移

当原有认知技能促进新的陈述性知识的学习时,便出现此类迁移。如学生掌握了阅读技能后,可以大大促进掌握大量社会和自然科学知识的速度。

(四)陈述性知识向陈述性知识的迁移

当原有陈述性知识的习得有助于(或干扰)新的陈述性知识的习得时,便出现此类迁移。比如,上位知识的习得将有助于新的下位知识的学习。

奥苏伯尔认为认知结构的三个变量影响新的学习或迁移的发生。所谓认知结构,就是学生头脑中的知识结构。广义地说,是学生已有观念的全部内容及其组织;狭义地说,它是学生在某一学科的特殊知识领域中的观念的全部内容及其组织。认知结构变量(也称认知结构特征)就是学习者应用他的原有知识同化新知识时,原有知识结构在内容和组织方面的特征。主要包括可利用性、可辨别性和稳固性。原有认知结构就是通过这三个变量或特征来影响新知识的学习。

1. 可利用性。可利用性指在新的学习任务面前,学习者原有认知结构是否具有用来同化新知识的适当观念。奥苏伯尔认为,下位学习一般比上位学习和并列结合学习容易发生,因此,如果原有认知结构中有适当的、概括程度高和包摄性强的知识,新的学习就容易发生。

2. 可辨别性。可辨别性指在新的学习任务前,学习者原有知识与要学习的新知识之间的异同是否分辨清晰。如果学习者原有知识是按一定的结构、分层次严密组织起来的,那么,在遇到新的学习课题时,不仅能迅速找到新知识的抛锚点,而且也能辨别新旧知识的异同,不至于混淆不清而影响新知识的学习。

3. 稳定性。稳定性指面对新的学习任务,原有的可利用知识本身的巩固程度。原有观念越稳固,越有助于新的学习。根据奥苏伯尔的迁移理论,要促进原有知识向新的学习的迁移,教学中应注意三个方面:第一,加强基本概念与一般原理的教学。例如,在小学数学中,"分数"是一个基本概念,如果学生认知结构中已获得了"分数"概念,则学习"成数"、"折扣"等概念便会很容易。美国著名心理学家布鲁纳曾说,掌握一般概念和原理是通向普遍迁移的大道。第二,注意新旧知识异同的比较。在利用原有知识来促进新知识学习时,由于新旧知识之间有相同点,可以利用原有知识来同化新知识。但是,如果不注意比较新旧知识的异同,则先后两种知识可能产生混淆。如英语动词时态教学中,先教一般过去时态,再教现在完成时态。教学中注意两种时态的比较,先前的学习可以促进后继的学习,否则会导致两者混淆。当这种情况出现时,先后两种学习产生迁移,即产生干扰。第三,必须注意先前习得的知识的巩固。原先习得的知识如果不巩固,当后面学习相类似的知识时,两者容易产生混淆。

二、学生的理解及概括水平

学生的理解水平及概括水平对学习迁移有着很大的影响。学生的理解水平在知识学习迁移中起着关键作用。因为只有真正理解了的知识才能被容纳到学习者的认知结构中去,从而成为后继学习的基础。死记硬背的知识不可能在新的学习中产生迁移作用。一知半解的知识,不但难以产生正迁移作用,反而有可能产生负迁移作用。

学生理解后的熟练程度对学习迁移也有重大的影响作用。奥苏伯尔等人曾在1962年进行过一项这方面的研究。结果发现,学生对先学知识的掌握程度同以后学习有关知识的效果成正相关。例如,对于才能相等的学生来说,掌握基督教知识较好的学生,同掌握有关知识较差的学生相比,前者学习佛教原理的成绩较好,同样,在学习基本概念和原理时,如果提供的例证太少,学习者就不能充分掌握概念和原理,那么这些基本概念和原理在以后学习中的迁移效果就很差。

此外,学生的智力发展水平对于学习迁移也有很大影响。智力水平高的学生能够比较容易地发现两种学习材料之间的关系,所以能够比较好地将先前的学习成果应用于后来的学习。实验研究证明,学生的概括能力和分析问题能力都能对学习迁移产生影响作用。而且,已有知识经验的概括水平越高,就越是能够在广泛的领域里揭示没有认识过的某些同类新事物的本质和规律,并把新事物纳入已有的知识经验系统中去,从而产生广泛而良好的迁移效果。例如,若将一些困难的复合题分解成几个简单题让学生解答,学生一般不会有多大困难。但是,若要求学生独立地解答这些复合题,有些学生就会感到束手无策。原因就在于这些学生概括能力和分析问题能力的水平比较低,不善于将复合题分解成简单题。因此,教师在教学活动中,一定要重视在教学活动中运用"概括"这一教学措施,努力提高学生对所学知识的概括水平,以便这些知识在今后的学习中能够更好地发挥迁移作用。

三、学生的学习态度

心理学家一般认为,态度可分为认知成分、情感成分和行为成分。态度的认知成分指个体对态度对象所具有的带有评价意义的观念和信念。态度的情感成分指伴随态度的认知成分而产生的情绪或情感,它被认为是态度的核心成分。态度的行为倾向成分指个体对态度对象企图表现出来的行为意图,它构成态度的准备状态,即准备对特定对象作出某种反应。例如,"我想考大学"就属于态度的行为倾向成分。

所谓学习态度,就是学生的学习认知、情绪、情感、行为在学习上的倾向,某学生对学习有什么看法?情绪如何?必然影响他的学习行为,并表现出个人的倾向、态度,从而影响学习迁移。

毫无疑问,学生的态度能够促进与自己的"选择倾向"或"评鉴观点"相一致的材料的学习,能够抑制与自己的"选择倾向"或

"评鉴观点"不一致的材料的学习。这一点早为日常经验和实验所证实。例如,爱德华兹(A．L．Edwards,1941)等人的研究都曾证明,当学习材料同学生的评鉴观点相一致时,他们掌握学习材料最快。

由于态度结构既有认知成分又有情感成分,因此我们可以预计两者在新的学习中都会发生作用。当学生态度结构中情感成分对学习材料持赞同观点时,会激起他们要学习的高度动机,他们会尽心竭力地学习,因而相对来说,学习迁移就容易出现。此外,人一般都具有一种要求强烈降低思想观点间冲突的需要,当这种需要被激起时,便会导致一种保守的思想态度,阻碍人们学习与自己已有的信念相反的新观点。于是,在这一基础上,对新观点不屑一顾的人,是不会去很好地钻研的,因为他们从来就不愿去听一听或读一读,他们也不愿将这些新材料同已有的信念一致起来,甚至抱有偏见,对这些新材料的含义持怀疑、歪曲、颠倒和否定的态度。显然,态度中的情感成分对学习产生了肯定或否定的动机作用,从而对学习迁移产生了积极或消极的动机影响。

长期以来,人们又逐步认识到,在态度结构中认知成分在学习迁移中的潜力。按照皮克(H．Peak)的观点,对新的观点持赞同态度的人,在他的态度结构中的相应的认知成分可能已充分的确立,因此,在认识新材料的时候也就具有清晰、稳定和相应的起固定作用的观念。反之,如果让这些人学习与自己的信念相反的论点,那么,构成态度认知维度的观念图式通常也就缺乏能同新材料发生作用的相应观念。这时新材料之所以不能容易地与认知结构关联,是因为它们同已有的意义相对抗,结果不仅对新观念了解含糊,也不利于学习迁移,而且很快就被遗忘。

因此,学习态度是影响学习迁移的一个重要因素。

四、学生的心理定势

定势也称心向,它是指先于一定活动而指向活动对象的一种动力准备状态。定势对于知识迁移的影响既可能是积极的,也可能是消极的。在定势作用与人们解决问题的思路一致时,会对问题的解决产生促进作用,反之会产生干扰作用。如初一学生在学到方程解应用题时,由于小学阶段是用算术法解应用题的,所以刚学这一新知识往往会受到这种算术思维定势的影响,使新的学习发生困难,这就是定势所带来的干扰作用。因此,在教育实际中,我们要充分利用积极的定势作用,克服消极的定势,从而提高知识的迁移效果。

陆钦斯(A·S·Luchins,1940)在一次量水难题实验中发现了有趣的定势干扰作用。他请被试解决一些要求用一些容器来量一定水量的"数学问题"(见表5-1)。

表5-1 陆钦斯量水实验　　　　单位:夸特

问题的序号	给予的容器			要量出的水	可以采用的公式
	A	B	C		
1	29		3	20	A - 3C
2	21	127	3	100	B - 2C - A
3	14	163	25	99	B - 2C - A
4	18	43	10	5	B - 2C - A
5	9	42	6	21	B - 2C - A
6	20	59	4	31	B - 2C - A
7	23	49	3	20	A - C
8	15	39	3	18	A + C
9	28	76	3	25	A - C
10	18	48	4	22	A + C
11	14	36	8	6	A - C

受试者对第一个问题思索几分钟之后(3、5分钟),对他说:"把29夸特的容器装满,再从它倒出3夸特的水,这样倒3次,即29 - 3 - 3 - 3 = 20。"随后提出第二个问题,让被试独立想办法解决。从第二个到第十一个问题,除第九题以外,都可以用 B - 2C -

A 这个公式解决。这就是要想像先把最大的容器装满水,然后把 A 容器倒满一次,再倒满 C 容器两次。实际上从第七题到第十一题,都可以不用最大的 B,而仅用 A－C 或 A＋C 的公式,即可以迅速解决。

然而,实验结果表明,实验组的受试者,无论是小学生或是中学生、大学生,大多数具有强烈的用三个容器量法的定势,而忽视更简单的解决办法。

鉴于定势作用的双重性,在教育实际中,就要求教师既要培养学生解决类似问题的心向,又要引导学生在遇到用习惯方法难以解决有关问题时积极地从其他角度来思考。只有这样,才能充分地利用定势作用,提高迁移的效果。

五、教师的指导

心理学的实验研究表明,科学地指导学生的学习,不仅对学生掌握新知识、形成新技能是十分重要的,而且也是促进知识、技能迁移的重要条件。伍卓(H·Woodrow,1927)曾做过一个记忆实验证实了这一点。他在实验中把学生分成 3 个小组,一个是控制组、一个是练习组、一个是训练组。三个小组是根据实验开始时施行的测验成绩而划分的组。实验结束时,再施行终末测验。控制组在两次测验之间没有插入记忆特殊的活动和训练。而练习组插入三个小时的练习来记忆诗和无意义音节。训练组也插入记忆练习活动,其练习内容和时间总量与练习组相同。不同的是训练组是有指导地进行,练习组是无指导地进行。训练组练习活动的一半时间是实验者用来指导"适当的记忆方法",另一半时间用来练习这种方法。终末测验的结果表明,练习组和控制组的成绩大约相等,而训练组的成绩则大大超过练习组和控制组。也就是说没有指导的练习只有很少或没有产生迁移,有指导的练习则能产生大量稳定的正迁移。

下一个问题是如何指导才能产生最佳的迁移效果呢?首先是

指导量多少的问题。指导太多太细，易于束缚学生的学习积极性、主动性，妨碍他们独立思考和作出自己的结论。指导太少也不利于学生更快发现错误和节约时间。指导量的多少既要视课题的性质而定，迁移到困难的情境比迁移到容易的情境需要教师作更多的指导，也要视学习者的主观条件而定，对智力低的学生比智力高的学生要作更多的指导。其次是指导方式问题。实验证据表明，让小学生自己概括出原理、原则和自己发现问题的解答，比传统的教法即由教师提供原理原则或预先提供正确答案的指导方式更能增加正迁移的效果。也就是说教学上要提倡启发式，废止注入式，提倡有指导的发现法，把合理的指导和有限制的放任结合起来。

六、学习情境

学习情境是指整个学习活动的全部刺激，包括学习场所、环境布置、教学人员与监考人员、同学、教具以及学习材料的特性、学习内容呈现方式和学生学习方法的特点等等。

学习情境的相似性是影响学习迁移的重要因素。学习迁移常常产生于两个相似的学习情境之间。在两次学习活动之间，如果具有相同的学习场所、相似的环境布置、相同的教师和同学，那么学习迁移便比较容易产生。研究表明，诸如讲演、表演、操作等许多技能的学习，在类似于真实情境的条件下进行训练最为有效。因此，为了促进学习迁移，教师应该创造一种与日后运用所学知识、技能的实际情境相类似的学习情境，而且还应该考虑到实际应用情境中的种种情况。例如学习计算，不仅要让学生掌握运算规则，还应该让他们通过解决各种实际问题等学习活动学会在实际情境中解决计算问题。

学习材料的性质主要是指学习材料本身的性质，也对学习迁移有重大的影响。它对学习迁移的影响主要表现为学习材料的组织特点、结构特点和应用价值对学习迁移的影响。研究表明，学习材料的组织特点如果体现了由浅入深、由易到难、特别是由已知到未知等科学原则,那么,学习前面的比较简单的材料就会有利于学习后面的比较复杂的材料。学习材料的结构特点如果能够揭示出局部材料在整体中的相关位置和相对意义,那么学习者就能够通过理解和掌握这种结构关系,而促进学习材料的整体和其他局部的学习。学习材料的应用价值越高,就越是能够产生学习迁移作用。

此外,学习内容的呈现方式以及学生学习方法的特点,对学习迁移也有一定的影响。研究表明,作为呈现学习内容的有效方式之一的刺激多样化就对学习迁移有积极的影响。学习者在学习活动中所感受到的刺激越是多样,就越是有助于该学习在今后学习中的迁移;所感受到的刺激越是单调呆板,就越是难以产生学习迁移。因为原学习活动中刺激的多样性,能增加它与日后的学习之间相似或相关的可能性。例如,语文教学采用让学生多听、多说、多读、多写的方法,能够使学生在学习活动中感受到多种刺激,所以有利于学习迁移的产生。

学生所运用的学习方法科学正确,就能对学习迁移产生促进作用;所运用的学习方法不恰当,就会对学习迁移产生消极的影响。

第六章 儿童智力因素发展与教育

"智力"概念是心理学中争议很大而尚无定论的概念之一。国内大多数心理学家倾向于认为智力是一般的认识能力,它主要包括感知和记忆能力、思维和想像能力等等。学生的智力因素发展水平影响着教育的内容和方法,而科学的教育又能促进学生智力的发展。因此,教师要了解儿童智力发展的特点,有效地培养儿童的智力。本章将分别论述儿童的观察、记忆、思维、想像等能力的发展特点及培养方法。

第一节 智力因素发展与教育概述

一、智力因素发展概述

(一)智力因素及其构成

智力问题是一个复杂的问题,心理学家对智力提出了不同的解释。当前,西方心理学家对智力的认识主要有三种观点:一是把智力看成是理解和推理的一般能力;二是把智力看成是具有正相关的各种特殊能力的总称;三是把智力看成以抽象思维能力为核心的多种能力的综合。在我国,大多数心理学家认为,智力是使人能顺利地从事某种活动所必须的各种认知能力的有机结合,并以抽象思维为核心。

智力既然是由若干个因素构成的集合,那么,智力是由哪些成分构成,这些成分又是如何组织的呢?关于智力的构成,心理学家进行了长期的研究和探讨,提出了多种理论。如斯皮尔曼的"二因素理论"、阜南的"层次结构理论"、吉尔福特的"三维结构理论"等等。

我国心理学界较多的倾向于认为智力是一般认识能力的综合,智力因素主要包括注意力、观察力、记忆力、思维力、想像力等五种基本成分,其中抽象思维能力是智力的核心部分,创造力则是智力的高度表现。本章采用的就是这一观点。

(二)智力因素发展的条件

一个人智力的发展受多种因素的影响,是遗传、生理成熟、环境、教育及个体的实践活动等综合作用的结果。

1. 遗传与生理成熟是智力发展的生物基础。研究表明[①]:遗传因素影响着儿童思维和言语能力的发展。中国科学院心理研究所调查了22.8万名儿童,发现低能儿童和呆傻儿童50%以上是先天因素造成的,可见遗传因素有时会造成智力缺陷。同样,智力的发展离不开脑的发育和身体成熟。

2. 环境和教育在智力发展上起决定作用,其中教育起着主导作用。生物基础只为智力发展提供可能,而环境和教育则把这种可能变成现实。环境和教育决定着儿童发展的方向、水平、速度、内容、智力品质以及改造影响智力发展的遗传素质。

3. 个体的实践活动是智力发展的源泉。实践活动能为智力提供大量的、丰富的感性材料;实践活动不断地向人们提出新的课题,智力正是在不断地回答和解答这些课题中得到发展;智力是在实践活动中锻炼和提高的。因此,个体的实践活动推动着智力发展。

二、智力因素发展与教育的关系

(一)智力因素发展阶段制约教育的内容与方法

瑞士心理学家皮亚杰(J. Piaget)认为,儿童从出生到成人的智

---

① 林崇德:《遗传与环境在儿童智力发展上的作用——双生子的心理研究》,北京,北京师范大学学报,1981(2)。

力发展是伴随同化性的认知结构的不断再构形成几个按不变顺序相继出现的阶段。经过研究,他将从婴儿到青春期的思维发展分为四个阶段,即:感知运算阶段(0岁~2岁)、前运算阶段(2岁~7岁),具体运算阶段(7岁~11岁)和形式运算阶段(11岁~15岁)。在皮亚杰看来,学习从属于发展,从属于主体的一般认知水平。因为任何知识的获得都必须通过学生主动的同化才有可能,而主动的同化则必须以适当的运算结构的存在为前提。所以,各门具体学科的教学都应研究如何对不同发展阶段的学生提出既不超过当时智力发展的接受能力,又能促使智力向更高阶段发展的富有启迪作用的适当的内容。

(二)教学促进学生的认知发展

皮亚杰的研究企图揭示无特殊训练条件下的儿童认知发展阶段,未考虑专门的教学影响。大量的研究表明,教学在儿童智力发展中起着重要作用,适当的教育训练可以促进认知发展。

教学能促进学生智力的发展,而科学的教学能加速这种发展,已被大量的实验所证明。例如,台湾学者贾馥茗对小学数学学习中儿童创造力的发展进行了实验研究。实验班实施以发展学生解题创造力的教学,控制班则无。实验历时一学期,结果见表6-1。

表6-1 实验前后两班数学解题创造能力增加率比较

	实验班平均数	控制班平均数
实验前	24.96	23.16
实验后	55.80	45.60
增加率	123%	97%

由表可见,在实验过程中,两班在数学解题创造能力方面都有很大程度的提高,他们增加率相等的部分,可以视为儿童本身生长发育和一般教育的结果。而实验班的增加率高于控制班达26%的差异部分,则是由于受到适合数学解题创造力发展的教学所致。

第二节　儿童智力因素发展与教育

一、儿童注意力的发展与教育

(一)儿童注意力发展的特点

1. 从无意注意占优势逐渐发展到有意注意占主导地位。刚入学的学生还不完全适应学校的学习生活,无意注意仍占优势,他们的注意在很大程度上会被直观的、形象的、新异的刺激所吸引。上课时,学生会不由自主地分散注意,做小动作。随着年龄的增长,大脑神经系统活动的兴奋与抑制过程逐步协调起来,加上教学提出的要求和教师的训练,学生有意注意逐步发展起来。

2. 注意的有意性由被动转为主动。低年级学生的有意注意基本上是被动的,他们在听课、做作业时,往往需要老师或家长的督促。随着年龄的增长,儿童能用出声的言语活动和内部言语指令来调节、控制自己的心理活动,注意的有意性逐渐提高。四、五年级小学生逐步理解自己的学习责任和社会义务,逐渐能自行确立目的,并根据一定的目的组织自己的注意,从而使有意注意由被动状态提高到主动状态。

3. 注意有明显的情绪色彩。小学儿童由于大脑和神经系统的内抑制能力没有充分发展,一个兴奋中心的形成往往波及其他相应器官的活动。面部表情、手脚乃至全身都会配合活动,所以注意表现出明显的情绪色彩。在课堂上,当学生听得入神时就会表现出一本正经的样子;当听得高兴时,就会露出笑脸,甚至会高兴得手舞足蹈。

4. 注意品质不断发展。小学儿童注意广度是随年龄增长而逐渐扩大的;注意稳定性是随年级的提高而迅速发展,其发展的速度超过幼儿期和中学阶段;注意分配能力在幼儿到小学二年级这一阶段发展较迅速,以后就比较平缓地发展着;随着注意有意性的发展,小学儿童的注意转移能力呈迅速发展的趋势。

（二）儿童注意力的培养

1. 善于运用无意注意的规律组织教学。无意注意可以帮助人们对新异事物进行定向，使人们更好地认识事物，但它也会干扰人们正在进行的活动。因此，教学中教师要正确运用无意注意的规律来组织教学，维持学生的注意。教师要做到两点：一是凡需要学生注意的对象和操作的活动，尽量赋予它们无意注意的特性。如教学内容难易要适当，教学方法要灵活多样，讲解时要重点突出，充分运用直观教具，语言要生动形象，语调要抑扬顿挫。二是要尽量减少与教学无关的对象或活动的干扰。如校园内要保持安静，教室布置要相对稳定，教师的服饰和发型不宜过于耀眼，举止要端庄，教具呈现要适时，等等。

2. 利用课内外活动发展学生的有意注意能力。首先，要使学生明确目的，提高活动的目的性。有意注意是一种有预定目的的注意，目的越明确，越具体，越易引起和维持有意注意。小学生的有意注意能力较差，学习的目的性不够明确。因此，在学习或其他活动中，教师应提出具体的目的、要求、内容及方法，让学生真实地感受到集中注意对完成活动的重要性并懂得如何正确地组织自己的注意。其次，激发学生的学习动机，是使儿童把注意力集中在学习上的最有效的手段，是通过让儿童体验到自身学习的成功，以此来激发他们的学习动机。第三，要培养良好的意志品质。有意注意是需要意志努力的注意，体现着人的意志特点。一个具有坚强意志品质的人，易于使自己的注意服从于当前的目的任务；相反，意志薄弱的人，很难控制和调节自己的有意注意。第四，要训练良好的注意习惯。良好的注意习惯主要包括两个方面：能高度集中注意而不分心和能迅速转移注意而少惰性。教师可以结合教学，也可以是纯训练性的开展训练。

3. 培养学生的有意后注意。高度集中注意要消耗相当的体力和脑力，而只依靠儿童的无意注意，凭刺激物外部特点或新异激刺,同样不能使注意持久,而且不利于发展儿童的有意注意。所以有意后注意对教学具有特别重要的作用,教师应重视培养这种注意。教学中教师要充分调动学生学习的积极性,引导学生通过积极的思维活动掌握知识和技能;激发学生的求知欲,培养学习兴趣,使学生在克服困难的意志活动中得到满足、愉悦。例如,学生开始对做数学题不感兴趣,后来由于教师的启发教育和自己的努力,能够征服一道道难题,逐渐对数学发生了兴趣,觉得做数学题是一种"享受",这样,儿童的有意注意就变成了有意后注意。

二、儿童观察力的发展与教育

(一)儿童观察能力的发展

观察是有目的、有计划的知觉过程,是人从现实中获得感性认识的主动积极的活动形式。观察力是智力的一个重要组成部分,是智力发展的基础。小学儿童观察力的发展水平随年级增高而提高,具体表现为以下几方面。

1. 观察的目的性有所增强。初入学儿童观察的目的性差,排除干扰能力差,他们一般还不会独立地给自己提出观察任务,即使对教师提出的任务也不能很好地集中注意。他们的观察主要由刺激物的特点和个人兴趣爱好决定,因而观察保持的时间较短,错误较多。在教学影响和教师的指导下,中高年级儿童观察的有意性有所改善,但提高不多。

2. 观察的顺序性有所提高。低年级学生观察事物零乱,不系统,常是东看一眼西看一眼,哪儿有趣就看哪,看到哪里就算哪里。中高年级学生观察的顺序性有较大发展,一般能按一定的顺序观察,而且在表述观察前往往能先思考再说。但从总体上看,五年级和三年级差异不显著,表明五年级学生还不能系统化地观察。

3. 观察的精确性明显提高。一年级学生观察精确性水平很低,表现为观察时极不细心、不全面,不能全面细致地感知客体的细节,对事物间细微的差别难以觉察、不能表述。比如,刚学写字时,常常不是多一笔就是少一画,常把形近字混淆。三年级学生观察的精确性明显提高,五年级略优于三年级。

4. 观察的深刻性迅速发展。低年级学生观察难以作出整体概括,常常看到事物的表面明显的特征,而看不到事物的关系,更不善于揭露事物本质的特征。例如语文课本第三册《美丽的公鸡》这课的插图,许多学生只看到公鸡的大红鸡冠,美丽的羽毛和金黄的爪子,而没有看到公鸡站在水边欣赏自己形象的洋洋得意的骄傲神态。三年级学生观察的深刻性有较大的提高,五年级学生观察的深刻性更有显著发展,观察的分辨力、判断力明显提高。

(二)小学儿童观察能力的培养

1. 观察前要使学生明确观察的目的和任务,具有相应的知识准备。只有目的明确,学生才能把注意指向必须知觉的对象上。小学生还不善于自觉地给自己提出观察的任务,因此教师必须明确地向学生提出观察任务,而且所提出的任务要具体,切忌笼统、含糊。

2. 观察时要指导学生观察的方法,培养观察的技能。首先,教会儿童观察的顺序。观察活动中,教师要引导儿童按一定的顺序进行观察,如先整体后部分,先大致轮廓后细节,由近及远,从上到下,从左到右。久而久之,学生就掌握了观察的顺序,观察才会全面。其次,引导儿童尽可能运用多种感官参与活动。观察的目的在于获取感性经验。要使感性经验丰富、全面,就要动用各种感官全面获取信息。第三,指导儿童细心观察,勤于思考。敏锐的观察力是获取知识、科学发明的基础。要从小培养儿童耐心细致的观察能力,教师在组织观察时必须要求学生细致、善于发现别人发现不了的问题;要勤于思考,在相似的对象中找出事物的异同点,在貌似无关的东西中发现事物的相似点或相互联系,要善于透过个别的表面的现象,揭露事物的内在联系。

3. 观察后要重视结果的处理和运用。要使观察所获的知识长期保存下来,成为有效的经验,必须重视观察结果的处理和运用。如教学中对直观教具的观察,应立即为理解教材内容服务;实验课的观察应要求写实验报告;对专门组织的观察应要求学生做观察记录或写作文等;对于较长时间的观察活动,应要求写观察日记等,用这些措施来巩固观察的结果。所有的观察结果处理和运用的要求都应在观察前提出,这样不仅起到巩固观察成果的作用,而且有利于提高学生观察的目的性和积极性。

三、儿童记忆力的发展与教育

(一)小学儿童记忆力的发展特点

1. 从无意记忆占主导地位向有意记忆占主导地位发展。刚入学儿童的记忆仍以无意记忆为主,到二年级表现为无意记忆和有意记忆效果相当。从三年级开始有意记忆占主导地位的表现日益显著,到小学高年级以后,儿童的有意记忆趋于成熟,发展速度减慢。

2. 从机械记忆为主导向意义(理解)记忆为主发展,两种记忆效果均随年龄增长而提高。小学低年级学生运用机械记忆的方法较多,这是因为他们的抽象逻辑思维尚未发展,知识经验比较贫乏,不能把许多新的知识和已有的知识很好地联系起来加以理解。随着年级的升高,知识经验的日益丰富,思维水平的逐步提高,儿童逐渐以理解记忆为主,机械记忆则相对减少。

3. 从具体形象的记忆为主导逐步发展到对词的抽象记忆。小学低年级学生,第一信号系统活动还占优势,他们善于记忆具体的、形象的材料,表现为形象记忆为主。随着知识的丰富和智力的发展,中、高年级对词的抽象材料的记忆不断发展,并逐渐占据优势。但小学儿童在识记具体的材料或是抽象的材料时,主要以具体事物为基础,儿童普遍对形象词记忆优于抽象词的记忆。

4. 逐渐学会使用各种记忆策略。刚入学的儿童对接受的信息不会采用重复识记,找出材料包含的意义联系进行加工等方式来进行记忆;在回忆时也不会使用系统搜索和用追忆去提取信息,对回忆的成绩不清楚也不在乎。到了中、高年级,学生逐渐学会用反复识记和练习、对记忆材料进行组织加工等方式进行记忆;在提取信息时开始会系统地寻找以往记忆过的材料,对一时想不起的材料会努力地去追忆;小学儿童识记的目的性较差,不善于自觉地给自己提出记忆的目的任务。教师应经常向小学生尤其是低年级学生提出具体的识记任务,提出哪些课文要背诵或复述,哪些公式、定理、口诀要熟记,并说明记住这些知识的重要性;对于中、高年级学生,教师应该要求他们自觉地、独立地向自己提出识记的目的任务,由被动转为主动。同时,对要求学生记住的内容必须严格检查,并教会学生独立地、自觉地检查自己的记忆效果。

5. 教会学生理解记忆,掌握记忆方法,理解记忆是有智力活动积极参与的,所以只有理解了的东西,记忆效果最好。培养学生的理解记忆能力,首先,要求学生对有意义的材料,尽量在理解的基础上进行记忆。其次,要求学生对无意义材料尽量赋予人为意义后加以记忆,并教给记忆的技巧和方法。对于一些历史年代、地名等无意义材料,可让学生采用以下方法把它意义化后进行记忆:拼音法;简单数学运算法;数学特征法;译音法;口诀记忆;直观形象记忆;联想记忆等方法。

6. 合理地组织复习,与遗忘作斗争。首先,复习要及时,时间分配要合理。根据艾宾浩斯的遗忘进程先快后慢的规律,组织复习一定要及时。复习可以强化大脑皮层的神经联系,从而留下深刻的印象,使记忆牢固。开始复习时,次数宜多,两次复习时间间隔宜短,以后可逐渐减少复习次数,扩大复习时间间隔。其次,不同性质的材料要交替进行复习。因为相继学习的材料会相互干扰,影响记忆效果,且材料和材料之间性质越相似,越容易发生干扰。所以复习时,在相似材料之间最好插入不同性质的材料,这样可以减少相互干扰的程度。第三,要让学生"尝试回忆"。对必须熟记的材料如背诵课文,要让学生反复诵读或默读几遍后,试图回想其中的内容或尝试背诵,检查被遗忘或记错的地方,再重点复习。这种方法能使学习者始终处于积极思维状态,且经常调整着自己识记的具体目标,识记效果较好。实验表明:用于尝试回忆的时间越多,记忆的效果越好。第四,复习方法要多样化。单调的机械重复,容易使大脑皮层产生抑制和疲劳。复习要适当变换形式,从不同的角度来巩固知识,这样可使学生感到新颖,又调动了学生智力活动的积极性,从而提高记忆效果。例如,同一字词的复习,可以用听写、填空、造句、分析字形的偏旁部首,写出同义词或反义词等方式,让学生加深理解,增强记忆。

四、儿童想像力的发展与教育

(一)小学儿童想像力的发展

1. 想像的有意性迅速增大。小学儿童想像力的有意性,随年级的增高不断增长。刚入学的儿童仍具有幼儿的特点,在想像时往往容易离开想像的目的,根据自身的经验自由联想。从三四年级开始,有意想像逐渐占主要地位。但是,在整个小学阶段,儿童想像的主题易变性还比较明显,想像不能很有效地指向某一预定的目的,尤其对于缺乏必要的知识经验或不熟悉的事物,他们的想像往往显得简单而贫乏。

2. 想像逐渐符合客观现实。随着年龄的增长,小学儿童想像的现实性逐渐提高,想像所反映的形象越发接近现实事物。小学低年级儿童的想像往往与现实事物不相符合,或不能确切地反映现实事物。小学中、高年级儿童的想像已能比较真实地表现客观事物;其想像的内容也趋于现实,想像的事物越发完整,结构配置更加合理。小学低年级儿童的想像,不论是再造想像还是创造想像,都带有很大的具体性,直观性想像时常凭借一定的实物作为依托。到了中、高年级,儿童想像的概括性、逻辑性逐步发展起来,可以凭借词来进行想像。例如,低年级学生在阅读时要依靠图画等具体形象的帮助,否则就不能再造出相应的情境。高年级学生就可以根据语词的描述进行想像。

(二)小学儿童想像力的培养

1. 通过各种活动扩大儿童的知识面,丰富儿童的表象。表象是想像的材料,表象的数量和质量直接影响着想像的水平。提高学生的想像力,就要扩大学生的知识面,丰富他们的表象。教师要充分利用直观教具和形象化的材料,并经常组织学生参观、郊游、调查、访问等,引导学生广泛接触各类事物,获取丰富的感性材料。

2. 通过实际的操作活动和训练,培养学生的想像能力。有目的、有计划地让学生参加一些实践活动,有利于培养他们的创造想像能力。例如,儿童自编故事、表演戏剧、创造性游戏、练习绘画创作、作文等活动,有助于发展学生的创造想像。教师还可以通过形式训练来提高学生的想像力。

3. 正确引导儿童的幻想。小学儿童的幻想正处在由远离现实的幻想到现实的幻想过渡阶段。教师要引导学生把幻想与现实紧密结合起来。结合的方式很多,可以通过组织各种主题队会、班会,把个人的幻想与祖国现代化建设的实际需要结合起来;可以向学生宣传现实生活中先进人物的事迹,或鼓励学生阅读英雄人物故事、观看优秀影片等,让学生从中受到感染,从而激起向他们学习的愿望,走英雄成长的道路。

五、儿童思维的发展与教育

(一)小学儿童思维发展的一般趋势

1. 从具体形象思维为主逐步向抽象逻辑思维为主过渡。低年级儿童的思维已开始具有抽象概括的水平,但水平是极低的,他们所掌握的概念大多是具体的,可以直接感知的,他们难以指出概念中最主要的本质的东西,他们的思维活动在很大程度还是与具体事物或生动的表象联系着。只有到了中、高年级,学生才逐步学会区分概念的本质与非本质属性,学会掌握初步的科学定义。但他们仍离不开直接经验和感性知识,思维仍具有较大成分的具体形象性。

小学生的思维由具体形象向抽象逻辑思维过渡,是思维发展过程中的"飞跃"或"质变",这个转折期也就是小学生思维发展的"关键期"。一般认为,这个关键期出现在四年级(约10岁~11岁)。强调这个"关键期",就是要求教育工作者要适应儿童心理发展的飞跃期,施以适当的教育。至于这个"转折点"何时实现,主要取决于教育的效果。

2. 思维的基本过程日趋完善。低年级儿童只能在直接感知的条件下进行分析和综合。例如,儿童在学习计算时,总是用数手指或数实物来进行,不能在头脑中进行分析和综合。随着知识的积累,中、高年级的儿童已能在表象和概念的基础上进行抽象的分析和综合。

(二)小学生掌握概念的特点

1. 小学儿童掌握概念的水平逐步深化。小学儿童开始由于缺乏生活经验以及智力发展水平的限制,往往不能从本质属性上掌握概念。随着知识经验的积累以及思维的发展,儿童掌握概念的水平逐步深化,即儿童对概念的理解是从直观的、具体的理解过渡到比较抽象的、本质的理解。

2. 小学儿童的概念逐步丰富,逐步系统化。儿童入学后,在教学的影响下,逐步掌握了大量的概念。如逐步掌握大量的字词概念,表现为识字量扩大,掌握各种词性词类等;随年级增高数学概念不断丰富,表现为认数能力的发展,掌握数序、数列、体积、面积等概念。伴随着对概念内涵的不断深化和概念的不断丰富,儿童逐步形成概念系统。任何一个概念总是与其他有关概念有一定的区别,又有一定的联系,儿童已能通过把握有关概念之间的区别与联系,使所掌握的概念初步系统化。

(三)小学儿童思维能力的培养

1. 教学中思维能力的培养。首先,丰富儿童的感性经验,感性经验是思维的基础,尤其是童年期儿童的思维还具有很强的直观形象性,即使中等年级学生掌握概念,理解材料也常需要感性材料的支持。其次,运用变式和比较,帮助儿童形成正确的概念。所谓变式就是将概念的正例(一切符合概念范围的具体实例)加以变化,它有助于排除无关特征,突出本质特征。所谓比较就是让儿童在正例与正例(如方桌—圆桌、木桌—铁桌等)和正例与反例(如桌子—椅子等)之间做对比,便于发现例证之间的共同的本质特征和非本质特征。第三,教给儿童思维的方法。教师在传授知识的同时,应让学生注意知识掌握的过程,教给儿童良好的思维方法,学会思维,从而发展他们的思维能力。小学儿童抽象思维水平不高,可通过用直观材料帮助学生思维。

2. 数学教学中培养儿童的思维品质。首先,要培养思维的深刻性。思维的深刻性是思维的抽象逻辑性的表现。集中表现在善于深刻地思考问题,抓住事物的规律和本质,预见事物的发展过程,揭示客观事物内涵的多样性。就儿童学习数学逻辑思维能力而言,思维的深刻性包括数学概括能力、空间想像能力、数学命题能力、逻辑推理能力和运用法则能力等。其次,培养思维的敏捷性。培养思维的敏捷性,主要是培养学生迅速而又正确的运算能力。第三,培养思维的创造性。

六、儿童创造力发展与教育

(一)小学儿童创造力的发展

1. 小学儿童创造力发展的进程。小学儿童创造力的发展是一个受各种因素制约的复杂的动态进程。美国心理学家托兰斯(E. P. Torrance)的研究最具有代表性。他得出了关于儿童创造力发展的动态过程的结论:小学一至三年级呈直线上升状态;小学四年级下跌;小学五年级又回复上升;小学六年级至初中一年级第二次下降；以后直至成人基本保持上升趋势。

2. 小学儿童创造力发展的特点。小学学习阶段是儿童创造力发展的有实质性进展的新阶段。在小学的学习过程中，儿童不断地理解和掌握人类关于自然和社会的知识经验、基本技能和行为规范。同时，儿童的各种心理过程的有意性和抽象概括性也随之获得发展；儿童一些比较稳定的个性倾向性和品质也形成和发展起来。伴随着这些方面的变化和发展，儿童的创造力也逐步形成和发展。小学儿童创造力的发展主要表现为想像创造性和思维创造性的发展。

(二) 小学儿童创造力的培养

1. 转变教育观念，消除妨碍儿童创造力发展的教育因素。教学工作中的偏差是妨碍儿童创造力发展主要因素，在课堂教学中，教师往往有如下失误：教师总是按照自己的意图执教，当学生提出与教师不同的思路或想法时，教师常不予理睬，甚至予以贬斥；教师对学生创造性思维成果的展示，往往缺乏足够的耐心；教师所提的问题往往过细、过死，思维的容量很小，压抑了学生的创造性思维；教师进行以记忆为目标的训练过多，致使学生形成了以记忆代替思维的习惯。这些失误严重抑制学生创造力的发展。

2. 发挥学生的学习主动性，鼓励学生大胆质疑，进行创造性学习。教师要引导学生大胆想像、积极思维，主动去了解、认识未来事物，探求不同事物之间的关系，体验探索的艰辛和成功的喜悦；引导学生勇于创新，去尝试着发表一些独特的见解，做一些与众不同的事；让学生在学习中发挥自身的内在潜力，锻炼、发展各方面能力，不断提高创造力。

3. 开展各种实践活动培养儿童的创造力。实践活动是儿童创造力发展的源泉。它可以激发儿童广泛和强烈的好奇心，而强烈的好奇心正是进行创造活动的必要条件；它有助于培养儿童发现问题的能力，可以锻炼儿童解决问题的能力；可以养成有利于创造力发挥的良好的个性品质,如主动探索的精神、勇于独创的勇气、对创造活动的热爱等。实践活动的内容很丰富,有科技活动、文艺活动、公益活动、社会活动等;有小发明、小制作、小创造活动等。形式也可以多种多样,有集体活动和个人活动、课堂活动和课外活动等。教师应为儿童创造尽可能好的活动条件,并进行适当的指导和帮助,让儿童在实践活动中充分发挥创造的潜能,发展创造的能力。

七、儿童学习策略的发展与教育

(一)学习策略及其构成

1.学习策略的界定。所谓学习策略,"主要是指在学习活动中,为达到一定的学习目标而学会学习的规则、方法和技巧;它是一种在学习活动中思考问题的操作过程;它是认识(或认知)策略在学生学习中的一种表现形式"①。

2.学习策略的构成。许多学者对学习策略的成分和层次提出了自己的看法。这里仅介绍迈克卡等人(Mckeachieteal)关于学习策略构成的观点。他们认为,学习策略包括认知策略、元认知策略和资源管理策略三部分,如图6-1所示(见下页)②。

(二)学生的学习策略及其培养

学生学习策略的好坏,直接决定着他们的学习效果。因为在学校里,学生最重要的就是学会学习。学生的学习策略是学会学习的前提,是造成其学习差异的重要原因。学会学习包括一系列的学习策略,例如明确学习目标,制定学习计划,正确感知材料,理解记忆知识,对知识的迁移,对学习活动作出检查、评估、矫正、反

---

① 林崇德:《学习与发展》,第22页,北京师范大学出版社,1999。
② 陈琦等:《当代教育心理学》,第183页,北京师范大学出版社,1997。

馈等等。学生能否选择适当的学习策略,并加以及时的应用,这是

```
                ┌ 复述策略     如重复、抄写、作记录、划线等
       ┌ 认知策略┤ 精细加工策略 如想像、口述、总结、作笔记、类比、答疑等
       │        └ 组织策略     如组块、选择要点、列提纲、画地图等
       │          ┌ 计划策略   如设置目标、浏览、设疑等
学习   │ 元认知策略┤ 监视策略   如自我测查、集中注意、监视领会等
策略  ─┤          └ 调节策略   如调整阅读速度、重新阅读、复查、使用应试策略等
       │              ┌ 时间管理       如建立时间表、设置目标等
       │              │ 学习环境管理   如寻找固定地方、安静地方、有组织的地方等
       └ 资源管理策略 ┤ 努力管理       如归因于努力、调整心境、自我谈话、坚持不懈、
                      │                自我强化等
                      └ 其他人的支持   如寻求教师帮助、伙伴帮助、使用伙伴/小组学习、
                                       获得个别指导等
```

图 6-1 学习策略的分类

获取经验、达到预定学习结果的关键。教师在教学学习策略时,要从以下几方面着手:首先教给学生大量可供提取或选用的学习方法和技能,如复述、记笔记、划线、列提纲等具体方法。研究表明,常有许多学生把学习中的困难归因于能力欠缺,但实际的问题在于缺乏学习策略,因为从来没有人教过他们如何学习。国外曾有一个研究发现:小学教师只用3%左右的时间向学生建议一些记忆和学习策略。其次,训练学生知道如何确定学习目标,知道需要学什么、如何学。要培养他们区别学习材料中的主要观点和次要观点的能力;让学生确认自己应该学什么,并善于根据学习目标的不同去选择合适的学习方法。第三,帮助学生储存有关学习及学习方法或策略的信息,其中包括影响学习因素的知识,各因素与学习策略的关系,并且知道何时及如何使用这些策略信息。第四,把"控制"与"监视"教学结合起来。即教学中让学生不仅知道如何使用学习方法(包括有关学习方法怎样使用和何时使用的知识),而且知道何时和如何检查学习策略的使用(包括有关学习的监视与控制的知识)。第五,增加对学习策略的反馈。研究表明,如果

降低训练的速度,增加反馈,使学生知道他们的策略的不足之处,评价训练的有效性,理解学习策略的效应,或者体会到学习策略的确改善了他们的学习,学生就更有可能把学习策略运用于更为现实的学习情境中去。

第七章　儿童非智力因素发展与教育

最初明确提出非智力因素这一问题的是美国心理学家亚历山大(W. P. Alexander)。20世纪80年代至今,有关非智力因素的研究越来越受到世界各国心理学界的重视。在我国,自1983年燕国材倡导重视非智力因素培养以来,许多心理学家对非智力因素进行了广泛的探讨,并试图构建其理论模式,并将非智力因素与教育实践紧密联系。本章将主要阐述非智力因素的概念及其功能、小学儿童非智力因素发展的特点及其培养途径和方法。

第一节　非智力因素发展与教育概述

一、非智力因素发展概述

(一)非智力因素的内涵

非智力因素主要是指那些不直接参与认知过程,但对认知过程起着起始、定向、引导、维持、强化作用的所有心理因素。它主要包括需要、动机、兴趣、情感、意志、气质和性格等。在个性心理结构中,诸多非智力因素组成了彼此联系、相互制约与相互作用的动力系统,是人的个性中最活跃、最积极的因素,它决定着人进行活动的积极程度。

(二)非智力因素的构成

非智力因素主要由以下几方面构成:

1.情感过程。它包括情感强度、情感性质、理智感等成分。

2.意志过程。它可以作为一种性格特征影响智力与能力。这里尤指意志品质,如意志的自觉性、果断性、坚持性和自制力等。

3. 个性意识倾向性。它包括需要、动机、兴趣、理想、信念、价值观等一系列内容。与智力活动有关的因素,主要是理想、动机和兴趣,在非智力因素的诸多成分中,目前研究最多的是个性意识倾向性。

4. 气质。气质特点对智力活动、思维活动的影响,主要表现在它能够影响活动的性质和效率。与此影响有关的气质因素,主要包括心理活动的速度、灵活程度与强度等。

5. 性格。在人的智力与能力发展中,要形成稳定的智力品质,性格是一项重要的非智力因素。在性格的各个成分中,与智力活动和思维活动相关的主要因素是性格的态度特征、意志特征和理智特征。

(三)非智力因素的功能

非智力因素在学生的学习活动、社会交往活动、品德教育中都起着相当重要的作用。它主要有以下几个方面的功能:

1. 动力功能。亦称之为始动功能。即非智力因素转化为活动动机,成为人们进行这种或那种活动的内在动力。

2. 定向功能。定向功能是指非智力因素可以帮助人们确立活动目标。在人类的活动中,非智力因素的定向功能具体表现在两个方面:第一,通过心理活动的指向性和集中性,使活动的方向始终符合自己已定的目的或目标;第二,是个体兴趣的对象性和情感的倾向性等因素对活动的引导作用,即通过排除内外因素的干扰,使活动始终指向已确定的目的。

3. 维持和调节功能。维持功能是指它支持、激励个体的行为,使之能够始终坚持目标,如若遇到障碍,则表现为克服困难、坚持不懈。调节功能是指它能够使人们调节、控制自己的心理与行为,增强或削弱自己生理的与心理的能量。也就是说,它具备支配个体的行动、控制个体的行为、调适个体心理的功能。当个体的智力活动偏离既定的目标时,当主客观条件发生变化时,非智力因素能够促使个体合理地调整自己。

4.补偿功能。非智力因素的积极特征对于智力因素某方面的缺陷或不足具有补偿的功能。即所谓"勤能补拙"。但是,非智力因素的消极特征也会对智力发展起阻碍作用。"谦受益,满招损"中自满这种不良的非智力因素,对于个体的智力开发起着消极、减力作用。

5.定型功能。所谓定型功能是指把某种认识或行为的组织情况越来越固定化。在智力或能力的发展中,良好的智力或能力的固定化,往往取决于学生的非智力因素及各种技能的重复练习程度,如情感的倾向性、深刻性、多样性与固定性等品质,情绪、情感的两极性特征直接影响学习和智力活动的强度与速度。再如意志直接影响学习和智力活动的目的性、自觉性和坚持性,从而影响认识或活动的质和量。可见,非智力因素有利于智力或能力的发展,并保证智力或能力在一定时期内处于相对稳定的状态,起着一种定型的作用。

二、非智力因素的发展与教育

(一)培养非智力因素是素质教育的必然要求

1.非智力因素教育是德育的基础。对于小学儿童来说,非智力因素也是个体成长的基础,德育的基础。广义的德育包括政治教育、思想教育和心理教育(非智力因素的培养教育包括在内)等。德育过程就是促进学生品德的发展过程。学生的品德形成就是在教育影响下,在实践活动中,通过道德认识和道德行为不断矛盾统一的过程而逐步发展起来的。非智力因素是小学德育的基础,因此,应更加注重培养儿童良好的非智力因素,切实纠正学校德育忽视培养学生非智力因素的偏向,因为两者相辅相成。

2.非智力因素教育是智育的源泉。在教学活动中,学生认知事物、获得知识的智力活动过程是通过学科教育活动进行的。但其智力因素的发展有赖于非智力因素的推动与调节,所以,为了使学科教育富有成效,必须要有非智力因素的积极参与。反过来,教师通过学科教育,帮助学生明确了学科教育的目的意义,充分利用学科特点,采取灵活多样的教学方法,开展一系列智力操作训练等,皆培养和激发了学生的非智力因素。

3. 非智力因素教育是体育的重要内容。体育活动是增强青少年体质、锻炼意志的最好方式之一。在各种体育活动中,可以培养和锻炼学生的勇敢、自制、坚持、果断等意志品质以及责任感、义务感、荣誉感、爱国主义、国际主义等道德情感,而这些非智力因素的发展又直接影响着体育活动的效果。教学实践的经验证明,学生在最初阶段的运动动机一般是不强烈的,必须让他们体验到由于运动而产生的满意情绪,树立其因运动成绩提高而去积极掌握技能的信心,以及培养他们对体育活动的社会意义的正确认识,将学生对运动的直接动机和间接动机结合起来,从而迅速提高学生的运动成绩与掌握运动技能的水平。

(二)全面贯彻党的教育方针,有利于非智力因素积极特征的形成

贯彻全面发展的教育方针将有助于非智力因素的形成。因此,开展包括非智力因素在内的多种形式教育,也是人的全面发展的重要条件。

研究表明,全面发展的学生,一般说来,都有较高的成就动机,好胜心强;在学习过程中逐渐形成责任心、勤奋和努力进取的性格特征;在体育活动中易形成开朗、乐观和勇敢、顽强和坚韧的性格特征。可见,德、智、体等全面发展对形成良好的非智力因素具有积极作用。

教育者应该认识到学生全面发展与其非智力因素的发展是相辅相成的。全面发展的学生,必定具有正确的学习动机、浓厚的学习兴趣、饱满的学习热情、坚强的学习毅力以及完善的性格等良好的非智力因素。而这些非智力因素的发展,又促使学生更加全面

发展。

第二节 儿童非智力因素发展与教育

一、儿童情绪的发展与教育

(一)小学儿童情绪情感发展的特点

小学儿童进入学校以后,主要的活动形式从游戏转入学习,由于在学习活动中,儿童需要承担一定的义务,因此,小学儿童有了更丰富的情绪体验。在情感的内容、稳定性和自我调节情感的能力等方面也都有了进一步的发展。

1.小学儿童情感的内容不断丰富。小学儿童的情感更多地与人的社会生活需要、与学习活动和学校生活相联系,学习活动、集体生活、劳动、文体活动和社会生活,为儿童带来更广阔的生活空间,使儿童的情感体验内容不断丰富。如儿童入学后,通过教材和教师的教学,会大大地感染和丰富小学生对工作的认真负责、对大自然的热爱等情感;在班集体和少先队集体中,体验着人与人、个人与集体的关系,良好的交往会使学生体验到团结、友爱、互助、荣誉感、责任感、进取心等积极的情感;交往不利会导致学生产生孤独、嫉妒、自暴自弃、不负责任等消极的情感。

2.小学儿童情感逐步稳定、内化。虽然在整个小学阶段,小学儿童的情感仍然带有很大的冲动性和情境性,容易受具体事物、具体情境的支配,难以掩饰和控制自己的情绪,即情绪情感稳定性较差且比较外化。如有的低年级学生因回答不出教师的提问会当众痛哭;生动形象的课堂教学能使他们喜形于色、手舞足蹈;常常会因为一点琐事使友谊破裂,但很快又和好如初。随着儿童知识经验的丰富、抽象逻辑思维能力的发展以及自我意识水平的提高,他们情感的稳定性也逐渐增强,情感的境遇性减少,情感逐步内化,逐渐产生了较长时间并直接影响个体行为的情感体验。到了中、高年级,同伴之间就不会因为一点小事而使感情破裂;也不会因学习上的失败而在外部表现出强烈的情绪反应。例如,一个成绩一贯优秀的学生,偶然的一次考试失败,内心受到了极大的震动而且这种情绪会保留很长时间,但当时并不一定会哭出来。

3. 小学儿童情感可控性不断加强。小学低年级儿童身上时常可以看到学前儿童那种容易冲动、外露、可控性比较差的情感特点。例如,低年级儿童往往会因为玩得入迷而忘记做家庭作业,中、高年级儿童已能逐渐意识到自己的情感表现和随后产生的后果,并能逐步控制和调节自己情感。再如,在中、高年级经常可以看到这样的现象:某个学生干部或是为了完成集体或老师的委托,或是出于自己的责任感,耐心地帮助一个比较顽皮、学习落后的学生。虽然从情感上说,他并不喜欢与这位同学接触,但是行动上他仍然努力去接近他。这是因为他受到了一种较高级的、较稳定的道德感的调节与控制,促使自己的思想、行为要符合高尚的道德要求。小学儿童情感可控性的发展,有助于儿童宽以待人或严于律己品质的形成。

4. 小学儿童情感体验日益深刻。随着社会性需要的发展,小学儿童的情感体验逐渐与一定的人生观、世界观、行为规范、道德标准等联系起来,因此,情感体验也就日益深刻。例如,同是互相友爱,学前儿童在较大成分上出于模仿;小学生则更大成分是出于责任感。同是惧怕,学前儿童可能是怕黑暗、怕打针等,而小学生主要是怕挨老师和家长的批评、怕考试成绩不好等。同是愉快,学前儿童可能是由于得到玩具、糖果等,而小学生主要是由于得到好的分数、受到集体表扬或为社会做了一件好事等。小学儿童的情感深刻性还表现在评价人和事的时候,开始使用一定的道德标准,即已能根据人的道德品质来评价好坏,从而产生相应的情感。而学前儿童则主要是从一些具体的关系出发。同时,由于知识经验的积累,小学儿童情感的分化也逐渐精细、准确。以笑为例,小学儿童除了会微笑、大笑以外,还会羞涩地笑、嘲笑、冷笑、苦笑、狂笑等。

5.小学儿童的情感具有强烈的"向师性"。一般说来,小学儿童的情感具有强烈的"向师性",即对自己的老师充满着崇敬和热爱,更愿意接受老师的教导、模仿老师的言行举止。这种"向师性"为教师充分发挥教育的功能提供了良好的心理基础,同时也对教师的素质提出了更高的要求。

但是,小学儿童的情感与成人相比,情感还不够稳定、不够丰富、不够深刻,情感的调控能力还是比较低的。因此,教师要根据儿童心理发展的规律,采取有效的措施,促使他们的情感向更高的水平发展。

(二)小学儿童情绪情感的培养

情绪、情感的发展对小学儿童的学习活动及其个性的发展起着积极的作用,因此,培养小学儿童积极乐观的情绪和丰富深刻的情感是学校教育的重要任务。

1.提高儿童的认识能力,发展其积极乐观的情绪。儿童对事物有正确全面的认识,才能形成积极而乐观向上的情绪。例如,小学儿童某次考试的失败,倘若只从一个角度去看,可能引起不安,造成苦闷或烦恼。如果换个角度去认识,就可能发现它的积极意义,使消极的情绪或情感转化为积极的情绪或情感。

2.加强情绪自控和调节能力的培养。对小学儿童进行情绪自控和调节能力的培养,教育者可从以下几方面加以引导:第一,教会儿童关于调节自己情绪的紧张度,控制情绪发生的强度,摆正理智的位置;第二,鼓励和发挥儿童的自觉性,养成自我检查自己情绪品质的习惯,发扬优点,修正缺点;第三,为儿童创造表达良好情绪的机会,以丰富儿童的情绪体验,同时,应加强培养儿童对情绪发生的自制力。

3.让儿童情绪体验与行动相结合。教师应着重帮助儿童在学习活动和其他学校活动中获得成功,并多给予鼓励,使其产生积极的情绪体验。

4. 为小学儿童树立良好的榜样。在小学儿童情绪的发展中，直接的观察和模仿是重要的途径。小学儿童经常模仿他们身边的权威。因此，家长、教师不仅要注意自己的情绪、情感在儿童情绪发展中的榜样作用，表现出热情、积极、深刻、稳定的情绪，而且以言语和具体范例的有机结合进行情绪教育。

二、儿童意志的发展与教育

（一）小学儿童意志的发展特点

小学儿童意志的发展，具有以下几个方面的特征。

1. 意志的自觉性不断提高。小学儿童的自觉性很差、易受暗示的影响、模仿性强，随着年龄增长，自觉性不断提高，具体来说，主要表现在四个方面：第一，他们的愿望很不稳定；第二，他们容易冲动，很不善于克制自己；第三，他们易受暗示，很容易模仿别人；第四，他们还会表现出与易受暗示性相反的特征，即"抗拒性"。这些都说明了小学儿童意志的自觉程度低，意志比较简单和软弱。

2. 果断性品质逐渐提高。小学儿童的果断性开始有了发展，但是若要求其按照一定的观点、原则，经过深思熟虑去果断地决定行动，还有一定的困难，他们在采取决定时，患得患失，优柔寡断，在具体行动时，又不断地重新审查修改决定，对实现目的缺乏信心和勇气。随着个体知识经验的不断积累，活动范围的扩大，独立评价事物的能力增强，意志果断性品质将逐步提高。

3. 意志的坚持性、自制力逐渐发展。意志的坚持性是指一个人具有坚持不懈地克服各种困难，把决定贯彻始终的意志品质。在意志的坚持性方面，小学儿童很多时候表现出动摇性的特点。当他们在遭到困难或挫折时，极易动摇、退却，以致放弃对目的的追求。在各种教育影响下，小学儿童逐渐从依靠外部的影响坚持行动发展成为依靠内心的影响来坚持行动。自制力是指一个人控制自我的意志品质。小学儿童易兴奋、冲动性强，还需要外力来监督、管理和约束其行为。

(二)小学儿童意志力的培养

根据小学儿童意志发展的特点,加强他们的意志锻炼,培养良好的意志品质,可采取以下措施。

1. 向儿童提供一定的榜样。研究表明,提供良好的示范、榜样,也可以激发儿童锻炼意志的愿望。教师在教学中应该充分利用教材内容,并经常向儿童推荐一些有意义的书籍,介绍英雄模范事迹、革命前辈的斗争史、科学家的传记等,或邀请英雄模范、科学工作者等给儿童作报告,或通过表扬学生中的优秀分子,使儿童受到生动的道德意志教育。

2. 组织开展实践活动。意志总是与意志行动相联系的。因此,有意识地在实践活动中磨练儿童顽强的意志,使其取得意志锻炼的直接经验,培养意志力,是十分必要的。学校应把一切教育活动,包括课内学习、课外学习、文体活动、团队活动、义务劳动等都变成培养儿童意志力的实践活动。同时,也可以创设一些特定的实践情境,引起儿童内心的矛盾和意志行动中的动机冲突,在此过程中给予适当的帮助和支持(如鼓励、期望、暗示后果、方法指导等),使儿童通过亲身的体验和努力,排除干扰,克服困难,获得成功。参加各种实践活动是锻炼和培养儿童意志品质的基本途径,教师应予以重视。

3. 针对儿童个性特点培养意志品质。教育实践经验说明,只有针对不同儿童的个性特点进行教育,才能有效地锻炼儿童的意志,形成其良好的品质。例如,对于胆小、怯懦的儿童,就应着重培养勇敢、大胆、果断的意志品质;对于任性、倔强的儿童,则应着重培养其冷静、克制、约束自己的意志能力;对于自卑、易受别人暗示和影响的儿童,就应着重培养其自信、自尊、自立的意志品质;对于畏首畏尾、缺乏坚持性的儿童,则应着重培养其持之以恒、坚忍不拔的毅力。

4. 引导儿童进行自我意志锻炼。教育者应启发儿童认识到意志锻炼的意义,使儿童产生进行自我意志锻炼的愿望;帮助儿童学会制定切实可行的自我意志锻炼的计划,做到有始有终;教育儿童学会预见自己行动的后果,善于用意识调节、语言调节、活动调节等自我控制的方法,控制和制止自己冲动的情绪和行为。只有这样,才能使儿童学会支配自己、驾驭自己,成为意志顽强的人。

三、儿童兴趣的发展与教育

(一)小学儿童兴趣发展的特点

小学儿童兴趣的发展是有一定的规律可循的,了解并掌握这些规律,对于培养兴趣,提高学习效率十分重要。儿童青少年兴趣的发展主要表现为以下几个方面。

1. 兴趣发展逐步深化。人的兴趣的发展,一般要经过有趣、乐趣、志趣三个阶段。有趣是兴趣发展的低级水平,它往往是由外部的新鲜刺激物引发而产生的直接兴趣,带有直观性、盲目性和弥散性的特征。乐趣是在有趣的基础上发展起来的,具有自发性和一定程度上的坚持性等特征。志趣是在乐趣的基础上发展起来,并与个人远大的理想和奋斗目标相联系。志趣常具有自觉性、方向性、坚持性,并且有社会价值等特征。

小学儿童兴趣的发展更多停留在第一阶段、第二阶段的水平上。因此,应当引导学生从有趣逐渐趋向于稳定、集中,向乐趣转化,并逐步发展到志趣水平。

2. 直接兴趣向间接兴趣发展。小学生遇到简单的、容易的、生动有趣的知识时便会产生直接兴趣;但一遇到复杂的、困难的、枯燥乏味的知识时便需要有间接兴趣来维持学习。随着小学儿童知识经验的不断增长,当他们对掌握某些知识的必要性与重要性有了充分的认识时,就会对它产生间接兴趣,从而激励自己去学习那些本无兴趣的东西。当他们通过顽强的学习,克服了学习中的困难,体验到成功的喜悦时,便又会对这种知识产生直接兴趣。

3. 兴趣的广度不断扩大。从兴趣的广度上来看,可以将兴趣分为中心兴趣和广泛的兴趣。中心兴趣是对某一方面的事物或活动有着浓厚而又稳定的兴趣;广泛的兴趣是对多方面的事物或活动具有的兴趣。现代科学的发展,首先要求学生具有广泛的兴趣,多方面去摄取知识,打下扎实的知识基础,然后再要求他们在某一方面进行更加深入的钻研,培养起中心兴趣。广泛的兴趣是中心兴趣的基础。基础扎实了,中心兴趣才有实际价值。在小学儿童中心兴趣与广泛兴趣的培养中,应让他们在学习过程中建立起广泛的兴趣,然后逐渐形成其中心兴趣;并在中心兴趣的要求下,培养他们广泛的兴趣。这两者的有机结合实际上就是学习中的博与专的结合。

4. 好奇心、求知欲、兴趣密切联系,逐步发展。从横的方面看,好奇心、求知欲、兴趣是相互促进,彼此强化的;从纵的方面看,三者又是沿着好奇心—求知欲—兴趣的方向发展的。

好奇心是人们对新奇事物积极探究的一种心理倾向。这在小学儿童时期表现得最为强烈,它主要表现在好问、好学、好动等方面。求知欲是人们积极探究新事物的一种欲望,它带有一定的情感色彩。青少年时期是求知欲最旺盛的时期,某一方面的求知欲如果反复地表现出来,就形成了个体对某一事物或活动的兴趣。在小学儿童的学习活动中,好奇心不仅可以成为学生学习的动力,甚至会导致具有重大意义的发明或发现,而求知欲不断发展又可以使学生走上探索科学真理的道路,因为它是学生进行创造性活动的主要动机。

因此,在实际教育教学中一方面要促使学生好奇心尽快地向求知欲方向发展,最终培养良好的学习兴趣;另一方面也要珍惜青少年的好奇心,增强求知欲,提高他们的兴趣水平,使这三种因素都得到培养和发展。

(二)儿童学习兴趣的培养与激发

兴趣作为非智力因素对学习的影响尤其重要,主要表现在两个方面:一是兴趣能使人主动地寻找满足他所产生的认识需要的途径和方法,以充沛的精力投入到学习活动中去,就是说兴趣可以调动学习积极性;二是兴趣可以提高人的学习效率。因此,在儿童学习兴趣的激发和培养方面,可以努力从以下几个方面做起:

1. 采取适合学生心理特点的教育方式进行学习目的教育。首先要提高学生对学习意义的认识,使他们明确学习目的,产生学习需要和兴趣。这就要求教育者要了解小学儿童的年龄特征和心理特点,根据他们的特点采用生动的、适合儿童心理发展水平的教育方式。通过生动、具体而富有感染性的方式提出来,这样更容易使儿童接受学习的要求,使之转化为学习的兴趣。

2. 教学内容与教育方法合适、新颖和多样化。教学的内容必须适合学生现有的知识水平,让学生能够理解,经过努力能够取得较好成绩。这样会使儿童在学生过程中受到鼓励,增强自信心,获得成功的体验,进而激发起浓厚的学习兴趣。如若经常产生学习总是失败的体验,儿童就会失去学习的兴趣。所以,教学内容必须和学习者原有的水平相适应,难度太大不易掌握,难度太小、过分简单的内容又不能使学生产生学习的兴趣。

同时,教师在教学内容的科学性和思想性的基础上应尽量立异求新,方法要灵活多样。像教学内容的趣味性和系统性,方法的新异性和生动性,以及采用启发式的教学法等都是培养学生学习兴趣的有效手段。

3. 加强学习结果的反馈。一般说来,反馈的有效性取决于反馈是否及时;反馈是否合理;反馈的积极影响是否大于消极影响。

当小学儿童在学习上获得进步、取得成功的时候,教师应该对他们的成绩给予正确的评价,及时地给予表扬鼓励,这样学生就能够产生愉快的体验。教师应当关注小学儿童的学习情况,只要有机会,就应表示赏识其成功或努力,使学生在学习中获得愉快的体验,从而激发起学习兴趣。对于学生在学习上的失败,应该帮助他们找出原因,勉励他们继续努力,使他们重新树立起学习的信心。适当的批评是必要的,但要注意分寸,只要能使他们认识到自己的缺点就可以了,不要挫伤他们的积极性。一般说来,采用表扬鼓励为主、批评为辅的策略,有利于培养和激发学生的学习兴趣。

4.组织与课程有关的丰富多彩的活动。兴趣离不开有关活动,学校应组织丰富多彩的课外活动,如组织参观、访问、科学小组、兴趣小组和增设劳动技术课等,从中培养和激发学生的兴趣。在学生缺乏兴趣的情况下,教师应当发挥教育的机智,可以利用学生所喜爱的活动的兴趣,引导他们把这种兴趣迁移到学习上来。另外,要适当地组织各种竞赛活动。青少年多半具有好胜心,在力避有意贬低他人心理的前提下,教师可以适当组织各种竞赛,以激励学生的好胜心和上进心。

儿童青少年的学习兴趣是在一定条件的影响下发展变化的,由于这个发展的时间较长,而且影响的因素又十分复杂,所以,它常会有变化反复的现象,这是很自然的。重要的是随时注意学生学习兴趣的发展历程,及时采取有效措施,促使他们的兴趣向正确的方向发展。教师应培养学生具有健康的、广泛而又有中心、稳定而又持久并能发挥效能的兴趣。

四、儿童自我意识的发展与教育

(一)儿童自我意识的发展特点

自我意识是儿童个性和社会性的一个重要组成部分,是指对自己存在的觉察,即自己认识自己的一切,包括认识自己的生理状况、心理特征以及自己与他人的关系。儿童的自我意识是在其与周围环境长期的作用中形成和发展起来的。

儿童进入学校以后,自我意识出现了加速发展的现象。一方面是由于儿童已能够利用语言符号调节和指导自己的行动,另一方面,儿童要经常按照社会要求来对照检查自己的行为,加上成人和同伴也经常用这些要求来评定儿童的行为,因此,小学儿童的自我意识发展水平日趋提高。一般说来,小学儿童自我意识的特征表现在以下几个方面。

1. 要求深入地了解自己和关心自己成长。在个体生活的初期谈不上自我意识。这表现为不能把自身从周围的环境中分离出来,我们经常会看到婴儿咬自己的手指、脚趾痛得哇哇直哭而继续咬的现象,他们也不能区分镜子里的"宝宝"是自己;幼儿期也会有类似的错误,在计数时把自己忽略不计。到了童年期自我意识已初步出现,但对儿童有吸引力的主要是五彩缤纷的外部世界,他们对周围生活中的一切细微变化都表现出极大的兴趣,而对自我考虑较少,西方有人把童年期称为"外部获得时代"。进入青少年期后,随着年龄的增长,这种对外部世界的分心逐渐减弱,青少年的注意力开始转向自己的内部,他们经常评价自己、认识自己,开始对自己的力量、自己的品德、自己的言行举止,甚至于自己的容貌进行品评,或自我欣赏、或自我谴责。这种自己对自己的认识包括自我观察、评价、体验、监督等心理学亦称为"自我发现"。与童年期的"外部获得时代"相对应,青少年期被称为"内部获得时代"。

2. 自我评价能力逐步提高。自我评价是在自我认识的基础上对自己作出的某些判断,例如,某小学生的自我认识是"我是个考试一直得满分的人",在此基础上,自我评价是"我是个好学生"。通常,小学儿童的自我评价的水平是较低的,这跟儿童经验贫乏,尤其是思维发展的局限性有关。小学儿童的自我评价是从具体的、个别的评价向抽象的、一般的评价阶段过渡。同时,小学儿童的自我评价的发展与对行为的判断能力,即道德判断能力的发展密切相联系的,具体表现在如下几个方面:第一,从受外部条件的制约过渡到受内部道德认识的制约。大约从四年级起,可以看到儿童开始用道德原则来评价自己或别人的行为。第二,从注重行为的直接后果过渡到注重行为或后果的性质。在这个过程中儿童逐步形成了"人比物重要"的概念。第三,从注重行为的效果过渡到注重行为的动机,转折年龄在9岁左右。第四,自我评价的独立性日渐发展,并且有了批判性。第五,从对具体行为的评价到具有一定概括程度的、涉及到某些个性品质的评价。

总的来说,儿童自我评价能力会随着年龄的增长、活动领域的不同和经验的积累而发生变化。对于7岁以前的儿童来说,他们对自己几乎总是满意的、高兴的;到8岁~10岁时已经可以明显地阐述在不同领域中对自己的价值和能力的评价;到10岁以后,成功或失败的经验直接地影响到儿童的评价,并逐渐表现出趋于稳定和独立。儿童的自我意识也是影响儿童个性和社会性发展的重要因素,是儿童实现社会化目标,完成自己人格特征发展的重要保证。

3. 自尊心的发展。自尊心是青少年在集体生活中发展起来的一种心理状态或个性特点。它是个人在一定的班级或社会群体中希望受到别人尊重,并取得合格成员的资格与地位的一种意识表现。

小学儿童由于身体迅速发育和大脑日臻完善,产生了成人感。与成人感相联系,他们的自尊心和好胜心得到了发展。在与别人相处的过程中,对别人的评价特别敏感,希望别人尊重自己的权利,尊重自己的个性与尊严。

小学儿童所达到的自尊心的水平,首先是与活动的成败相联系的。如果他们在活动中不断获得优异的成绩、得到集体的好评,并产生胜任感和成就感,自尊心就会相应地得到提高。反之,若在活动中常常不能成功或落后于别人,在集体生活中经常受到责备,自尊心就会降低。其次,自尊心也是与自信心相联系的。学生在学校的各项活动中,不断取得成功,就会增强活动的信心,于是也会使自己的自尊心得到提高和加强。但如果学生在自尊心发展过程中,特别是由于过高估计自己和妄自尊大所表现出来的自尊心,在挫折的情况下很容易转向自卑感。

(二)小学儿童自我意识的培养

良好的自我意识的培养对小学儿童来说非常重要。有良好自我意识的儿童无自卑感,自信心、好胜心、好奇心强,这样的儿童自我期望效应明显,他们能够有效约束自己的行动,可以在学习活动中获得更多成功的感受。小学儿童良好的自我意识可从以下几个方面培养。

1. 自尊心的培养。自尊之心,人皆有之。但这并不是说,自尊心是人与生俱来的,其实它同样需要得到后天的培养,才能形成和发展起来。为此,在培养小学儿童自尊心方面应做到以下几点:第一,要尊重每一个学生。无论是优秀生还是后进生,教师都应该一视同仁,平等对待,尊重每个学生的人格,以保护每个学生的自尊心。第二,培养小学儿童的自我评价能力。自尊心依赖于自我评价能力,只有适当的自我评价,才会有利于自尊心的形成。发展心理学的研究告诉我们,儿童的自我评价能力有其发生、发展的规律,教育者遵循儿童自我评价发展的规律,开展适时教育、必要引导,定将促使他们自我评价能力的提高。第三,帮助小学儿童养成正确对待评价的态度。养成对待评价的正确态度对小学儿童来说尤为重要,如他人对自己的评价过高,就不要沾沾自喜,甚至忘乎所以,或趾高气扬;如评价过低,也不要忧心忡忡,或自轻自贱。总之,帮助他们树立正确的自我评价标准。第四,创造良好的环境气氛。比如,一个人际关系协调的班集体,就会对其成员的自尊心的培养大有好处。在此,特别强调两种气氛:一是成员尊重集体,集体保护成员的自尊心;二是成员之间相互尊重,彼此信任。正如前苏联著名教育家马卡连柯所说的:"在良好的集体里,自尊心是很容易培养起来的。"

2. 自信心的教育。自信心作为个性品质或性格特征必须通过教育与培养,才能使其"未成已成,已成可革"。第一,让学生获得成功。优秀生多是成功者,所以他们都具有十足的自信心;而所谓差生则多是屡遭失败者,所以他们几乎都缺乏应有的自信心。对此,教育者对成绩优秀的学生,要善于维持和保护他们原有的自信心,并不断为他们创造新的起点,使他们取得新的成功,进一步增强自信心;对成绩较差的学生,教师应对他们关怀备至,努力为他们创造更多的机会和条件,争取成功,树立信心。第二,信任每个学生。一个过多依赖于教师和家长的儿童,他们是难以养成自信心的。可以说,依赖心是自信心的敌人。因此,要树立自信心,就必须削弱甚至杜绝依赖心。而做到这一点,其最好的办法,就是要信任每一个学生,即相信他们具有一定的自治能力与自学能力,放手让学生做学校的主人、班级的主人、课堂的主人、一切活动的主人。这样自然就会充分发挥每个学生的主动性、积极性和创造性,使他们充满自信心地完成学习任务,并不断地积极进取。因此,教师要始终如一地尊重学生的主体地位,发挥学生的主体作用,调动学生的主体积极性。第三,及时调整期望值。心理学研究表明,对学生期望值过高或过低都极为不利:期望值过高,学生无法努力达到,自然有损于自信心的树立与巩固;期望值过低,学生很容易达到,自然谈不上树立什么自信心;只有期望适中,使学生经过一定的努力才能达到,自然有助于树立与巩固其自信心。因此,必须调整、降低对孩子过高的期望值,让他们能够生动活泼、主动积极地进行学习。现代西方教育界也一再劝勉人们务必让每个学生、每一个人在"适应性领域发展"。

3. 好胜心的教育。好胜心是人们不满于现状,力争取得更大成功,以超越自己、超越他人的一种性格特征或心理倾向。好胜心随主客观条件的发展变化而发展变化。它依赖于个人的抱负水平、个人的成功概率以及个体的智能状况。许多小学教师在小学教学实践中培养学生好胜心的经验颇值得吸取。它包括:让家长配合教师激发学生的好胜心;帮助学生制定目标体系;帮助学生克服自满心理;防止好胜心反向发展而形成嫉妒心理等。

五、儿童的气质特点与教育

(一)气质特点对智力活动的影响

气质是人的高级神经活动类型特点在行为方式上的表现,是个人心理活动动力特征的总和。这些动力特征主要包括以下三个方面:第一,心理过程的速度和稳定性,表现在知觉的速度,思维的灵活程度,注意集中时间的长短方面;第二,心理过程的强度,即情绪表现的强弱,意志努力的程度;第三,心理活动的指向性,即心理活动是倾向于外部事物还是倾向自身内部(如经常分析自己的思想和印象等)。一般认为,心理活动的动力特征,主要表现在人的情感和活动发生的速度、强度、稳定性和灵活性等方面,是天生的、典型的、稳定的心理特征。这种稳定性,一方面表现在气质较多地受制于个体生物组织的制约;另一方面表现在气质较少因活动的内容、目的和动机而发生变化。也就是说,在不同的活动中,个体将会表现出同样的气质特点来。据心理学的有关研究表明,不同气质类型的小学生同样可以取得好的成绩。这说明气质特点不能决定智力发展的高低。虽然如此,气质特点却对思维活动有着不同的影响。

气质特点对智力活动、思维活动的影响,主要表现在它能够影响气质活动的性质和效率。与此影响有关的气质因素,主要包括以下两个方面。

1. 心理活动的速度和灵活性。不同气质类型的人,其心理活动的速度和灵活性是不同的。多血质、胆汁质气质类型的学生,心理活动的速度较快,而且灵活性也较高,而粘液质和抑郁质气质类型的人,心理活动的速度较慢,而且也不够灵活。心理活动速度的快慢和灵活性的高低,必然影响到人的智力活动的快慢与灵活性。

这就是说,气质作为非智力因素的一个重要组成部分,其不同类型的气质表现的速度和灵活性影响到了智力活动的效率。小学儿童中,多血质和胆汁质类型的学生,解题的速度、解题的灵活性明显超过粘液质和抑郁质类型的学生。

2. 心理活动的强度。气质对智力活动的影响,还表现在心理活动的强度,对不同气质类型的中小学生所进行的智力活动的性质的影响。

心理活动的强度主要表现在情绪感受强弱和意志努力程度两方面。不同气质类型的小学儿童,在这两方面有不同的表现。多血质、胆汁质类型的小学儿童,情绪感受表现较强烈,而且他们的抑制力差,使得他们难以长时间地集中注意力于某种智力活动,较难从事需要细致和持久的智力活动;而粘液质、抑郁质的人,其情绪感受表现较弱,但体验深刻,能经常地分析自己,因此,他们较适合于从事那些需要细致和持久的智力活动。

(二)气质类型差异与因材施教

教育工作者了解学生的气质类型,并采用适合其气质类型特点的教育和教学方法,对于培养小学儿童的优良个性品质,提高其学业成绩,促进智力发展具有重要的意义。

首先,必须正确认识小学儿童的气质类型差异,有针对性、预见性地培养不同气质类型学生的良好的个性品质。因此,在评价气质类型时,不能笼统地把某种气质类型评价为好的,把另外一种气质类型评价为坏的。要相信任何一种气质类型都既有积极的一面,也有消极的一面,都可能形成优良的品质或不良的品质。教育工作者要帮助学生善于分析和认识自己的气质特征中的长处和短处,有意识地利用其积极方面,塑造优良的个性品质,以防止个性品质向消极的方面发展。

其次,在教育过程中要充分考虑学生气质类型差异,针对学生不同的气质特点,采取相应的教育方法。例如,对胆汁质的学生,在教育时,宜用具有说服力的严格要求的教育方法,既要触动他们的思想,促使他们学会坚韧、自制,又不要轻易激怒他们,特别是他们在情绪爆发时,宜取"以柔克刚"方法,以防止过激反应。对多血质学生,不要放松要求,应该让他们参加更多的活动,交给他们更多的任务,在活动锻炼中培养他们意志的坚韧性和克服困难的精神。对粘液质的学生,教育者应富有耐心,在指出他们缺点和错误时,应该给予这些学生足够的考虑问题和作出反应的时间,不要以冷对冷或持之过急,要激发他们对工作和他人的热情,多给予在集体中锻炼的机会,引导他们生动活泼、机敏地完成任务。对抑郁质的学生,教育者应该给予更多的关怀和体贴,尽可能避免让他们受到公开的批评和指责,引导他们参加集体活动,培养他们的乐观、自信、机敏的品质。严厉的批评,对于偏胆汁质、多血质的学生,可能起到使他们遵守纪律的作用,而对偏抑郁质的学生,则可能使他们失去自信心。在教育工作中,只有采用适合学生气质特点的教育方法,才能收到良好的效果。

第三,气质特征对智力活动的特点、效率以及智力活动的方式有着明显的影响。因此,针对学生的不同气质特点,在学习途径、方式和方法上进行个别指导,充分发挥各自气质类型的积极特征,控制其消极特征,有着重要意义。例如,针对胆汁质学生应充分发挥其思维敏捷、学习热情、刚强等特点,克服粗枝大叶和急躁的缺点;对多血质学生,要发挥其机智、灵敏等特点,改变他们不踏实的学习方式;对粘液质的学生要以其刻苦、踏实、认真的学习作风,补偿其迟缓、不够灵活的缺点;而对抑郁质学生则应发挥其谨慎、细心、思维周到的特点,以弥补其犹豫、迟缓、精力不足。

总之,无论何种气质类型的学生,完全可以从不同途径,用不同的学习风格取得好的成绩,提高其智力水平。

六、儿童性格的发展与教育

(一)小学儿童性格发展的特点

同其他年龄阶段或人群相比,小学儿童性格发展上有其独特而稳定方面的特点。

1. 对集体或他人的态度。小学低年级儿童,集体意识比较模糊,还不懂得集体荣誉感,不能理解个人与集体的关系。在同学关系上,朋友选择方面往往由表面因素所决定。因此,同学、朋友关系不太稳定。到了中、高年级,儿童的集体意识增强,集体荣誉感逐渐发展起来,关心集体、热爱集体。在同学关系上,他们往往从心理上的相似性出发来选择朋友,而且珍惜友谊。

2. 对自己的态度。小学儿童对自己的态度同自我意识的发展是密切联系的。低年级儿童,由于其自我意识水平较低,他们对自己的评价完全以教师的评价为转移,而且喜欢鼓励和表扬,不喜欢批评。到了中、高年级,儿童的自我意识有了进一步的发展,他们开始独立地评价自己,对自己的优缺点有了初步的认识,但不够全面和客观,容易走向片面和极端。

3. 对学习和集体活动的态度。小学儿童入学以后,学校的各种要求和规则决定了儿童的全部行为。儿童在遵照这些要求和规则进行活动的过程中,发展了组织性、纪律性、坚持性、勤奋、刻苦、诚实等性格特征。通常,低年级部分儿童不能经常以负责的态度对待作业,学习的自觉性较差。中、高年级的儿童的学习态度有了较大的发展,他们一般都能够及时地、有计划地、较为主动地完成各项学习任务,对待学习的态度和责任感有了明显提高。

除了上述的态度特征的内容在不断变化,儿童性格结构中的理智特征、情绪特征以及意志特征也在日趋发展。总之,小学儿童的性格正处于初步形成的过程之中。表现出稳定而又可变的双重性。因此,性格特征的可塑性是小学儿童性格发展的重要特点,它的一般发展趋势是:随着年龄的增长,可塑性减弱,稳定性逐渐增强。另外，与初中生和高中生相比，小学儿童显得信赖、随和、胆怯、害羞、行为温顺和认真细心等。

（二）小学儿童性格的培养

性格对提高学生学习质量和促进智力发展的重要作用，日益受到人们的关注。国内外心理学家对影响学生学习和智力发展的性格特征进行了广泛的研究。推孟曾对 1528 名智力超常儿童的成才情况进行了系统的追踪研究，并对 800 名男性被试中成就最大的 160 名和成就最小的 160 名进行比较，发现两组被试的最明显的差异是坚持性、自信心、恒心等性格的意志特征的不同。张履祥等人曾用《中小学生人格特征量表》，考察了中小学生学业成绩与智力和性格特征的关系，结果表明：学生性格差异与学业成绩差异和智力水平之间，存在高度相关；好胜性（高持强性、敢为性和独立性）和沉稳性因素（高稳定性、低兴奋性、高有恒性和低幻想性）是影响中小学生学业成绩的两个主要性格因素[1]。不同的研究都说明了性格因素对于提高学习质量和促进智力发展具有重要作用，优良的性格特征对学习具有调节、控制、维持和补偿的功能。因此，培养小学儿童良好的性格特征是有重要意义的。

1. 家庭的作用。家庭的经济状况、家庭成员的文化修养、家庭气氛以及家长的教育方式等，都会影响儿童性格的形成。许多研究表明，对性格形成起重要作用的最初是家庭，它在儿童的性格形成上有着深远的影响，尤其是对性格的理智特征的影响最为全面、深刻。

2. 学校教育的作用。有关研究表明：学校教育对小学儿童性格的形成具有重要意义，它可全面地影响学生的意志特征、理智特征和情绪特征。学校教育作为培养小学儿童良好性格的中心环节，可从以下几个方面入手：第一，教师要充分发挥自身的教育影

---

[1] 张履祥：《普通心理学》，第 344 页，合肥，中国科技大学出版社，1995。

响力。教师要以高尚的道德修养,满腔的热忱关心每个学生的成长,在日常的教育中做学生的榜样,以身作则,言教和身教并重。第二,建立良好的校风、班风、学风,开展丰富多彩的健康向上的活动,让儿童在活动中发展其良好的性格特征。第三,建立良好的师生关系和同学关系,帮助儿童形成尊重他人、平等友爱、热情互助等性格特征。

3. 进行自我调节和自我教育。培养儿童对自己的性格进行自我调节的能力,帮助儿童拟定自我教育的计划,自觉地改正不良的性格特征,发扬良好的性格特征,使自己的性格健全发展。

第八章 品德心理

21世纪,提高全民的道德素质,已成为世界性的问题。许多中外教育家认为,未来的人才应具有更高的道德素质。儿童正处于人的发展的基础阶段,对于人的品德发展有重要的奠基意义,可以说,儿童的道德素质不仅是现代精神文明的体现,也决定着我国未来的社会面貌和民族精神。因此,教育工作者掌握和了解儿童品德形成和发展的基本规律,不仅有助于培养儿童具有良好的品德,而且也有助于我国社会主义精神文明建设和社会的进步与发展。

第一节 品德心理概述

一、道德与品德的含义

在人类的社会生活中,人们为了维护共同的利益,协调彼此的关系,便产生了调节行为的准则。人们不仅用这些准则去评价一个人的行为,而且也根据这些准则来调节自己的行为。当一个人按其所处社会集体的行为准则去行动时,他的行动就是合乎道德的,就会受到社会舆论的赞许、表扬,他便会感到心安理得;当一个人不按集体的行为准则或直接违反这些行为准则去行动时,他的行动就是不道德的,就会受到社会舆论的谴责、批评,自身也会感到羞愧与内疚。因此,道德就是由舆论力量和良心驱使来支持的调节人的行动的社会行为准则的总和。

道德是依赖于整个社会的存在而存在的一种社会现象,是社会关系的反映,它的产生、发展和变化服从于社会发展的规律。一个国家要保证社会生活的正常进行必须借助于道德与法的实施,但道德与法是不同的,人们违反道德准则要受到社会舆论和良心的谴责,而犯了法要追究法律责任,以惩治个人和教育大众。道德是伦理学和社会学研究的对象。

品德,又叫做道德品质,它是指个人依据社会的道德行为准则行动时所表现出来的经常的、稳定的心理特征和倾向。品德是社会道德在个体身上的表现,是个性中具有道德评价意义的核心部分,它是由个人的道德行为来表现的,其特点是经常的、稳定的表现,如果只是偶然一次的表现,那就不能称作为品德。例如,一个学生偶尔说一次谎,不能说他具有不诚实的品德。

品德是依赖于某一个体而存在的个体现象。在我国,衡量一个人是否具有良好的品德,要看他是否按照社会主义道德行为准则行动并能一贯表现出某些稳固的特征和倾向。一个人的品德不是天生的,而是在社会道德舆论和风气熏陶下,在家庭、学校道德教育的共同影响下形成的。品德的形成经历了外在道德准则不断内化和内在道德观念外显的复杂过程。品德的形成与发展既受社会发展规律的制约,也受个体生理和心理发展规律的制约。品德是教育学与心理学的研究对象。

品德与道德既相互区别,又相互依存,密切联系。离开社会道德就论不上个人品德,个人品德的内容是社会道德在个体身上的具体表现;而社会道德又是通过个人的品德而存在的,许多人的个人品德构成并影响着社会道德的面貌和风气,特别是一些具有代表性的人物的品德(如雷锋、孔繁森等)可以作为社会道德的典范,对整个社会道德风气产生深远影响。

二、品德的心理结构

品德是一个完整的心理结构,它包括道德认识、道德情感和道德行为。

（一）道德认识

道德认识是指个体对一定社会的道德行为准则及其执行意义的认识，它包括道德概念、道德判断和道德信念。当个体对某些道德准则有了了解，掌握一系列的道德概念后，就能对自己及他人的行为正确与否作出相应的道德判断，同时个体道德认识也继续深入，达到坚信不移的程度，并能指导自己的行动，这时道德信念就形成了，它对道德行为具有相对稳定的支配作用。一个人仅仅掌握了道德概念，有了一定的道德判断能力，若没有形成道德信念，也是不能做出道德行为的。正如一些贪污犯明知贪污不对，却依然贪污国家、集体的公共财产。

道德认识是个体品德的核心部分，是品德形成的基础。人们只有"知之深"才能"爱之切"、"行之坚"。道德认识是外在的道德准则、概念不断内化的产物，以层次网络化的形式不断地构建和改造着，一个人认识水平的高低直接影响着道德认识的水平。

（二）道德情感

道德情感，简称道德感，是人们根据一定社会的道德准则评价自己或他人的行为举止、思想意图时所产生的种种情感体验。人们如果认为自己或他人的行为举止、思想意图符合社会道德标准，就会引起满意、赞赏等积极的情感体验，反之则会引起悔恨、厌恶等消极的情感体验。道德情感对人的道德行为有着重要的激励作用，可以使人表里如一，自觉地进行自我控制。高尚的道德情感会使人见义勇为，从善如流。道德感的内容包括爱国主义情感、集体主义情感、义务感、正义感、责任荣誉感等。

道德感按其形式而言，可分为以下三种。

1. 直觉的道德情感。这是一种由某种具体情境的感知而引起的道德感。它的特点是产生得非常迅速而突然，时间短暂，对道德行为有迅速启动作用。由于其产生迅速，因此个体对这个过程中的道德行为准则缺乏明显的意识。

2. 想像的道德情感。这是一种通过对具体的道德形象的想像而产生的情感体验。这种情感体验持续时间长、内部作用强烈,具有明显的自觉性。青少年最容易被英雄人物的高贵品质和英雄事迹所激励和鼓舞,唤起他们爱慕、敬仰等道德感,从而学习英雄、克服缺点。

3. 伦理的道德情感。这是一种以清楚地认识到道德理论作为中介,具有较大的自觉性和概括性的情感。在这种情感体验中,个人的感性道德经验同理性认识结合起来,对社会道德要求及其意义有了较深刻的认识。它与一个人的信念、理想紧密相联,是一种比较持久而富有强大动力作用的情感。

(三)道德行为

道德行为是人在一定的道德认识支配下所采取的,有明确目的的各种自觉行为,它是道德认识和道德情感的具体表现及外部标志,是衡量一个人品德的重要标志。正如列宁所说:"判断一个人,不是根据他自己的表白或对自己的看法,而是根据他的行动。"①有人有正确的道德认识,也有良好的道德情感,但行为却是另一回事,所以只有知情行三者统一的人才是品德好。因此,对儿童的品德培养应在对儿童晓之以理、动之以情的基础上,进行道德行为训练,导之以行。而且,个体道德行为要经过反复实践,养成习惯,才能成为稳定的道德品质。

道德认识、道德情感和道德行为这三种心理成分是彼此联系、互相促进的。道德认识是内因,是产生道德情感、道德行为的必要前提;道德情感又影响道德认识的倾向和道德行为的坚持;而道德行为又是道德认识和道德情感的外化和表现,通过道德行为可进一步促进道德认识和道德情感的巩固和发展。品德的形成和发展就是这些基本心理成分共同发生作用的一种综合平衡发展的过程。

---

① 列宁:《列宁选集》第十四卷,第 15 页,北京,人民出版社,1960。

三、影响儿童品德形成的因素

(一)家庭环境与教养方式在儿童品德形成的早期阶段具有最重要的作用

对于儿童来讲,家庭教育不仅开始最早,而且时间也最长,家庭的经济条件、家庭结构、家庭成员之间的关系状况及家长的品德面貌、道德修养,对子女的爱和关心,以及是否具有民主的教养态度和正确的教育方法等对儿童的成长起着长时间的、潜移默化的影响。

美国心理学家佩克(R. Peck)、哈维格斯特(R. J. Havighurst)对青少年品德进行较大规模研究后发现,儿童的优良品德与家庭中家长是信任、民主、容忍的作风呈正相关;反之,不良品德则与家长对待子女的态度过分严厉或过分放任呈正相关。可见,家庭教养方式是影响儿童品德形成的重要因素。

国内外大量研究表明,缺陷家庭对儿童心理发展是不利的,英国心理学家调查了许多不同类型的家庭后发现,58%的品德不良儿童来自缺陷家庭。美国的有关统计也表明,犯罪少年的家庭中有 1/2～2/3 是缺陷家庭。

(二)社会对儿童品德形成有着不可低估的影响。

年幼儿童的品德主要受家庭教育影响,随着年龄增长,社会对他们的影响越来越大,对儿童品德形成影响大的社会因素主要有社会交往、社会风气、大众传播媒介等。

个体品德发展是在社会中、在人际交往中实现的,随着儿童自我意识的发展,独立性增强,同伴交往成为影响儿童品德发展的重要因素,尤其是以个人的兴趣爱好等情感联系为基础自由建立起来的非正式的小群体,对儿童成长影响极大。其次,社会风气对他们品德的影响也会越来越大。由于社会风气具有广泛性、复杂性等特点,儿童的是非辨别能力又较差,所以不良的社会现象免不了被学生议论、模仿。再次,现代社会中大众传媒的发展,对儿童品德发展也有双重作用,它既能改变、净化和鼓舞人的灵魂,也能损害、压抑和毒化人的灵魂,一些渲染色情、暴力情节的影视作品、淫秽书刊、色情歌曲、赌博游戏、不健康网吧等将直接腐蚀和引诱青少年走上危险的道路。

(三)学校教育对儿童品德形成起着关键性作用

学校教育具有可控制性,能严格依据社会教育目的,选择与社会发展相一致的文化价值和行为准则传授给儿童,规范儿童的思想行为,实现预定的培养目标,因此,学校教育对儿童品德形成起着主导作用,具有家庭教育与社会教育不可替代的优势。首先,学校的思想品德教育、各种教学活动以及学校组织的各种集体活动都不断影响学生品德的形成、发展。其次,教师在教书育人过程中的"师德"也是一种重要的教育力量。那些学识渊博,道德高尚的教师,更为学生所尊重、敬仰,成为学生心目中的楷模,学生会自觉加以仿效,把体现在教师身上的道德要求转化为自身的品德。再次,学校的校风和班集体的班风对于学生形成优良品德和矫正不良品德起着重要作用。它们是无形的感染力量、无声的行动命令,使儿童逐步接受并适应共同的团体规范。

(四)认知水平是儿童品德形成的基础

在儿童品德形成过程中,认知水平起着重要作用。皮亚杰(J. Piagec)认为,儿童道德推理的发展与儿童认知能力的发展存在着互相对应、平行发展的关系。哈得曼(M. Hardeman)在1972年的实验中发现,守恒程度低的儿童在道德判断上也是低水平的。柯尔伯格(L. Kohlberg)与皮亚杰一样,认为儿童道德认识的发展由个体认知发展水平所决定,强调道德认识是以认知结构为基础的自然发展。道德认识是一个人品德的核心部分,是品德形成的基础,因此,儿童认知水平对品德形成有着直接的影响。

综上所述,影响儿童品德形成的因素具有广泛多样性,这些因素对儿童品德形成的影响有正式的或非正式的、直接的或间接的、偶然的或经常的、积极的或消极的等等,了解这些因素对教育工作者有的放矢、因材施教有重要意义。

第二节 儿童的道德认识

一、儿童道德认识发展的基本理论

皮亚杰是第一个系统地追踪研究儿童道德认识的心理学家,他采用对偶故事法研究儿童道德判断的发展,提出著名的品德认知发展阶段论。皮亚杰认为儿童品德的发展可以分四个阶段。

(一)自我中心阶段(2岁~5岁)

这一阶段的儿童由于认识的局限性,还不理解、不重视成人或周围环境对他们的要求,在游戏时,游戏规则或成人的要求对他们还没有约束力,只按照自己的意愿去执行游戏的规则,又称之为单纯的个人规则阶段。

(二)权威阶段(6岁~8岁)

这个阶段的儿童认为,应该尊敬权威和尊重年长者的命令。一方面,他们绝对遵从成人、权威者的命令;另一方面,他们也服从周围环境对他们所规定的规则或提出的要求。

(三)可逆阶段(8岁~10岁)

这个阶段的儿童不再认为成人的命令是应该绝对服从的,道德规则是固定不变的。他们认为道德行为的准则只不过是同伴之间共同约定的,用来保障共同利益的一种社会产物。因此,规则已经具有了一种保证相互行动和相互给予的可逆特征,规则面前、同伴之间是一种可逆关系,我要求你遵守,我也得遵守。

(四)公正阶段(10岁~12岁)

这个阶段,儿童的道德观念开始倾向于公正,所谓公正就是承认真正的平等,不是前一阶段仅满足于形式上的平等。儿童认识到公正与平等应先考虑他人的一些具体情况,从关心和同情出发作出他们的道德判断。

（五）柯尔伯格的儿童道德认识发展理论

柯尔伯格是皮亚杰的道德认知发展理论的追随者,他吸取皮亚杰对偶故事法的优点,采用两点故事法研究儿童道德判断的发展,结果发现,儿童道德认识发展经历了三个水平、六个阶段。

1. 前习俗水平,这一水平的儿童根据行为的直接后果和自身的利害关系判断好坏是非,它又包括两个阶段,第一阶段是惩罚与服从定向,儿童根据行为的后果来判断行为是好是坏及严重程度,他们服从权威或规则只是为了避免惩罚,认为受赞扬的行为就是好的,受惩罚的行为就是坏的,他们还没有真正的道德概念。第二阶段是朴素的利己主义定向,儿童不再把规则看成是绝对的、固定不变的,评定行动的好坏,主要是看是否符合自身的要求和利益。柯尔伯格认为大多数9岁以下的儿童和许多犯罪青少年,在道德认识上都属于第一级水平。

2. 习俗水平。处于这一水平上的儿童都能顺从现有的社会秩序,而且有维护这种秩序的内在愿望,规则已被内化。因此,儿童依据行为是否有利于维持习俗程序,是否符合他人愿望进行道德判断。这一水平由两个阶段构成,即第三阶段和第四阶段。第三阶段是好孩子定向,儿童希望保持人与人之间良好的、和谐的关系,希望被人看作是好人。因此,凡是取悦于别人,帮助别人或为别人赞美的行为就是好的,反之就是坏的。第四阶段是维护权威和社会秩序的定向。这个阶段的儿童注意的中心是维护社会秩序,认为每个人应当承担社会的义务和职责。正确的行为就是尽到个人责任,尊重权威,维护普遍的社会秩序,否则就会感到内疚,就是错误的行为,柯尔伯格认为大多数青少年和成人的道德认识处于这级水平。

3. 后习俗水平。这一水平表现为能摆脱外在的因素,着重根据个人自愿选择的标准进行道德判断。它也包括两个阶段,即第五阶段和第六阶段。第五阶段是社会契约定向,儿童看待道德准则比较灵活,认为不符合人们需要的准则可以改变,不能以不变的规则去衡量人。第六阶段是良心和原则定向,儿童已具有抽象的以尊重个人和个人良心为基础的道德概念。认为个人一贯地依据自己选定的道德原则去做就是正确的。这个阶段的个体不仅认识到社会秩序的重要性,也领悟到不是所有的社会都能实行完美的原则的。柯尔伯格认为只有少数人的道德认识在20岁后达到第三级水平。

皮亚杰从认知发展的角度上为发展心理学开辟了儿童品德发展研究的新领域,揭示了儿童道德认识或道德判断发展的基本历程。我国儿童道德发展研究协作组于1982年在全国对5岁~11岁儿童道德判断的发展作了大规模的调查,实验结果与皮亚杰道德认知发展的结论基本一致。柯尔伯格描绘的道德认知发展阶段比皮亚杰更具体、细致,而且反映了一些道德认识的社会性内容,但实验依据还不够充足,尚待进一步验证、发展。

二、儿童道德认识形成的过程

(一)道德概念的理解

道德概念是对道德准则和意义的本质特征的反映。儿童很早就对道德概念有了一定的认识,这种认识主要是在日常生活中依靠成人对各种行为的褒贬、评价逐步形成提高的。例如,孩子听了父母表扬某某对人有礼貌,是个好孩子后,就知道了对人有礼貌是一种好品德。但这种认识还是肤浅的。小学儿童的道德概念是逐步掌握、逐步发展起来的。他们对道德概念的理解是从直观的、具体的理解过渡到比较抽象的、本质的理解。

(二)道德判断能力的发展

道德判断是人们依据已掌握的道德规范对自己或他人行为的是非善恶进行分析判断的过程。道德判断的过程,贯穿着道德认识的过程,通过判断可以帮助儿童巩固道德知识和道德信念。儿童道德判断能力的发展受认知水平和教育的制约,其发展趋势是:

1. 从他律到自律。小学儿童的道德判断是从无批判的依赖成人的评价为标准逐步发展到以自己独立的内在评价为标准。

2. 从效果到动机。小学儿童道德判断从依据行为后果逐渐发展到依据行为的动机和意图,最后发展到把动机和效果联系起来分析。

3. 从"对人"到"对己"。小学儿童对自己的行为进行道德判断的能力往往落后于对别人行为的道德判断能力,表现为评价别人时比较清楚、全面、严格,可是评价自己就比较模糊、片面、宽松。初中学生开始分析自己的内心活动,但这时的评价还比较笼统、模糊,一直到高中阶段,学生才能比较自觉地进行自我评价。

4. 从片面到全面。即从带有较大片面性的道德判断发展到比较全面地进行道德判断。一般说来,小学低中年级儿童进行道德判断时,比较简单化,考虑问题的角度单一,容易受个人情绪和情境条件的影响。

(三)道德信念的确立

道德信念是在已有的道德概念、道德知识的基础上产生的,它比一般的道德认识要稳定和深刻,它包含着对道德规范的深刻理解和强烈的情感体验,是推动一个人产生道德行为的强大动力。

道德知识转化为道德信念是非常复杂的,儿童确立的道德信念可能是正确的,也可能是错误的。正确的道德信念的确立主要表现在:第一,懂得道德规范,掌握道德概念,并相信它的正确性;第二,把道德信念作为道德判断的标准和行动的指南,对符合自己道德信念的思想和言行,产生积极肯定的情感体验,对违反自己道德信念的思想和言行,产生消极否定的情感体验;第三,能用坚定的道德行动去努力实现道德信念,及时纠正错误的思想观点和行为。道德信念也在实践中增强与巩固。

三、儿童道德认识的培养

(一)形成儿童积极的态度定势

儿童的态度定势是由先前的教育影响而形成的,例如,一个学生可能会由于教师给其留下的不良的"第一印象"而形成有关这个教师的消极定势,进而对教师的要求与教诲产生"抗拒心理"直接影响品德教育的效果。因此,要形成儿童积极的态度定势,必须做到以下几点。

1. 教师应严格要求自己,处处为学生作出表率,给学生留下美好的印象。教育家加里宁说:"教师每天仿佛蹲在一面镜子里,外面有无比精细、审视的孩子们的眼睛在时刻盯视着你。"因此,教师应留心自己的一言一行。

2. 要建立良好的师生关系和融洽的集体氛围。"亲其师,信其道",无数事实表明,儿童只有感受到教师对他们热情真诚、信任关怀的情感后,才会主动接近教师,听从教师的教诲。

(二)运用情理交融说服法,提高儿童道德认识水平

情理交融说服法是通过摆事实、讲道理的方式对学生进行正面教育,使其明辨是非善恶,从而形成正确的道德概念,提高道德认识水平的方法。小学儿童在道德概念的理解过程中,常常会发生许多错误的概念和糊涂的理解。教师应该在帮助学生消除错误认识,正确理解道德概念上运用说服法,正确运用说服法,应注意以下几点。

1. 说理要有针对性。要符合儿童的年龄特征、道德认知发展水平和当时的心理状态。

2. 说服应情理交融,既在情感上打动学生,又在理智上影响学生,才能产生长期的说服效果。对于小学生来说,教师富于情感色彩和引人入胜的说服内容会很容易发生影响,如果教师再加上充分的材料进行说理论证,那么说服就会产生长久的效果。

(三) 运用集体讨论法提高儿童道德判断能力

当儿童对某些道德概念认识不明确,或有不同意见时,应组织学生进行讨论,通过讨论明辨是非,作出正确判断。

集体讨论强调启发儿童积极思维,通过儿童自身积极的思考,并将自己的观点与他人的观点进行比较、交流,从而形成正确的道德认识。例如[①],某小学一位班主任在一次校运动会上,发现本班一些同学在沙坑旁看跳高比赛,当本班同学跳过去时,他们拍手叫好,高兴万分,而当外班同学跳时,他们就发出刺耳的"嘘嘘声"。班会课上,班主任便抓住这个问题,引导同学们进行集体讨论。有的同学说:"这些同学只想到自己班好,影响了与其他班的团结。"有的同学说:"要是国际比赛,这样做不仅会影响各国人民的友谊,还会影响国家的声誉。"还有的同学说:"只顾小集体的利益,不顾大集体的利益,不是真正的集体主义。"通过讨论,同学们分辨了是非,提高了道德认识能力,此后,这个班再没发生过类似的事情。

(四) 消除儿童的"意义障碍"

"意义障碍",是指儿童在头脑中所存在着的某些思想或心理因素阻碍他们对道德要求意义的真正理解,从而不能把这些要求转化为自己的需要。意义障碍有认知障碍和情感障碍两种。认知障碍表现为儿童不愿意接受或不理解成人所讲的道德要求;情感障碍表现为由于儿童内心的消极体验,引起道德要求和道德情感之间的冲突,从而导致道德认识上的障碍。

产生意义障碍的原因有以下几种:一是儿童知识经验的局限,使儿童对成人的要求无法理解或发生误解;二是成人提出的要求不符合儿童的实际需要;三是成人对儿童提出要求时采取了强制手段,没有尊重他们的自尊心;四是儿童感到成人在处理某些问题

[①] 胡寅生:《小学教育学教程》,第470页,北京,人民教育出版社,1996。

上不够公正;五是成人对儿童提要求过于频繁,或朝令夕改,或不严格执行,使儿童无所适从;六是成人没有起到表率、榜样作用。为了使儿童更好地接受道德要求,成人应设法防止意义障碍的产生。一旦出现了"意义障碍",教师或家长应针对具体情况,迅速改变原来不当的教育方法,及时疏导,消除隔阂和误会,使儿童体会到教师或家长的善意,从而帮助儿童提高道德认识。

第三节　儿童的道德情感

一、道德情感的功能

（一）动力功能

道德情感是儿童道德认识发展的催化剂,是促使儿童道德信念确立的必要前提,更是儿童产生道德行为的直接动力。强烈的良好的道德情感,常常是推动人具有良好道德行为的力量。

（二）交际功能

道德情感具有传递情感信息的功能,在教育过程中,儿童和教师借助于肢体表情、言语表情和面部表情,既可以表达自己的道德情感,也可以感染和加深他人的道德感受,从而增强对情感信息的信赖程度,并通过对情感信息的接受和加工来组织自己的行动。研究表明,如果儿童体验到来自教师的情感信息是真实可信的,就会以积极的态度接受教师的教育。

（三）调节功能

道德情感对儿童的行为具有调节和校正作用。一方面,它可以促使儿童发动或阻止某种行为,也可以阻碍或激化某种行为;另一方面,它可以促使儿童在情感上预感到自己行为的后果及其道德意义,从而进行正确的决策,调节自己实现正确的道德行为。一些研究发现,那些能精确辨别他人有什么情感的小学儿童更能与他人合作。

二、儿童道德情感的发展

在西方心理学家对童年期的道德情感的研究中,以海斯(R. D. Hess)和托尼(J. V. Torney)的国家意识发展理论最为有名[①]。海斯和托尼对12000名美国小学儿童进行调查研究,发现童年期的国家意识即忠于祖国的情感,经历了三个发展阶段:第一,低年级学生表现为"国家象征期",即学生对国家的依恋和热爱表现于尊敬国家象征(如国旗、国歌及领袖)的言行之中;第二,中年级学生表现为"抽象国家观念期",即学生以有关国家的抽象观念,如言论自由、竞选等作为爱国的根据;第三,高年级学生表现为"国际组织系统期",即学生以国家为国际成员之一,以国家在国际上所担任的角色为其忠诚或热爱的对象。

我国心理学家认为,儿童道德情感的发展具有以下特点:第一,儿童的道德情感是随年龄的增长而发展的,表现为道德情感的稳定性、可控性、丰富性及深刻性均逐渐发展;第二,儿童道德情感的发展不是等速的,小学儿童道德情感发展存在着关键期,这个关键期一般是三年级;第三,小学儿童的道德情感是从具体的道德感逐步过渡到较抽象的道德感,对低年级学生来说,越具体形象的道德知识,越容易使他们受到情绪的感染;高年级学生由于接受了一定的道德理论教育,对较抽象的道德观念也会在理解的基础上产生道德情感,但还不够深刻。

三、儿童道德情感的培养

(一)提高儿童的道德认识能力,并使道德认识与各种情感体验相结合

知之深则爱之切,道德情感是在道德认识的基础上产生的,小学生对人或事物的认识正确与否,直接影响其道德情感的发展。因此,教师应善于深入浅出地通过说服教育,讲解道德规范及其意

[①] 王耘等:《小学生心理学》,第355页,杭州,浙江教育出版社,1993。

义,帮助学生提高道德认识。同时,教师在讲述道德范例、分析道德准则时,应该以鲜明的态度,或赞扬或批评,从而使学生在领会道德要求的同时,伴有深刻的情感体验。

(二)创设各种教育情境,引起儿童道德情感的共鸣,陶冶儿童的道德情感

情感上的共鸣是指人与人之间在情感上有一种直接的感染作用,这点在儿童身上表现得最为明显。为此,教师可以创设以下教育情境,首先,教师应该爱护学生、关心学生、做学生的知心人,以满腔的热情和诚挚的情感来感染学生,以拨动学生的心弦,激发学生的热情,产生师生感情交流,教师的期望也就会转变为学生的自觉行动。其次,教师还要重视学生集体的情感力量,使学生感受到集体的温暖,产生与集体的情感共鸣。再次,教师应充分利用电影、戏剧、小说中的主人公以及生活中的英雄模范身上所具有爱国主义、集体主义、勇敢、正直等丰富的道德情感,唤起儿童道德情感上的共鸣,丰富他们的道德体验。最后,教师还应组织有教育意义的活动,使学生在活动情境中激发相应的道德情感。

(三)正确训练儿童的移情能力,提高儿童控制和调节自己情感的能力

移情是个体对他人情感状态的感知与体验。青少年的移情能力与亲社会行为呈显著正相关,高移情能力可促使人们做出助人为乐等利他行为。因此,培养儿童移情的能力是教育教学的重要目标,要从小就让儿童学会关心别人的情绪,与别人共享快乐与痛苦,把自己的情感与别人的情感联系起来,不断对自己的情感作出客观的估价。教师还可以运用"角色扮演法",鼓励学生能够从其他各种人的角色去考虑同一个道德问题,进行换位思考,体验他人的道德情感,从而理智地控制自己不适当的情感,养成自我监督自己情感的习惯,提高儿童调节和控制道德情感的能力。

(四)注意调节儿童的情感,根除消极的道德情感

小学儿童道德情感的调控能力还是比较低的,他们会因成功而高兴,但往往会得意忘形、趾高气扬;他们会因失败而难过,但往往又会垂头丧气、悲观消极。有的儿童受到批评时产生泄气感,看到他人受到表扬产生嫉妒感,这些消极情感会对道德认识转化为道德行为起阻碍作用。

为了帮助儿童调节自己的情感,根除消极的情感,教师必须注意:首先,对儿童的消极情感不能采取简单的制止办法,而要进行耐心的说服教育;其次,利用积极的情感来克服消极的情感;第三,教育儿童预见到某种情感表现的后果,学会控制不良情感的产生,提高情感的控制力;第四,教会儿童控制调节情感的手段。

第四节 儿童的道德行为

一、儿童道德行为的发展

(一)关于道德行为水平的划分

我国心理学工作者根据儿童道德行为的表现将其概括为四种水平:一是受外在监督的道德行为水平,儿童最初的道德行为是在社会、集体、他人的监督下表现出来的;二是效法榜样的模仿性道德行为水平,儿童的道德行为是在榜样的行为模式的影响下表现出来的,它不带有强制性,具有情境性、主动性和形象性等特点;三是形成道德习惯的道德行为水平,儿童的这种道德行为已经成为与一定的道德需要相联系的自动化的行为方式,它无须外在的监督,已经转化为内在的道德品质;四是独立自觉的道德行为水平,儿童已经把社会道德规范和要求转化为自己的直接道德需要,完全发自内心,无须社会的外在监督,遇到干扰和困难,仍能坚持道德行为。

(二)我国小学儿童道德行为发展的特点

1. 小学时期的道德言行从比较协调向逐步分化发展。小学生

年龄越小,言行越一致,随着年龄的增长,逐步出现了言行不一致的现象。这是因为小学低年级甚至中年级儿童的道德认识,言行往往直接反映教师和家长的要求,他们的道德行为一般是在教师和父母的要求下或仿效他人的情况下实现的。因此从表面上看,他们的言行是一致的,但实际上这是一种低水平的一致性。

小学生表现言行不一致的现象是初步的,即使高年级的学生,还是以协调性占优势。造成小学儿童言行不一的原因主要有:第一,模仿的倾向,善模仿是小学儿童的特点,他们尤其喜欢模仿影视、戏剧和文艺作品中的角色,以致明知被模仿的言行是不正确的、不好的,但仍然照样做了;第二,出于无意,有些小学儿童口头上背熟了道德准则,但行为上仍做出了与之相违背的事来,他们常常会为之后悔、惋惜;第三,在不同的人面前有不同的行为表现。小学儿童会在某些人面前表现出言行一致,而在另一些人面前却表现出言行不一致,造成这种情况的原因,或是因为教师和家长教育不一致,或是因为儿童以情感代替理智,会在较亲近的人面前显得"听话"一些,等等;第四,只会说,不会做。在有些学生的认识里,道德准则是一回事,道德行为却是另一回事。道德行为做起来要克服困难,需要意志努力,因此,尽管能理解道德准则,但按照这些准则去行事就显得困难。

2. 小学儿童道德行为习惯水平较低。我国小学儿童道德行为发展的总体特点为:第一,小学生在关心集体、爱劳动、自觉守纪三项上形成行为习惯的偏低;第二,劳动习惯较差,尤其在家里的劳动习惯更差,这是当前小学生的普遍现象;第三,小学生在尊重父母、尊重老师和尊重他人方面行为习惯还比较理想;第四,小学生道德行为习惯发展水平形成了一个"马鞍"型。低年级和高年级较高,中年级较低。这说明,低年级形成的行为习惯,是处于一种依附性很强的"家长和教师的权威"阶段,这种行为习惯自觉性差、不巩固;中年级,由于独立性和自觉性的发展,小学儿童就显得不那么"听话"了,于是就破坏了原先形成的道德行为习惯,导致行为习惯水平下降;高年级儿童行为习惯水平上升,不仅是数量问题,而且还是一个质量问题,说明他们的道德行为习惯还带有一定的自觉性。

二、儿童道德行为的形成过程

(一)提取道德知识的阶段

当人感知当前的道德情境时,个体的控制系统也会随着活跃起来,并且从信息场中提取与当前情境和个人道德需要有关的信息资料。个体根据这些信息资料作出是否采取某种道德行为,以及如何采取行动。

(二)形成认识——情感纽带的阶段

这一纽带的形成并非是有关道德知识与当前情境和需要之间单一的简单的联结。它需要利用个人的道德知识,对客体和活动情景进行分析综合,而且带有明显的情感色彩,在一系列的内心活动过程后,最终才会在众多纽带中形成主导性的纽带,调节控制人的行为。

(三)形成以相应计划或行为程序为形式的行动准备阶段

在比较简单的道德活动中形成的是情境性的行为准备,而在更为复杂的道德情境中,则需做出以相应计划或行为程序为形式的复杂的行动准备。这种行动准备包括达到一系列具体目的,完成一系列具体行动。例如,准备帮助落后同学提高成绩,就必须了解他成绩差的原因,分析情况,制定详细的补差计划和短期内应达到的目标,并落实到行动中等等。

三、儿童道德行为的训练

(一)指导儿童掌握道德行为方式

掌握行为方式指执行道德规范时的行为样式(即怎样行动),是产生道德行为的必要条件。有的小学生虽然有了良好的愿望和热情,但没有掌握一定的行为方式,不善于组织自己的行为,也很难做出正确的道德行为来。研究表明,在训练学生道德行为过程中,必须对道德行为的方式加以具体指导。年龄越小的学生,组织行为方式的能力越差,更需要加强指导。

对儿童道德行为方式的指导有很多形式,例如,通过行为规范的讲解与练习,使儿童了解学校生活中最基本的行为要求,懂得这些最基本的行为方式;通过品德课或故事的讲述,使学生理解英雄模范人物行为的合理性;组织儿童讨论总结他们自己在道德行为执行过程中,在行为方式方法上的成功经验和失败教训,让他们知道怎样行动和为什么这样行动,还可以运用对比,使学生区分正确与错误的行为方式等等。

(二)培养班集体,形成良好的班风

班风是班集体中绝大多数学生言论、行动和精神状态的一种共同倾向或表现。良好的班风对集体中每一个成员都产生积极的潜移默化的作用。我们在小学里常常看到这种情况:一个不大讲卫生的学生到了一个已形成讲卫生风气的班上,他也会自觉地搞好卫生;一个不大遵守纪律的学生到了一个纪律性很强的班上,就会情不自禁地约束自己。时间长了,这样的学生就会逐渐养成良好的道德行为。

良好的班风是在教师长期培养下逐步形成起来的。教师应结合本班学生的具体情况,通过讲清道理、严格要求、树立榜样、认真检查、反复练习、不断提高等措施,结合正确运用表扬与批评、组织丰富多彩的集体活动等等,使班集体逐步形成良好的风气。

(三)运用榜样学习,使榜样的优良品德转化为儿童自身的品德

儿童有着模仿的天性,成人榜样对儿童行为的影响是巨大的。儿童模仿榜样存在着一般规律:他们开始模仿周围亲近的人,随后模仿距离较远的人;先模仿父母、教师,而后模仿社会上的人;先模仿现实存在的人,而后模仿文学、电影等艺术作品中的人物等等。因此,教育者应利用儿童好模仿的特点,引导学生向先进榜样学

习,让榜样的优良品质陶冶和熏陶着孩子。实验表明,榜样对儿童道德行为的影响是很大的,尤其是说理与榜样结合起来,影响效果最大。在进行榜样学习时,辅以必要的说理是必要的。同时,父母和教师也应严格要求自己言行一致,以利于儿童模仿学习。选择榜样时,应注意榜样的可敬、可信、可亲,符合儿童年龄特征,同时注意纠正儿童模仿中可能出现的"偏差"。

(四)通过"角色扮演"活动,训练儿童的良好道德行为

斯托帕(Staub' E. A. 1971)曾用实验的方法检验了儿童扮演角色的活动对儿童道德行为发展的影响。结果发现,凡是受过互惠训练的儿童比起没有受过这种训练的儿童表现出更多的帮助行为。在实际教育活动中,我们也有如下的做法:让有小偷小摸行为的学生担任班级生活委员,负责保管班费;让行为不良的学生担任班干部,负责对其他学生的行为不良进行检查或纠正;在全班实行一日班长制、班干轮流制、一周班主任制等等。这些角色扮演活动可以使扮演者养成某种角色的行为习惯,形成正确的道德行为。

角色扮演能否成功,取决于扮演者对自己在群体中所处地位的认知是否准确,对角色期待的把握是否得当,也取决于扮演者的角色技巧运用得如何。这是在运用此法时应该考虑的。

(五)运用奖励与惩罚来鼓励儿童重复良好的行为,抑制或减弱不良行为的重现

奖励是运用尊重、荣誉、赞扬或奖品等形式来激励学生的一种教育方法。奖励可以激发儿童的上进心,有利于培养儿童的是非感、自尊心、荣誉感和自我约束能力,鼓励儿童重复良好的行为。奖励的运用,要注意正确选择道德行为,不能引起儿童迅速的满足,同时还要注意奖励的适当时机及符合儿童的年龄特点。

惩罚是对犯有错误的学生给予适当的处置,使其在思想上有所震动、有所警戒,使其今后不再重犯。但惩罚不同于体罚,体罚只会引起学生反感与抵触,而且常受体罚的学生更容易表现出攻

击性,因此我们反对体罚。一般说来,教师可以运用两类惩罚,第一类惩罚是在学生违反纪律的行为发生后施加某种痛苦或厌恶的刺激,以减少违纪行为再次发生的可能性。如批评、警告、记过等等。第二类惩罚是在不良行为发生后,取消学生喜爱的某种刺激,如暂时收回奖励、暂时取消参加某种娱乐活动的权利等等,以减少不良行为再次发生的可能性。当然,惩罚只是一种教育方法,不可不用,也不可乱用,一定要慎重地运用。

训练儿童的道德行为还要坚持长期的练习与实践,可组织各种有益的活动,让学生进行行为训练,并不间断地坚持下去,做到持之以恒,这样才能训练小学儿童具有良好的道德行为习惯。

第九章 教学设计

教学设计是教学活动的重要环节,历来受到教育理论工作者的关注。教育学、心理学、教育技术学等学科都把它作为重要的研究内容,只是它们的研究角度有所不同。心理学侧重从学生学习的心理准备及教学目标的特点出发,探讨教学设计的心理学理论与技术,以提高教师进行教学设计的意识和能力。本章在对教学设计概念等进行说明后,仅就教学目标设计与教学任务分析、教学模式和方法设计作一介绍。

第一节 教学设计概述

一、教学设计及其作用和类型

(一)教学设计的含义

教学设计就是根据教学对象和教学目标,确定合适的教学起点与终点,合理地安排各种教学要素,形成教学方案的过程。通俗地来说,就是教学工作者为了达到一定的教学目标,对教什么(课程内容)和怎么教(教学组织、模式选择、媒体选用等)进行设计。教学设计可由教学设计专业工作者或教学专家来进行,如各种课程软件的开发者;也可由从事教学第一线工作的教师来承担,他们往往把教学设计作为自己备课和授课工作的一个有机组成部分。教学设计是对教学活动的预先分析与决策,是一个制定教学计划的过程,并不是实际的教学活动,但它是教师进行教学活动的依据。

(二)教学设计的作用

教学理论是指导教学工作的基本依据,与具体的教学活动还有很大的距离,并不能直接用来调节实际的教学工作。教学理论只有与教学实践联系起来,才能发挥其指导作用,并在教学实践中得到丰富和完善。教学设计就是教学理论向教学实践转化的桥梁。

首先,教学设计是依据一定的教学理论而进行的,它体现了教学理论关于教学本质、教学功能的基本观点。通过周密的教学设计,抽象的教学理论就转化为具体的教学的方法和技术。从这个意义上来说,教学设计的思想和方法来自于教学理论,是对教学理论所阐述的基本教学规律的具体化。

其次,教学设计活动始终是围绕具体的教学内容而进行的,其任务就是寻找可以用来直接调节教学活动的具体的教学方法和技术。因此,教学设计与具体的教学实践活动也是密不可分的。

二、教学设计的类型

(一)宏观设计

宏观设计是从宏观上确定教学活动的目标体系,制定教学活动计划,确定教学活动的根本方法的教学活动。教学的宏观设计包括四项内容:

1. 制定教学计划。制定教学计划就是根据人才培养的总目标出发,依据教学规律,选择适当数量的课程,确定学生学习的方式,分配和安排教学时间。

2. 制定各门课程的教学大纲。依据本学科在人才培养中的地位和作用,确定本学科的教学目标与具体要求,规定教学内容、教学进度。

3. 编选教材。根据教学大纲的目标与要求,编写或选择适当的教材。教师所使用的课本、教学参考书、讲义、辅导材料等都是教材。

4.制定教学成效考核方法。教学成效的考核,在于了解学生的学业成绩,了解教学目标的实现状态,并对今后的教学活动进行调整。

(二)微观设计

微观设计是针对较为短期的教学活动,确定其教学目标,制定教学方案,选择教学方法的教学活动。教学的微观设计主要包括六项工作:

1.确定教学目标,即确定教学结束时所要达到的结果。

2.了解学生的准备状态,即了解学生原有知识状况、认知水平、认知风格和动机状态。

3.制定教学程序计划。包括安排教学步骤、内容,确定教学的组织形式,选择教学的方式方法及传递经验的媒体。

4.进行教学活动,即执行教学程序计划。

5.确定教学成效考核的内容及方式,以利于确切了解教学的实际效果。对教学成效作出确切的评价,并对教学是否需要继续作出判断。

其中,确定教学目标与了解学生已有准备状态是制定教学程序计划的前提;教学程序计划是改变学生原有状态,实现教学目标的规划;教学活动是教学程序计划的执行过程,即实际实现教学目标的过程;考核与评定是对教学活动成效的客观鉴定,是对教学活动计划是否完成及是否需要修改的检查。

三、教学设计的基本原则

教学过程本身是一个系统,其各个环节、要素彼此紧密联系,针对一个特定的共同目标发挥各自的作用,组成了一个有机的统一体。教学过程的设计既要服从实现当前教学目标的要求,又要符合实现更高层次目标的要求。为此,教学设计应遵循以下基本原则:

1.准备性原则。教学设计的出发点是学习者,教学目标的设计既要考虑教学过程的要求,又要考虑学习者已有的准备状态,力求所设计的教学从最恰当、有利的位置起步。

2. 适当性原则。教学模式、教学方法和教学媒介的选择与设计,既要针对不同学习类型和教学目的,又要考虑学习者不同的性格特点,没有任何一种教学方法或教学媒体是教学成功的灵丹妙药。

3. 反馈性原则。教学成效考评,只能依据教学过程前后的变化以及对学生作业的科学测量,而决不能靠"猜测"和"估计"。测评教学效果的目的也不只是为了排定名次等级,而是为了获取反馈信息去修正、完善原有的教学设计。

4. 系统分析原则。如果教学效果不理想或出了问题,不能只从教与学两方面去寻找原因,更不能一味责怪学习者,还应该从教学设计的各个环节和组成成分去详察细究。

第二节 教学目标分析

一、教学目标分类

(一)布卢姆的教育目标分类

教学目标指学生学习的预期结果或者说是预期的学习活动所要达到的标准。它具有指导教学测量与评价、指导教学策略的选择和引导学生学习的进行等基本功能。为了使教学目标更好地实现其基本功能,自 20 世纪 50 年代开始,美国以布卢姆(B. S. Bloom)为首的一批教育家和心理学家对教育目标进行了长期研究,并相继公布了认知领域的教育目标分类、情感领域教育目标分类、动作技能领域的教育目标分类。其中影响最大的是认知领域的教育目标分类。

1. 认知领域的教育目标。认知领域的教育目标可以分成六级:即知识(实质指记忆)、领会、运用、分析、综合和评价。

2. 情感领域的教育目标。情感领域的教育目标可以分为五级,即接受(注意)、反应、价值化、价值观的组织、价值或价值观的性格化。

3.动作技能的教育目标。动作技能的教育目标可以分为七级,即知觉、定向、在指导下作出反应、机械化反应、复杂的外显反应、适应、创作。

(二)加涅的教育目标分类

著名教育心理学家加涅根据学习的结果,将教育目标分为五类:

1.智慧技能。智慧技能是个体运用有关知识解决实际问题的能力。加涅将智慧技能分为辨别、概念、规则、高级规则四个等级。

2.认知策略。认知策略是学习者调节自己的注意、知觉、记忆、思维等的智力活动的能力。加涅认为,智慧技能指向环境,使学习者能够处理外部信息;而认知策略则是在学习应付环境的过程中,对自己的内部行为的控制。

3.言语信息。言语信息是学习者运用语言符号陈述自己的思想观念的能力。

4.动作技能。动作技能是学习者以平衡而流畅、精确而适时的动作完成一定的外部活动的能力。

5.态度。态度是学习者对人、对物或对某事件的选择倾向。

(三)我国学者对教育目标分类

我国学者把教育目标分为两大类,即智育(狭义的教学)目标和德育(狭义的教育)目标。智育即日常所说的教书,德育即日常所说的育人。

1.智育目标。智育的最终目的是使学生学会"做事",即具有解决问题的本领和创造性解决问题的能力。而要发展学生的解决问题能力和创造能力,必须以大量而丰富的陈述性知识(狭义的知识)、程序性知识(主要是认知策略)和技能(主要是心智技能)的掌握为前提。因此,智育目标包括三个方面:一方面陈述性知识,包括符号、概念和命题三个层次,知识的掌握是一切学习的基础。另一方面认知策略,即学习策略,也包括元认知策略。第三方面心智技能,也叫智力技能或认知技能,认知策略和心智技能既是概念和命题有效学习的条件,也是概念和命题转化为学生能力的重要保证。但是,在传统的理论研究和实际教学中,对此的重视都明显不够。

2. 德育目标。学校德育的最终目的是使学生学会"做人",即成为一个能适应现代社会生活的心理健康的人。要培养个体健康的人格,虽然涉及的影响因素很多,但最根本的是培养学生良好的自我意识、良好的社会态度和高尚的道德品质、良好的人际关系。因此,德育目标也主要包括三个方面:第一,自我意识的培养,包括全面认识自我、正确对待自我和积极控制自我。这是德育工作的出发点和落脚点,是德育工作的重中之重。第二,态度与品德的培养,即培养对待社会和他人的积极态度,具有正确的道德价值观念和良好的道德意志行为。第三,人际关系的调适,即培养学生正确处理个人与集体、与他人的关系,建立和维护健康的人际环境。

二、教学目标的陈述

要使教学目标实现其基本的功能,教师除了要清楚地了解教学目标的类型,还必须善于对教学目标进行适当的陈述。

在传统上,教学目标是以描述内部心理状态的词语来陈述,如"培养学生的文艺欣赏能力"、"发展学生的阅读理解能力"、"体会劳动人民勤劳勇敢、乐于助人的高尚品质"。这些目标中提到的"文艺欣赏能力"、"阅读理解能力"、"体会"都是个体的内部心理状态。这样陈述的教学目标含糊不清,使人无法捉摸,不同的人可能有不同的理解。他们既不能指导教学活动的开展,也不能有效指导教学的测量与评价。为了克服教学目标陈述的含糊性,心理学家提出了三种新的理论和技术。

(一)行为目标

行为目标是用预期学生学习之后将产生的行为变化来陈述的目标,也就是用可观察和可测量的行为来陈述的目标。1962年心理学家马杰(R. P. Mage)提出,为了克服传统教学目标的含糊性,必须取消用描述内部心理状态的术语来陈述目标的方法,代之以用描述行为的术语来陈述目标。

行为目标是以行为主义的刺激—反应模式为基础的,它要求陈述提供什么条件(刺激)和学生能作什么(反应)。只要将刺激和反应规定得具体了,则陈述的目标也就具体了。因此,行为主义者马杰认为,一个陈述得好的行为目标应符合三个条件:一是要说明通过教学后,学生能做什么(或会说什么);二是要规定学生的行为产生的条件;三是要规定符合要求的作业的标准。

例如,本书第三章介绍了心理学关于"学习"的定义。对于这个知识点,按传统方法可以这样陈述目标:"帮助学生深刻理解学习这个概念。"但是怎样证明学生"深刻理解"了呢?"深刻理解"是对学生内在心理状态的描述,不能被观察到。行为目标的提倡者认为,如果要使目标可以被别人观察到,具体而不含糊,就应改用能证明学生表现出"深刻理解的行为"来陈述目标。按照马杰提出的行为目标的三个条件,上述目标改为行为目标,可以这样陈述:"提供若干反映学习和非学习的新例子(行为产生的条件),学生能够识别学习的正例和反例(行为表现),在5个实例中至少有4个识别正确(合格行为的标准)。"这个目标虽未出现"深刻理解"这一术语,但学生必须深刻理解了学习的定义才能表现出目标中规定的行为。这是因为所提供的例子不是学生原先学习过的,而且例子既有正例,也有反例。学生一定要应用已掌握的学习概念才能识别和说明哪些实例属于学习,哪些实例不属于学习。

从教学目标指导测量和评价的功能来看,行为目标的优点是非常清楚的。好的行为目标实际上已蕴涵了学习结果的检测方式

和评价标准。例如,上述关于"学习"的行为目标只要稍加变化,就可以转化为学习结果的测验题:

你认为下面 5 个实例中哪些属于学习,哪些不是,并说明理由。

A. 学生每天早上做广播操;

B. 成人每天浏览报纸;

C. 幼儿初入托儿所怕生人,过几天就不怕了;

D. 成人用筷子吃饭;

E. "近朱者赤,近墨者黑"。 （正确答案为:B. C. E）

应当指出,行为目标只强调了行为的结果,而不注意内在的心理过程。因此,行为目标适合于陈述较简单的教学目标,而陈述较高级的认知目标和情感领域的教育目标则很困难。这是因为,较高级的认知活动和情感活动并不能通过其外部反应而明确地表现出来。同时,依据行为目标进行教学,可能使教师只注意学生表面的行为变化(外在表现),而忽视学生内在的能力与态度品德方面的变化(内在实质),而使教学误入歧途。

（二）内部心理与外显行为相结合的目标

学习的认知观的心理学家认为,学习的实质在于内在心理状态的变化。因此教育的目标不是具体的行为变化,而是内在的能力或情感态度的变化。为此,格伦兰（N. E. Gronlund）提出,采用描述内在心理状态与外显行为表现相结合的方法来陈述目标。

按照内部心理与外显行为相结合的方法来陈述教学目标,首先应明确陈述如记忆、理解、创造、欣赏、热爱、尊重等内在的心理变化,如"培养学生的爱国主义精神",但是,这些内在的心理变化不能直接进行观察和测量。为了使这些内在变化可以观察和测量,还需列举反映这些内在变化的行为样例若干,如"学完本节课后,学生能写一篇赞美祖国的文章并当众朗读"。如果没有行为样例,我们也就失去了评价教学目标究竟是否达到的依据。据此,对于上述"学习"的目标可以这样陈述:"能够理解学习的概念(内部心理描述)";"提供有关学习的新的正例和反例,学生能正确加以识别(行为样例)"等等。

总之,这样陈述的教学目标强调教学的是学习者内在的心理变化,而不是表现这些变化的具体行为实例。这些实例只是表明内在心理变化的许多行为中的行为样例。这样就既避免了严格的行为目标只顾及具体行为变化而忽视内在心理变化的缺点,也克服了用传统方法陈述目标的含糊性。

(三)表现性目标

许多高级的教学目标并不是参加一两次教育活动就能达到的,教师也很难预期一定的教育活动后学生的内在心理将会发生什么变化。如高级认知策略和心智技能的提高,爱国主义情感和健康自我意识的培养,都不是通过一两节课的教育教学就能立竿见影的。为此,艾纳斯(B. W. Eisner)提出了表现性目标,以弥补上述两种陈述方法的不足。

表现性目标只要求教师明确规定学生必须参加的活动,而不必精确规定每个学生应从这些活动中习得什么。例如,爱国主义教育方面的一个表现性目标可以这样陈述:"学生能认真观看学校组织的反映爱国主义的影片,并在小组会上谈自己的观后感。"当然,表现性目标只能作为具体的教学目标的补充,教师切不可依赖这样的目标。否则,教学目标的陈述又会回到传统的老路上去。

(四)教学目标陈述的基本要求

1. 教学目标应陈述通过一定的学习活动后,学生的内在心理状态的变化,如能力提高、态度改善、正确自我观建立等,而不应陈述教师的行为。

2. 陈述得好的教学目标应反映学习的类型,如知识、认知策略、心智技能等。即使在同一学习类型中,也还应反映学生掌握的水平,如知识领域中的目标应反映记忆、理解和运用(包括简单运用和综合运用)三个层次。

3. 教学目标的陈述应力求明确、具体,并可以观察和测量,尽量避免用含糊的和不切实际的语言陈述教学目标。

三、教学任务分析

任务分析也称作业分析,指在开始教学活动之前,预先对教学目标中规定的,需要学生习得的能力或倾向的构成成分及其层次关系进行深入细致的分析,为学习的安排和教学条件的创设提供心理学依据。教学目标的陈述只规定完成一定的教学活动之后,学生应习得的终点能力或行为倾向及其类型,并没有说明这些能力或行为倾向是怎样得来的。教学任务分析则要进一步揭示终点目标得以实现的条件。在实际的教学工作中,多数教师忽略了教学任务分析。

(一)确定学生的起点能力

1. 起点能力。所谓起点能力,指学生在接受新的学习任务之前,他原有知识技能的准备。学生的起点能力是学生习得新能力的内部前提条件,它在很大程度上决定教学的成败。确定学生的起点能力是确定教学空间的关键。所谓教学空间,就是教学目标所确定的教学终末状态(教学目标)与教学开始前学生原有的起始状态(起点能力)之间的心理差距。按照现代认知心理学的解释,教学过程实质上就是一个确定并填补教学空间的过程。教学的目的就是要消除这种差距,即改变学生的原有状态,使其向教学目标所确定的终末状态变化。而当教学目标确定后,确定学生的起点能力的确定便成了确定教学空间的关键。

2. 确定起点能力的方法。确定学生起点能力的方法很多。在一般情况下,教师可以利用学生的作业、小测验或课堂提问等方法了解学生原有的基础。教师也可以通过诊断性的单元测验,来确定学生的起点能力。

一般而言,中小学教材都按照"由简单到复杂,由低级到高级"的顺序安排的。分析教材内容安排的顺序,对确定学生学习的起点能力具有一定的参考价值。例如,假定我们有这样的教学目标:"学完本节教材后,学生能够进行异分母分数的加减运算。"这一教学目标所规定的是教学终点时学生的能力。这一终点能力的达成,需要如下起点能力:第一,能进行同分母分数的加减运算;第二,能通过通分,将异分母分数化为同分母分数。在现行的小学数学教材中,学生总是在掌握了同分母分数的加减运算和通分以后,再学习异分母分数的加减运算。因此,同分母分数加减运算的能力和通分的能力就是形成异分母分数加减运算能力的起点能力。应当指出,起点能力是学生在学习新的学习内容前的实际知识技能水平,通过教材内容安排的顺序来间接地推论学生具有某种起点能力,往往是不可靠的。

(二)分析使能目标及其类型

1. 使能目标。在起点能力到终点能力之间,学生必定有许多知识技能尚未掌握,而掌握这些知识技能又是达到终点目标的前提条件。这些介于起点和终点之间的教学目标就称为使能目标。从起点到终点之间所需要学习的知识、技能越多,则使能目标也越多。一般而言,小学中先后两次教学的知识、技能距离较小,其中的使能目标也比较少。

2. 分析使能目标及其类型的方法。在实际教学过程中,一般是从终点目标出发,来一步一步揭示其使能目标的,如反复提出这样的问题"学生要完成这一目标,他必须预先具备什么能力或倾向?"一直追问到学生的起点能力为止,然后把学生需要掌握的学习目标分层次一一排列出来。下面,我们以皮连生先生对小学二年级学生在简单句中运用结构助词的教学任务分析为例,来说明分析使能目标及其类型的具体方法(括号里所注的是学习的类型):

终点能力： 学生能正确应用三个结构助词造句,填空或改错
　　　　　　　　↓(高级规则学习)
使能目标$_4$： 以正式的句法术语表示句子的主要成分,
　　　　　　　即"谁"—主语
　　　　　　　"干"或"怎么样"—谓语
　　　　　　　"干什么中的什么"—宾语
　　　　　　　　↓(表征学习)
使能目标$_3$： 能把长句缩短,使其基本意思不变
　　　　　　　(进一步认识句子的主要成分与次要成分)
　　　　　　　　↓(句子次要成分概念形成)
使能目标$_2$： 能从长句中找出句子陈述"谁"与"怎么样"或
　　　　　　　"干什么"的部分
　　　　　　　　↓(句子主要成分概念形成)
使能目标$_1$： 能在简单句范围内(不含被动句)识别完整和
　　　　　　　不完整的句子
　　　　　　　　↓(句子概念形成)
起点能力： 1.学生已有大量句子的感性经验
　　　　　　2.已掌握大量口头和书面词汇

(三)分析学习的支持性条件

1.支持性条件。支持性条件也是决定儿童能否达到终点目标的心理因素。但支持性条件与使能目标不同,使能目标是高一级目标(能力或倾向)的组成成分。缺乏它,高一级目标就无法实现,是实现教育目标的必要条件;而支持性条件则只影响实现终点目标的学习活动效率,对新的学习活动起加速或减缓作用。例如,对于某一原理的学习,这一原理所包含的基本概念是它的必要条件,而认知策略、心智技能、学习动机与态度等则是其支持性条件。

2.分析支持性条件的方法。分析支持性条件比分析使能目标

要复杂得多。能否有效地分析支持性条件,是衡量教师教育水平的重要标准之一。通常,教师在实际教学工作可采用以下两种方法分析:一是经验分析法,即根据自己教学工作的成功经验与失败教训,分析有哪些因素会影响教学成效。这是一些经验丰富的教师经常采用的方法。二是分类分析法,即依据有关的教学理论,先将影响教学工作效率的因素划分为不同类别,再根据当前教育目标及其类型逐项分析所需要的支持性条件。

第三节　教学模式和方法的设计

一、教学模式及其结构

教学模式是指宏观意义上的教育方法,是依据特定教学理论设计出来的教学程序系统。任何一种教学模式都包含以下四方面的内容:程序结构、师生交往方式、反馈方式和支持条件。

(一)程序结构

任何一种教学模式都具有稳定的教学程序结构。教学程序结构是对教学活动顺序和教学阶段的安排。这是教学模式的最基本的方面。程序结构都是由一系列独特的有顺序的活动单元所组成的。每一活动单元具有一定的独立性,都有其独特的目标与要求;同时各活动单元之间也是密切联系,后一单元的活动是以前一个单元活动的完成为前提,具有严格的顺序性。

(二)师生交往方式

教学活动是通过师生之间的交往活动实现的。任何一种教学模式都具有特定师生交往方式。这种特定的师生交往方式反映了它所依据的教学理论对教师和学生在教学活动的作用、地位的观点。常见的师生交往方式有三种:

1.教师中心型,又叫集中型。在教师中心型的课堂教学中,教师指定教学活动内容,规定教学目标,确定教学活动的过程与节奏,学生严格按照教师的指导进行学习。这种师生交往方式较好地发挥了教师的主导作用,但忽视了学生的主体性,容易挫伤学生的主动性和积极性。

2.学生中心型,又叫松散型。在学生中心型的课堂教学中,教师只起咨询作用,教学活动的内容、形式由学生自主决定。这种师生交往方式较好地发挥学生的主体性,提高学生的主动性和积极性,但教师主导作用被忽视了。

3.师生互动型,又叫温和型。在师生互动型的课堂教学中,教师和学生共同确定教学活动内容、目标和教学活动的过程。这种师生交往方式既能较好地发挥了教师的主导作用,又发挥了学生的主体性,提高了学生的主动性和积极性。

(三)反馈方式

反馈方式指教师如何看待学生,如何对学生的表现进行反应。在某些模式中,教师要公开奖励学生的某些行为,以此来塑造良好的行为习惯;在另一些模式中,教师对学生的行为不急于作出评价,而是充分发挥学生的创造力,以便他们富有自主性。

(四)支持条件

为了使教学模式达到预期效果,还必须具备的一些支持条件。例如,在人本主义心理学的"非指导性教学模式"中,教师要特别有耐心,而且对学生的活动不多加干涉。此外,任何一种教学模式都要求配备一定的物质条件,如图书、电脑等。

二、教学模式的种类

教学模式的种类繁多,限于篇幅,我们只介绍三种在我国教育工作具有重要参考价值的教学模式。

(一)行为塑造教学模式

该模式是以斯金纳强化理论为基础的。斯金纳认为,当个体在特定的环境(刺激)中做出正确的行为(反应)时,给个体以奖励(强化),可以使个体最终巩固这种行为。因此,只要善于根据个体在特定环境中的行为表现,恰当地进行强化,就能塑造个体的行为。在实际的教学活动中,强化可采用多种方式,可以采用精神奖励,如口头表扬、通报鼓励及友善的微笑等;也可以采用实物奖励,如奖励金钱、实物等;还可以采用活动奖励,如让个体从事自己喜爱的活动。安排强化的方式是行为塑造的关键,通常,在行为塑造的不同时期,就采用不同的强化方式。例如,在新行为开始建立之初,教师应该连续强化;而当新行为模式比较巩固后,教师可以隔几次强化一下。

行为塑造教学模式的基本程序主要分为五个阶段:首先,要确立通过教学要改变哪些不良的行为习惯,建立哪些良好的行为方式,获得哪些知识技能或策略。其次,要对目标行为在当前出现的频率进行详细记录,为计划实施的有效性提供比较的依据。第三,制定行为塑造计划。第四,实施行为塑造计划。第五,评价行为塑造计划实施的结果,并及时调整。在这一模式中,教学活动主要由教师控制,反馈也由教师根据强化方案实施。它一般不需什么硬件设施,但要求教师有足够的耐心和恒心。

(二)科学探究教学模式

该模式是舒赫曼在认真观察科学家的创造性探索活动基础上,依据布鲁纳的"发现学习"教学理论,通过科学分析而概括成型的。布鲁纳和舒赫曼认为,学生天生对一切新奇的事物感兴趣,这种自发的好奇心促使人们在面对陌生的现象时尽力去寻找其发生的原因。因此,教师在教学中的作用就是,积极为学生创设问题情境,鼓励学生自己提出问题、分析问题、提出假设并最终解决问题。学生在提问和形成假设的过程中,教师只对其对错进行"是"、"否"判断,学生不能要求教师进行解释,以教给他们发现事物变化规律的一般思维方式。

一般认为,科学探究教学模式的基本程序包含四个阶段:首先,教师要向学生呈现一个令人困惑的问题情境,同时告诉学生如何提问;其次,学生独立地收集信息并进行实验;第三,在学生收集信息并进行实验验证后,教师应鼓励学生自己对问题作出解释。第四,教师组织学生讨论,帮助学生反思自己解决问题过程,概括自己科学探究的策略。科学探究教学模式的宗旨是要人们意识到并掌握科学探究的过程,而不仅仅是找到问题的答案。在这一模式中,师生之间是一种既合作又严密的关系,师生比较平等,学生可以自由自主地进行探究,也有利于发展学生的自控能力。

(三)"先行组织者"教学模式

"先行组织者"教学模式是乔伊斯依据奥苏伯尔的"认知同化论"提出的课堂讲授法教学模式。奥苏伯尔认为,学生的学习是通过接受学习获得新的学习材料意义的过程。学生对新学习材料意义的获得是原有认知结构对新知识的同化。这种同化能否顺利进行,很大程度取决于原有认知结构的特点。首先,原有认知结构具有可利用性,即原有认知结构中的有关知识要与新知识有逻辑联系;其次,原有认知结构要具有可辨别性,即原有认知结构中的知识要能与新知识清晰地分辨开来;第三,原有认知结构要具有稳定性,即原有认知结构中的有关知识必须比较巩固的,具有一定稳定性。

"先行组织者"教学模式设计的基本思想就是通过提高学生原有认知结构的可利用性、可辨别性和稳定性,来促进学生学习过程中的认知同化。"先行组织者"就是指在学习新的学习内容前,让学生学习一个引导性的学习材料,这个引导性材料或是为新知识的学习提供一个可利用的知识框架;或是为了与新学习的知识进行辨别;或是对学习新知识所需要的原有知识进行巩固。按照该教学模式,课堂讲授教学的教学过程一般包括如下三步:

1. 呈现"先行组织者"。在这个阶段有两项任务:第一,要阐明课程目标,这是吸引学生注意并使他们指向学习任务的途径之一。第二,呈现"先行组织者"。呈现"先行组织者"就是以学生熟悉的语言呈现,为新的学习提供一个认知的框架,或者为新旧知识的联系架设桥梁。组织者可以是陈述性的,也可以是比较性的,前者为新的学习提供一个固定点,后者侧重比较新旧知识的异同。

2.讲授新知识。新材料通过讲授法,也可以通过其他方法,如小组讨论、多媒体等方式呈现。在此阶段,一是要维持学生的注意,二是要对学习材料进行清晰的组织。

3.巩固新旧知识的联系。这一阶段的目的是加强学生把新知识与教师最初提出的"先行组织者"中的知识的联系。教师可以采用如下措施:第一,提示学生如何对新知识的具体细节进行归纳;第二,提问学生,看他们是否理解了新知识,是否能对新知识与原有知识进行清晰的辨别和多方面的联系;第三,让学生自己提问,让他们对学科内容进行评价,并在更高的层次上对新旧知识进行概括。

第十章　课堂管理心理

课堂管理是教师在教学活动中,通过协调课堂内各种人际关系,吸引学生积极参与课堂活动,使课堂环境达到最优化状态,从而实现预定教学目标的过程。课堂是教学的主要场所,良好的课堂管理保证了教学目标的实现,并可促进学生的身心健康。具体地说,它具有促进和维持两大功能,主要通过课堂气氛的营造和课堂纪律的管理来实现的。本章主要讨论课堂管理的含义和功能、课堂管理应遵循的基本原则、影响课堂管理的主要因素以及如何营造良好的课堂心理气氛和课堂学习纪律管理等一系列问题。

第一节　课堂管理概述

一、课堂管理的含义

管理是指由管理者通过协调他人的活动,以便取得效果大于个体单独活动效果之和的过程。课堂管理是管理的一种特殊形式,与一般管理相比,既有相同之处,又有其特有的性质。课堂管理是一种协调和控制的过程,是指教师在教学活动中通过协调课堂内各种人际关系,吸引学生积极参与课堂活动,使课堂环境达到最优化的状态,从而实现预定教学目标的过程。

具体来看,课堂管理是由一系列要素构成的有机统一体。其管理主体是教师,管理环境是课堂,管理客体是各种人际关系,如师生关系和生生关系,管理目标是实现预定的教学目标。

二、课堂管理的功能

(一)课堂管理的促进功能

教师在课堂中主动地创设能促进教学的课堂环境,满足学生合理的需要,调动学生积极性,最大限度地发挥学生潜能,从而促进学生的学习,这就是课堂管理的促进功能。课堂管理的促进功能不是通过严厉斥责或放任自流来实现的,而是教师运用管理学、心理学、教育学等一系列相关知识,通过各种途径来起到促进作用的,具体表现为以下几方面:协调好课堂内各种人际关系;正确处理课堂中正式群体和非正式群体的关系;创造良好的课堂气氛;使学生明确教学目标,朝着预定的目标前进。

(二)课堂管理的维持功能

教学活动需要一个良好的环境,课堂管理能维持课堂教学的正常秩序,保证课堂教学活动的顺利进行,这就是课堂管理的维持功能。课堂教学不是一个静态的过程,而是动态变化的过程,在教学过程中难免会遇到各种与课堂教学目标相违背的因素干扰。为了保证教学目标的实现,教师必须有意识地排除消极因素的影响,使教学得以顺利进行。课堂管理的维持功能主要表现在以下几个方面:减少突发事件,缓解冲突;维持课堂纪律;课堂管理有利于维持良好的课堂气氛。

课堂教学的内容不会全是学生感兴趣的东西,有的内容本身就枯燥乏味,如果教学方法不得当,那么势必会造成课堂里死气沉沉,学生无精打采或者交头接耳。而课堂管理如不能及时处理或排除这些不利因素的影响,则会造成课堂秩序混乱,影响教学效果。

三、课堂管理的基本原则

为了最大限度地发挥课堂情境中的积极因素作用,减小消极因素的影响,必须对课堂情境进行调节和控制,加强课堂管理。总的来说对课堂教学环境的调控应从整体出发,对课堂中各方面因素进行规划和调整,使其有机统一为和谐整体,使课堂在促进学生身心发展和提高教学效率方面起到了积极作用。同时,教师可以通过增强或强调课堂中的某些因素,有意识形成有利的课堂环境来影响教学。并且在课堂管理同时,重视提高学生的自觉性和主动性,营造良好的课堂气氛,使整个课堂情境达到最优化状态。总之,课堂管理途径和方法有很多,但在具体施行时都应该遵循一些基本的原则。

(一)充分了解学生的需要

需要是个体行为和心理活动的内部动力,是个体积极性的源泉。需要越强烈,由此引起的行为强度也就越大;同时,需要也是人认识过程的内部动力,学生为了满足认知需要必须对有关事物进行知觉、记忆、思维等。学生需要的满足程度直接体现于他的情绪之中,另外,学生需要的满足过程又体现于学生的意志行为之中。所以,学生的各种需要是其心理活动的动力,是对教学活动的一种心理需求,因此,在课堂管理中应高度重视学生的需要。学生的需要是内因,教学活动只有通过内因才能取得好的效果,如果无视学生的需要进行课堂管理,那么只会事倍功半,并且极有可能导致学生身心受到伤害。

(二)创造积极的课堂人际关系

教学过程,顾名思义其本身就是一个互动过程,是教师的教与学生学的有机统一。要想提高教学效率,师生之间必须进行广泛的信息交流和情感共鸣。处于合理的师生关系和教师领导方式中,师生双方在心理上具有很大的相容性,学生乐于接受教师所传授的知识和技能,乐于听取教师所提出的指导性意见,对教师所采取的教育措施学生多给予配合,学生从心理上接受教师,并易受到教师榜样示范作用的影响。教师在这种师生关系中,一般都热爱学生并且理解学生,容易对学生产生移情,能从学生的角度考虑问题,从而,自己的教育措施更有针对性,更容易被学生接受,从而产生积极的教学效果。

学生群体中同伴间的交往对学习的动机、兴趣以及理想、价值观等都有很大影响,并直接制约课堂管理效果。学生之间由于处于一种平等地位,具有更多的相似性,他们之间的榜样示范作用更易被内化。良好的学生关系能使学生互相帮助,共同进步。在课堂中,学生之间发生相互作用,可能会出现竞争与合作的学习情境。在合作的学习情境中学生之间关系融洽,互相信任,互相帮助,取长补短,学习氛围好。而在竞争的学习情境中,每个个体之间缺乏信任和沟通,因而可能导致学生关系的紧张。但同时,竞争在某种程度上也激发了学生的积极性,使其获得成就感。因此,教师应鼓励学生之间的合作学习,而对竞争应予以有效的调节与控制,使得在两种学习情境中,均能保证学生关系融洽,创造有利于学习的同伴关系。

(三)采取有效的教学措施

作为一名优秀教师,应该熟练地掌握教学过程中的每个环节,实施有创造性的教学措施,减少干扰因素的存在,把学生的精力集中到学习上来,使整个课堂情境确实以教学为中心,保证能很好地完成教学任务。

首先,教师要根据学生的心理需要、身心特征等确定教学目标,并相应对教学内容作合理的规划、周密安排。既考虑到学科内在的逻辑体系,又考虑到学生的实际接受能力和水平。经过认真分析,确定最佳的教学方案。其次,为了达到教学目标,在课堂教学过程中应对学生进行适当的管理,保证课堂秩序良好,同时还要使用一些有效的教学方法,使学生对教学内容产生兴趣,并自觉主动地学习,从而学得轻松有效。教师在教学中最为重要的一点是教会学生如何学习,向学生提供学法指导,使学生实现高效率的学习。最后,教师还应对学生的学习结果进行考核与评价,对学生的成绩给予肯定,同时找出存在的问题,以便进一步改进,使课堂教学有的放矢,更有针对性。

(四)建立相对稳定的课堂规范

为了实现班集体的目标,有一个约束班级中每一个成员的规范是非常必要的。课堂是进行教学的场所,为了保证教学活动有条不紊地进行,必须有一个统一的课堂规范,并使其固定化,具有相对稳定性。例如,上课不迟到、不早退,迟到了要征得老师同意方可进入教室,上课时,不得无故大声喧哗,发言要举手等等基本的行为准则。课堂规范应是课堂管理的依据,制定规范时应考虑到学生的实际及对教学活动正常进行的必要性,这样的课堂规范才不会形同虚设,起到预想的约束作用。课堂规范一旦形成,就会对集体成员产生了普遍的约束力。但只有学生清楚地了解并理解这些规范,他们才会自觉地遵守规范。因此,学生入学时,教师就应让其了解规范及其必要性,使学生在正确认识的基础上逐渐形成符合规范的行为习惯。学生也只有自觉地将规范内化为自己的信念时,规范才真正具有约束力。学生不仅可用规范来约束自己的行为,还可用规范来评价别人的言行,通过班级舆论以纠正偏离规范的有过失者的行为。教师在评价学生言行时也应以课堂规范为判断标准,一旦出现违纪行为,处理也会有章可循。

第二节 课堂心理气氛及营造

一、课堂心理气氛的含义

心理气氛是指群体中占优势的人们的某些态度与情感的综合表现。它反映了群体的精神面貌,使每个群体都有区别于其他群体的独特风格和作风,给群体活动染上一层特殊的色彩。心理气氛是由群体成员共同形成的,对每个成员的心理和行为都将产生一定的影响。

课堂心理气氛是班集体在课堂上所表现出来的心理气氛,通常是指课堂里某些占优势的态度与情感的综合状态。个别学生的态度与情感并不构成课堂心理气氛,但多数学生的态度与情感就会组合成占优势的综合状态而形成课堂心理气氛。也就是说,课堂心理气氛主要指群体的心理状态,是在课堂活动中师生相互交往所表现出来的相对稳定的知觉、注意、情感、意志、定势和思维等心理状态。一般地认为,课堂心理气氛是由教师的教风、学生的学风以及教室中的环境作用所形成的一种心理状态。教师是课堂教学的组织者、领导者、管理者,教师教风的优劣是课堂心理气氛的决定因素。教师的教风,是由教师的教学思想、教学态度、教学能力、教学风格、治学精神、管理方式,特别是道德品质和行为等多种心理成分构成的。学生是课堂活动中的主体,学生学风的好坏是影响课堂心理气氛的重要因素。学生的学风是通过学生的学习态度、道德品质和行为、组织纪律性、团结协作、尊敬师长、爱护公物、关心同学、热爱集体、自学互学、刻苦勤学等方面表现出来的。教风与学风之间是相辅相成的,教风影响着学风的形成和发展,而学风的形成和发展又制约着教风的提高和完善。

二、课堂心理气氛的类型

在通常情况下,课堂心理气氛可以分成积极的、消极的和对抗的三种类型。积极的课堂心理气氛是恬静与活跃、热烈与深沉、宽松与严谨的有机统一。也就是说,课堂情境符合学生的求知欲和心理发展特点,学生注意力高度集中,思维活跃,课堂发言踊跃,课堂纪律良好,学生时刻注意听取教师的讲授或同学的发言,并紧张而深刻地思考。师生之间、生生之间关系和谐融洽,师生双方都有饱满的热情,配合默契。课堂里听不到教师的呵斥,看不到僵局和苦恼的阴影,有的是教师适时的提醒、恰当的点拨、积极的引导,学生产生了满意、愉快、羡慕、互谅、互助等积极的态度和体验,课堂心理气氛宽松而不涣散,严谨而不紧张。

消极的课堂心理气氛通常以学生的紧张拘谨、心不在焉、反应迟钝为基本特征。也就是说,课堂情境不能满足学生的学习需要,背离了学生心理发展的特点,学生注意力分散、情绪压抑、无精打采、小动作多,有的甚至打瞌睡。对教师的要求,学生一般采取应付的态度,很少积极主动发言。有时学生害怕上课或上课时情绪紧张焦虑。师生关系不融洽,学生之间不友好,学生易产生不满意、压抑、烦闷、厌恶、恐惧、紧张、高焦虑等消极的态度和体验。

对抗的课堂心理气氛则是一种失控的课堂气氛。在课堂活动中,学生过度兴奋、各行其是、随便插嘴、故意捣乱。教师则失去了对课堂的驾驭和控制能力,因此,有时不得不中止讲课而维持秩序。

三、良好课堂心理气氛的营造

课堂心理气氛是学生课堂学习赖以发生的心理背景。它作为学习心理活动与学习的个性特征之间的中介因素,是通过影响课堂活动中学生的学习动机、学习行为、学习情感体验以及评价效应,进而制约学生课堂学习效率。在不同的课堂心理气氛中,学生的学习积极性、学习兴趣、学习情感体验、学习注意力是有很大差异的,学习中的智力活动和操作活动也有较大区别,这些必然会影响学习效率。有人曾对一个班的语文课调查发现,同一个班级,在不同的课堂心理气氛下效果相差悬殊:在良好心理气氛下,课堂提问15个,其中8个质量较高,发言24人次,其中7人次有创见;而在不良心理气氛下,提问仅4个,发言10人次,质量均较差无创见。两周后测验又表明,前者巩固率为90%,后者仅为72%。该研究表明,积极健康良好的课堂心理气氛,有助于提高学习效率;相反,则降低学习效率。

有关研究表明,人的心理状态既能提高人的各种心理机能,也能降低人的各种心理机能,活动效率对心理状态的依赖程度高达±70%的变动幅度。积极良好和谐愉快的课堂心理气氛能使学生大脑皮层处于兴奋状态,有利于学生的智力活动。在这种心理气氛下,学生视野宽阔,思维敏捷深刻,想像力丰富活跃,记忆力增强,精力旺盛,积极主动。且容易受到"社会助长作用"的影响,能引起学生兴趣,从而更好地接受新知识,并在新知识的基础上分析、综合、联想、推理,进行创造性学习。而消极压抑的课堂心理气氛易使学生的智力活动受到抑制,思路狭窄,思维变得呆板拘谨。虽然被迫接受了一定的知识,但难以独立进取、积极探索,不利于学生的创造性学习。

积极良好的课堂心理气氛也是促进学生社会化的重要条件,它主要是通过暗示和流行来发挥作用的。因为课堂心理气氛会通过教师和学生的言语或非言语而暗示他人。暗示是在无压力的情况下产生的,表现为无意识的或不由自主的屈从,使被暗示者产生与刺激者相同的情绪,并有可能产生由相同情绪控制下的行为。同时,课堂心理气氛也会使许多学生追求某种行为方式,从而导致学生间产生连锁性的感染,这就是流行。流行的行为往往被烙上切合时宜的印记,促使学生们追随它,从而发挥了统一学生行为的功能。同时,流行又能引导学生们摆脱现状,具有创新功能。

综上所述,课堂心理气氛影响着学生的学习效益和人格发展以及社会化进程。良好的课堂心理气氛,对于提高教与学的质量具有重要的影响。而良好课堂心理气氛的营造,需要教师的精心组织和主动创设,教师是良好课堂心理气氛的创设者和维护者。营造良好的课堂心理气氛包含创设和调控两层含义,通常采取下列策略。

(一) 正确鉴定课堂心理气氛的现状

鉴定课堂心理气氛是营造良好课堂心理气氛的前提和基础。鉴定方法主要有观察法、访谈法、问卷调查法、心理测量法等。我国学者柳夕浪根据课堂心理气氛的内涵,从课堂敢为、课堂不适、课堂交往、课堂态度等四个方面编制了《课堂心理气氛调查问卷》。其中课堂敢为因子主要调查课堂上学生是否敢于讲话、不怕出差错的倾向;课堂不适因子主要调查课堂上学生是否产生焦虑及其焦虑程度;课堂交往因子主要调查课堂上学生与他人交往的愿望、交流学习的情况;课堂态度因子主要调查学生基于对课堂学习目的的认识而产生的情绪反应。根据测量结果可以了解课堂心理气氛的现状。

(二)公正评价,合理期望

教育心理学的大量实验研究表明,教师期望的自我实现性预言效应是确实存在的。教师对学生的高期望会促使学生向好的方向发展,教师对学生的低期望则会使学生越来越差。教师在课堂教学中往往是通过一些特定的行为来向学生传达他们的期望信息,只有当教师在传达期望信息时,采取恰当的方式,准确把握、合理评价每位学生,坚信"只要给予足够的学习时间和适当的教学,几乎所有的学生对几乎所有的学习内容都可以达到掌握的程度",形成适度的高期望,才可能形成良好的课堂心理气氛。

(三)教师要以自己积极的情感感染学生

师生的情感共鸣是课堂心理气氛的重要变量。现代教学论认为,教学过程不仅是传授知识的过程,而且更是师生在理性、情感方面的动态发展过程。学生是否乐于接受教师所传授的信息,关键在于该信息能否满足学生的情感需要。课堂教学中要使师生双方的意图、观点和情感连结起来,教师传授的知识、提供的信息能使学生产生强烈的求知欲望、积极的思维活动和强烈的内心体验,教师就必须增加情感投入,赋予知识、信息以特定的情感色彩,实施情感性教学,以教师自身的情感体验营造良好和谐的课堂心理气氛。教师本身的情感状态,可以对学生产生共鸣作用,使学生受到潜移默化的影响,使课堂中出现某种心理气氛。这就要求教师在教学过程中倾注积极的情感和真诚的爱心,用情感和爱心去感染和打动学生,让他们伴随着丰富而快乐的情感体验参与教学过程。诸多优秀教师的经验说明,教师的积极情感有助于良好课堂心理气氛的形成。此外,它还要求教师能够深入到学生内心,体验学生的情感,把自己的情感倾注到学生身上,重视与学生的情感交流,缩短因教师的权威、地位、角色而产生的与学生间的心理距离,增强与学生在心理上的合作,以让学生能够"亲其师,信其道"。教师的师爱是调控课堂心理气氛的长久动力源泉。

(四)树立教师的教育威信

教师是课堂教学的组织者和领导者,其人格魅力和教育威信,是一种巨大的精神力量,具有很强的教育作用,是影响学生情感体验,制约课堂心理气氛的重要因素。教师在课堂活动中,不应把自己看成是发指令、提要求、检查执行结果的监督者,而应看作是教学活动中平等的一员。在学生成长过程中,教师还应逐渐放松对学生的权力控制,以平等的态度对待学生,以民主的方式指导和组织教学,以适应学生日益增强的成人感和独立性的需要,促进学生自我定向和自律能力的发展。教师在课堂活动中要处处严格要求自己,以身作则,为人师表,用自己良好的威信影响学生,给全班学生以积极的情绪体验,以创造良好的课堂心理气氛。

(五)教师要合理利用信息传递

教师所传递的信息也是影响课堂心理气氛的重要因素。教师所传授的教学内容是否新颖、科学,教学结构是否严密,对内容的表述是否形象、生动、具体,教学内容是否符合学生的实际等都会影响知识的可信度。另外,教学信息传递的渠道、媒体、风格等构成的传播方式也会制约信息的可接受程度。只有当学生认为教师所传递的信息是可信的、可接受的,他们的课堂心理状态才会是积极的、活跃的,课堂心理气氛才会是和谐的。因此,教师对所传递知识的准备、对传递途径方法的处理应该成为课堂心理气氛调控的重要环节。诸如教师所传授的内容和所提出的要求应难易适度,即应有一定的难度,但这个难度又不是不可逾越的。当学生经过努力,克服了困难,取得了学习上的胜利时,就会感到自己的智慧和毅力的力量,体验到一种刻苦努力获得成功的幸福和喜悦,学习情绪和课堂心理气氛就会为之大振。

(六)重视课堂教学中的多向交往,建立良好的班级人际关系

课堂教学中师生、生生之间的交叉联系,称之为多向交往。多向交往具有多层次性、自主性、求异性、情趣性、差异性等特点,因此,它能够满足学生的求知欲,发挥学生的主观能动性,提高学生的自学能力以及学生的智力活动水平,符合因材施教的特点。因此,教师重视课堂教学中的多向交往,便能营造良好的课堂心理气氛。师生关系融洽,教师热爱、信任学生,学生尊重、敬仰教师,可以导致积极、健康、愉快、活跃的课堂心理气氛;相反,不和谐、僵化、紧张的师生关系则容易酿成消极、沉闷甚至一触即发的紧张课堂心理气氛。从生生关系来看,也有类似的情况。同学之间团结友爱容易使课堂形成互相尊重、体谅、友好的学习风气;同学之间如果不和睦,矛盾重重,课堂上就容易出现嘲讽、攻击、紧张、压抑等不健康的心理气氛。

(七)维持学生在课堂学习中的良好心理状态

心理状态是个体在一定时间内心理活动相对稳定的状况与水平。学生在课堂学习中的心理状态是直接影响其学习效率和课堂心理气氛的重要条件。因此,在课堂教学中,教师要善于观察了解学生的心理状态,自觉激发学生良好心理状态的产生,有意识消除不良心理状态。首先,教师应从学生非言语行为中了解学生的心理状态,即从学生在课堂学习中的表情、目光、动作、姿势等方面观察、了解其心理状态。其次,教师应满腔热情,激发学生产生和保持良好的心理状态。如教师一句热情而富有鼓励性的话语,一个亲切而信任的目光,都可能会引起学生的兴奋感、愉快感、责任感,产生积极的心理状态。再次,课堂教学中要不断消除和克服学生学习中出现的不良心理状态,这可从两个方面入手:一是分析产生不良心理状态的原因,二是要消除课堂教学中师生双方在认知、情感、动机、兴趣、注意、意志、性格、师生关系等方面的心理障碍。

第三节　课堂学习纪律的管理

一、课堂学习纪律的含义

课堂学习纪律是指在课堂学习环境中,学生必须共同遵守的课堂行为规范,是对学生课堂行为所施加的外部准则和控制,是课堂教学得以顺利进行的重要前提和条件。它可以维持良好的课堂学习秩序,以利于提高教学质量和学习效率。当这种行为规范被学生自觉接受并内化以后,学生就能自觉地自我指导和自我监督,达到自律阶段,这是课堂学习纪律管理的最高境界。良好的课堂学习纪律具有如下特征:

(一)约束性

课堂学习纪律是维护课堂秩序、调控学生课堂行为所必需的,它要求所有学生均应共同遵守。

(二)标准性

课堂学习纪律本身是一种行为准则、标准,它是衡量学生课堂行为是与非的依据。

(三)自律性

课堂学习纪律是一种外部行为准则和规范,它对学生课堂行为的监督、调控功能的发挥,有待于学生对其内化,逐渐形成自觉的纪律。

二、课堂学习纪律的功能

(一)社会化功能

课堂学习纪律是学生课堂行为的定向工具。学生在课堂学习过程中,总要受课堂学习纪律的制约。学生遵守课堂学习纪律的过程,也是学生为社会和教师赞同与容许的社会行为准则的过程。对这些外部课堂行为准则、规范的接受和内化,则会有助于学生的社会化。

（二）促进学生人格完善与优化的功能

因为学生在遵守课堂学习纪律的过程中,会逐步形成和发展独立性、自信、自我控制、坚持、忍耐等优良的人格品质。

（三）稳定学生情绪的功能

在课堂学习过程中,没有外部的控制与指导,学生往往显得手足无措,情绪不安。而课堂学习纪律使得学生的行为有所依循,可避免行为的迷惑、担心,降低过度焦虑,从而稳定学生的情绪。

（四）发展良好道德品质的功能

课堂学习纪律以强制的力量促使外部行为规范积极内化,有助于学生接受道德准则,形成道德责任感和义务感,使学生把外部的行为规范与自己的自觉要求有机地结合起来,从而自觉地遵守道德规范,形成和发展良好的道德品质。

（五）调控与监督的功能

课堂学习纪律是学校和教师用以约束学生课堂行为,调控学生学习活动,维持课堂秩序的工具和手段。

三、课堂学习纪律管理的一般策略

（一）建立积极、正向、有序的课堂规则

要管理好课堂学习纪律,必须建立制度化的课堂规则,明确规范学生在课堂中的行为。良好的课堂秩序是课堂学习纪律管理的目标,是在建立积极、正向、有序的课堂规则的过程中实现的。没有适宜的课堂规则,就不会有良好的课堂秩序,也不可能管理好课堂学习纪律。

课堂规则是在学期或学年初期阶段,通过师生共同讨论制定的明确具体的课堂行为的规范和要求,它是对学生在课堂中的期望行为。课堂规则的内容是多种多样的,几乎涵盖课堂的所有方面。从适用规则的活动性质来看,主要有出入课堂规则、点名规则、上下课规则、课间规则、值日生规则等内容;从适用规则的项目性质来看,主要有道德方面的规则、秩序方面的规则、人际方面的

规则、安全方面的规则和学习方面的规则等内容。

课堂规则制定的依据主要有法令与规章、学校与班级的传统、学生及家长的期望、课堂风气等四个方面。课堂规则制定的方法有自然形成法、引导制定法、参照制定法、移植替代法等,其中引导制定法又有三种方式:一是,先由教师设计某种规则,再由学生讨论后形成为课堂规则的自上而生法;二是,先由学生自己发动,建议设立某种规则,再由教师许可而形成为课堂规则的自下而生法;三是,由师生共同讨论制定课堂规则的上下交融法。

(二)合理组织课堂教学结构,维持学生学习的注意力和兴趣

争取更多学生把更多的时间用于学习,既是课堂学习纪律管理的重要目标之一,又是课堂学习纪律管理的有效策略之一。这就要求教师合理组织课堂教学结构,优化时间意识,注重课堂时间管理的策略,维持学生学习的注意力和兴趣,从而提高课堂教学效率。

在通常情况下,学生在课堂内的学业学习时间越多,学业成就便越高。据美国一些心理学家研究,若学生每天在校时间为5小时,学生学业学习时间最多的班级平均为111分钟,而最少的班级平均才16分钟,几乎相差7倍。虽然学生很难做到将在课堂上的每一分钟都用于学习并获得成功,但学生不宜将过多的时间花费在活动转换、学习准备、无事可干、思想开小差、课堂违纪等方面。但我国中小学课堂教学的实践证明,很大一部分教学时间被浪费。如有些教师教学计划不周密,教学内容安排不当,缺乏教学设计,在课堂纪律上耗费过多时间等,这些均会影响教学时间。这就要求教师应使得更多学生把更多的课堂时间变为学业学习时间,为此,教师必须合理组织课堂教学,维持学生学习的注意力和兴趣,这一方面能提高课堂教学效率和学生的学业成绩,同时也从积极意义上维持了课堂学习纪律。

美国心理学家恩梅、伊伏特逊等人研究认为,学生在课堂上的

学业学习时间取决于学生对功课的注意和兴趣。他们提出了学生学业学习时间最大化的一些策略,如增加参与、保持动量、保持教学的流畅性、管理过渡、上课时维持团体的注意焦点等。

增加参与要求教师的教学内容符合学生的需要,生动有趣,有参与性,与学生兴趣有关,学生愿意积极参与。教学方法要能激起学生的兴趣,如可采用悬念、精心提问和讨论的方法,不断变换刺激角度,集中学生的注意力。此外,教师还要把握课堂里的最佳时域。

保持动量是指课堂教学要有紧凑的教学结构,避免打断或放慢,以使得学生总有学业任务。保持动量要求教师课前做好充分准备,如确定教学目标、精心设计教案、选择教学策略、备好教具等;课堂上要合理安排教学进度和节奏,选择适宜的课堂密度、课堂强度、课堂难度、课堂速度和课堂激情度;此外,教师要讲究语言艺术,语言要精炼,不拖泥带水。

教学的流畅性是指不断地注意教学意义的连续性,亦即课堂上从一个活动转向另一个活动时所花的时间极少,并且能给学生一个注意信号。因此,教师要保持教学的流畅性,就必须在课堂教学中给学生以有效足够的信息量,形成序列刺激,激活学生的接受能力,以维持学生学习的注意力和兴趣。课堂信息量过少、环节松散,或信息量过多、密度过大,都会破坏教学的流畅性,易使学生产生纪律问题,进而减少学生学业学习时间,降低学习效率。

过渡是指从一个活动向另一个活动的变化,如从讲授到讨论、从一门课程到另一门课程等。过渡是课堂管理的"缝隙",课堂秩序最容易被打乱,因此过渡管理应遵循三条规则:第一,过渡时应给学生一个明确的信号;第二,在作出过渡之前,学生要明确收到信号后该做什么;第三,过渡时所有的人同时进行,不要一次一个学生地进行。只有这样才能提高过渡时间效率,确保教学的各项活动顺利衔接,以增加学生学业学习时间,预防和减少学习纪律问题。

上课时维持团体的注意焦点,这是指运用课堂组织策略和提问技术,确保班上所有的学生在课堂教学的每一部分都投入到学习中去,即使教师只是叫起一个学生回答问题时也是如此。在课堂教学中常常见到教师让一两个学生上黑板演算或回答问题,而其他学生都无事可做,这样必然会出现更多的课堂纪律问题。因此,教师必须注意把所有学生都吸引到课堂活动中来,增加他们的学业学习时间,以避免多数学生长时间作旁观者的活动。上课时运用维持团体的注意焦点的策略包括说明义务和团体警觉两种方式。

(三)做"有效管理者"

科林(Kounin,1970)等在一个课堂管理研究中观察比较了有效管理者和无效管理者的行为。他认为,有效管理者善于预防问题,善于引导学生不断地变换活动,善于把学生的注意力集中在学业学习上,不给学生空闲的时间,善于把管理全班和注意个别学生结合起来。科林等在研究的基础上进一步总结出,有效管理者具备明察秋毫、一心多用、整体关注和变换管理等四个特征。

明察秋毫　科林认为明察秋毫是教师应让学生知道,他注意到了课堂里发生的每一件事,并且尽量避免被少数几个学生吸引或只与他们交流,因为这变相鼓励了班上其他人心不在焉。教师在扫视全班,并与个别学生保持目光接触中,学生就会知道自己一直在受教师监督。有些教师甚至在黑板上板书时都知道谁在做小动作,仿佛长有一双后眼睛似的。他们处理纪律问题及时、准确,不会犯"时机错误"(等很长时间才进行干预),或"目标错误"(处理错了学生)。

一心多用　是指同时注意或监督几种活动,这样才能使教师不断地监控全班。

整体关注　是指应让所有的学生都投入到课堂学习活动中,

而避免把注意力集中在一两个学生身上。例如,教师可能要求某一两个学生上黑板演算,同时让其他同学在座位上演算。科林认为如果教师让某一个学生做一件事,而让全班其他学生等待观望时,最容易产生学习纪律问题。

变换管理 是指教师要恰当组织课堂教学程序,以使各种活动顺利过渡。科林指出,有效管理者会避免过渡问题中的"慢悠悠(Slowdown)",它是指开始一个新的活动花去太长的时间,以致学生对新活动丧失了兴趣而出现了学习纪律问题。

(四)区别对待课堂环境中的三种行为

加拿大教育心理学家江绍伦教授将学生在课堂内的行为划分为积极行为、中性行为和消极行为三种形式。积极行为是指那些与促进教学目标相联系的行为。有效的课堂学习纪律管理,应鼓励学生的积极行为,建立积极行为的正向强化,从而发展学生良好的课堂学习行为,抑制课堂纪律问题。积极行为的强化方式有社会强化、活动强化、行为协议和替代强化等四种。社会强化主要运用面部表情、身体接触、语言文字等;活动强化是指当学生表现出具体的课堂积极行为时,允许学生参与其最喜爱的活动,或提供较好的机会与条件;行为协议是指教师和学生共同制定旨在鼓励和强化积极行为的协议,例如"如果期中考试平均成绩达到80分,就可以奖励一支钢笔"等;替代强化是指教师所做的具体行为示范充当了替代强化物,学生会模仿或学习。

消极行为是指那些明显干扰课堂教学秩序的行为。教师要针对消极行为的轻重程度选择有效的制止方法,及时制止消极行为。通常采用的制止方法主要有:信号暗示、使用幽默、创设情境、转消注意、消除媒介、正确批评、劝其暂离课堂、利用惩罚等。

中性行为是指那些既不增进又不干扰课堂教学的学习行为,如静坐在座位上思想开小差,看言情或武侠小说,在座位上不出声地睡觉等。中性行为是积极与消极这两个极端之间不可缺少的过渡环节,教师应发挥中性行为的中介作用。有管理经验的教师总是强化鼓励学生的积极行为,抑制消极行为,使其成为中性的力量。在日常管理中,有些教师不注意这一点,对消极行为采取急躁武断的态度,期望把学生的消极行为直接改变为积极行为,具体表现为对消极行为过分限制,处处设防,时时训导,态度非常严厉,课堂气氛紧张、拘束、压抑。因此,教师在纠正或制止消极行为时不可操之过急、急躁武断,而应注意中性行为的中介作用。

(五)正确、有效地处理纪律问题

课堂环境是复杂多变的,学生正处在成长、发展、变化之中,难免会出现一些纪律问题,诸如做小动作、私下说悄悄话、注意力不集中、睡觉、看课外书、打扰其他同学等等。教师要创设愉快且富有建设性的课堂环境,就必须正确处理纪律问题。在处理课堂学习纪律问题时,应遵循以最少干预为原则,也就是说,要用最简短的干预纠正学生的纪律问题,力争做到既有效处理纪律问题,又无需打断上课。下面介绍一些有效处理课堂学习纪律问题的策略。

1. 非言语线索的运用。教师要善于随时随地觉察课堂里每一个学生是否都在专心听讲,当发现有学生表现不良行为,就要运用非言语线索加以制止。非言语线索主要包括目光接触、手势、身体靠近和触摸等。如对表现不良的学生保持目光接触就可能制止其不良行为,还可以走过去停留一下,或者把手轻轻地放在学生的肩膀上等。这些非言语线索传递了同一个信息:"我看见你正在做什么,我不喜欢你这样,快回到学习上来。"它既可制止不良行为,又不影响课堂教学秩序。

2. 合理运用表扬和惩罚。表扬可分为表扬与不良行为相反的行为和表扬其他学生两种方式。教师要想减少学生的不良行为,可以从表扬他们所做出的与不良行为相反的行为入手。譬如某个学生上课爱作小动作,教师就可以在这个学生认真学习的时刻表扬他。我们还可以采取表扬其他同学的方式来减少某个学生的不当行为,一般选择他邻座的同学或他最要好的同学加以表扬,这样可使行为不当的学生意识到,教师已经知道了他的行为表现,他应控制不当行为。在课堂学习纪律管理中运用表扬应注意:表扬的应该是具体的课堂行为,表扬应让学生产生积极的纪律体验,表扬应及时进行,以对学生的课堂行为给予及时正强化。

3. 言语提示。教师在学生违反课堂学习纪律后,立即给以简单的言语提示,将有助于制止纪律问题。言语提示的内容不要纠缠于学生的不良行为,而应是学生应该怎样做的正面提示,因为这表达了对学生未来课堂行为更积极的期望。例如,说"王××,请注意认真听讲"就要比说"王××,别做小动作"要好一些。

(六)培养学生的自律品质

自律是学生纪律性发展的最高阶段,是课堂学习纪律管理的最终目的,是良好课堂学习纪律的基本标志,是在教育者的监督指导下,经过长期训练逐步形成的。因此,促使学生养成良好习惯,形成和发展自律品质便是课堂学习纪律管理的最佳策略。为此应注意:第一,尊重学生人格与严格要求相结合。第二,外部监控与自我调控相结合。第三,利用集体舆论导向和集体规范的约束。

第十一章 学校人际关系

在现实社会生活中,每个人都不能离开社会孤立地存在着,都必然要同他人发生联系,进行相互交往,相互作用,由于人与人之间的相互交往和作用,就形成了各种各样的人际关系。良好的人际关系不仅对个体的生活、学习和工作具有极其重要的意义,而且也是影响群体心理和行为效率的重要因素。学校中的人际关系,是现实社会生活中众多人际关系的一种,为了实现教育目标,同样需要建立良好的人际关系,所以研究和改善学校人际关系,具有重要的意义。

第一节 人际关系概述

一、人际关系

所谓人际关系,是人与人之间在交往活动过程中直接的心理上的关系或心理上的距离,它反映了个体或群体寻求满足其社会需要的心理状态。需要满足与否是人际关系的基础,人际关系的发生和变化取决于双方社会需要满足的程度。如果交往双方的社会心理需要都能得到满足,便会产生和保持亲近的心理关系。相反,需要在交往中难以满足,双方就会发生矛盾和冲突,心理距离拉大,关系疏远。不论是亲近还是疏远的关系,都是心理上的距离,统称为人际关系。

二、人际关系的建立与发展

人际关系从建立到发展是一个动态的变化的过程,它使交往双方经历了从无关到关系密切的一系列不同程度的相互关联状态。

当两个人彼此没有意识到对方存在的时候,双方关系处于零接触状态。此时双方是完全无关的,谈不上任何个人意义的情感联系。如果一方开始注意到对方,或双方彼此产生了相互注意,则人与人之间的相互作用就已经开始,不过,此时还都处于旁观者的立场,还没有相互的情感卷入。直接接触是双方情感关系的起始点。真正的直接接触从双方开始谈话的那一刻起,随着双方沟通的深入和扩展,双方共同的心理领域也逐渐被发现。共同的心理领域是双方情感关系的基础,也意味着双方真情实感的融合。换句话说,共同心理领域的多少与情感融合的程度是相适应的。心理学家按照情感融合的相对程度,将人际关系分为轻度卷入、中度卷入和深度卷入三种。总的来说,人际关系的状态可以用图11-1来表示。

图解	人际关系状态	相互作用水平
○ ○	零接触	低
○→○	单向注意	
○⇄○	双向注意	
○○	表面接触	
◐	轻度卷入	
◯◯	中度卷入	↓
◎	深度卷入	高

图11-1 人际关系的状态及其相互作用水平

整个人际关系的建立与发展过程,实际上是一个情感卷入和交往由浅入深的过程。在这个过程中,交往双方通过采用自我暴露的方式来增加相互间的接纳性和信任感。实际上,人际关系的深度的标志,就是交往双方自我暴露的水平。可以根据交往双方

的情感卷入水平、自我暴露水平的不同,将人际交往分为四个阶段:

(一)定向阶段

定向阶段包含着对交往对象的注意、选择和初步沟通等多方面的心理活动。注意是自发的选择,它本身反映着某种需要倾向。人们会发现,在聚会和集体活动等场合,虽然有很多人参加,但是能够引起人们注意并与之产生交往行为的,可能只有很少几个人。究竟要选择谁作为交往对象,并与之保持良好的人际关系,往往还需要经过自觉的选择过程。

初步沟通是人们在选定一定的交往对象之后,试图与这一对象建立某种联系的实际行动。对于社交主动型的人来说,就会表现为主动与已经选定的交往对象打招呼,并与之攀谈。在定向阶段,交往双方暴露的关于自我信息仅仅是最表面的东西。

(二)情感探索阶段

这一阶段的目的,是彼此探索双方在哪些方面可以建立真实的情感联系,而不是停留在一般的正式交往模式。在这一阶段,随着双方心理沟通领域的发现,双方的沟通也会越来越广泛。但在这一阶段,人们的话题仍然避免别人的隐私性领域,自我暴露也不涉及自己的根本方面。

(三)感情交流阶段

人际关系发展到感情交流阶段,双方关系的性质出现实质性的变化。此时,双方的人际关系安全感已经确立,因而谈话开始广泛涉及自我的许多方面,并有较深的情感卷入。

(四)稳定交往阶段

在这一阶段,交往双方的心理相容性会进一步增加,自我暴露也更广泛深刻。此时,人们已经可以允许对方进入自己的高度隐密性领域,分享自己的生活空间和财产。但在实际生活中,达到这一层次的友谊关系并不多,许多人同别人的稳定交往都处于第三阶段,而没有更深一步的发展。

三、影响人际关系的因素

(一)仪表因素

个人的仪表包括长相、仪态、风度、穿着等,这些都会影响人们彼此间的吸引。尤其在初次见面时,由于第一印象的作用,仪表因素在人际交往中占重要地位。虽然人们能理智地认识到"人不可貌相,海水不可斗量"、"不可以貌取人"等,然而在实际生活和交往中,人们往往还是难以摆脱仪表所起的微妙作用。亚里士多德曾经说过:美丽比一张介绍信更具推荐力,由此可见一斑。

仪表之所以能成为影响人际吸引的一个重要因素,是因为爱美是人类的一种普遍需要。美丽的仪表能使人产生愉悦的情绪,构成一种精神酬赏,从而容易对交往的对象产生好感。另外,仪表的美丑可以产生晕轮效应,即由一点推及其他。所以美丽的仪表可以使人认为这个人还具有其他一系列的较佳品质,反之亦然。对此,心理学家兰德和赛格尔(D. Landy & H. Sigall,1874)做了一个实验。他们让实验组被试阅读附有作者照片的一些文章,文章的水平有高有低,作者有漂亮有不漂亮。另外让对照组的被试只看没附照片的同样文章,然后两组在阅读后作出评价。结果同样的文章,因作者容貌的不同而作出了不同的评价:作者漂亮的文章评价分数高,而作者不漂亮的文章评价分数低。见表11-1。

表11-1 容貌与文章质量实验表

被试评价 论文客观水平	作者照片状况		
	漂亮	对照组	不漂亮
高	6.7	6.6	5.9
低	5.2	4.7	2.7
总计	6.0	5.5	4.3

西方学者的研究还指出,即使是"执法如山"的法官,在法庭

上给罪犯判刑时,也难免仪表晕轮效应的影响。赛格尔和奥斯特夫(H. Sigall & N. Ostove,1975)的研究证明,"法官"对罪犯判决的结果令人震惊不安:多次实验证明,对同样的盗窃犯,外貌漂亮的平均判刑为2.8年,不漂亮的被判5.2年。不过对于诈骗犯、性犯罪者的判刑却不同,"法官"们似乎认为,越漂亮的诈骗犯、性犯罪者(多指女性),越应重判。

综上所述,仪表在人际交往过程中起了不可忽视的作用,但是研究也表明,随着交往时间的增长,双方了解的程度加深,仪表因素的作用也会越来越小,人际交往的吸引力将从外在的仪表逐渐进入人们内在的品质。

(二)空间距离因素

俗话说,远亲不如近邻。人与人在地理位置,空间距离上越接近,越容易形成密切的关系。因为距离近,使相互接触和交往的机会增多,双方间更容易了解熟悉。如同班、同组、同院的人更易成为朋友。研究表明,在一个新的环境里,与陌生人的第一次交往,距离的邻近因素是增进人际吸引的重要因素。费斯廷格(Festmger,1950)等人以麻省理工学院17对已婚学生为对象,多次研究他们之间的相互吸引力和彼此居住距离的关系。结果发现,相互交往的频率与居住距离远近的关系非常密切。这些大学生选择的朋友多为隔壁房间的邻居,真可谓近水楼台先得月。另一心理学家西格尔(M. Segal)在一所警察学校也作了一个十分有趣的实验。他把新入学学生的名字按字母顺序排列出来,再按这一顺序安排教室座位和宿舍房间,6个月后,要求学生说出3个自己最亲近的伙伴名字,结果发现学生们的朋友都是名字字母顺序上和自己相近的人。当然还不能说距离的邻近一定具有吸引力。我们知道,自己所喜欢的人往往是邻近的人,而自己厌恶的人,也有邻近的人。邻近性是相互吸引的一个重要条件,但不是充分必要条件。

(三)交往频率因素

人们接触的次数称为交往频率。交往的次数越多,越容易具有共同的经验、共同的话题和共同的感受,因而越可能建立密切的关系。尤其对素不相识的人来说,交往频率在形成人际关系的初期起着重要的作用。在心理学家查荣克(R. Zajonc, 1968)的一个实验中,他让几名女性被试"无意"地碰到五个陌生的妇女。实验不允许被试和这五个妇女直接接触,而这五位妇女露面的次数有的多,有的少,然后要求被试回答他们喜欢哪一位妇女。结果发现,被试喜欢的人与对方露面的次数有关。最喜欢出现了十次的,较不喜欢只出现了一次的妇女。类似的实验做过多次,都说明交往频率也是增进相互吸引的一个因素。当然,交往的内容和态度在交往中是至关重要的,如无诚意,只停留在一般应酬上,即使交往频率高,那也只是貌合神离,人际关系也不会真正密切起来。

(四)相似性因素

在人际交往过程中,双方若能意识到彼此的相似性,则容易互相吸引,产生亲密感,减少疏远感。相似性因素有很多,包括年龄、性别、学历、兴趣、性格、气质、态度等。研究表明,在教育水平、经济收入、籍贯、职业、社会地位、社会价值、资历等方面相似的人们容易相互吸引。在相似性因素中,态度是最主要的因素,例如在政治观、宗教信仰、对社会现象的看法等方面比较一致的人,在感情上更为融洽,即所谓志同道合,情投意合。美国心理学家纽科姆(Newcomb,1961)曾在密执安大学作过一实验,实验对象是17名大学生。实验者为他们免费提供住宿4个月,交换条件是要求他们定期接受谈话和测验。在被试进入宿舍前先测定她们关于政治、经济、审美、社会福利等方面的态度和价值观以及他们的人格特征。然后将那些态度、价值观和人格特征相似和不相似的学生混合安排在几个房间里一起生活4个月,4个月后定期测定他们对上述问题的看法和态度,让他们相互评定同室或邻居,喜欢谁不喜欢谁。实验结果表明,在相处的初期,空间距离的邻近性决定人际之间的吸引,到了后期相互吸引发生了变化,彼此间的态度和价值观越相似的人,相互间的吸引力越强。心理学家的进一步研究还发现,只要对方和自己的态度相似,哪怕在其他方面有缺陷,同样也会对自己产生很大吸引力。

(五)互补性因素

当交往双方的特点或需要正好成为互补关系时,也会产生强烈的吸引力,这就是互补性吸引。例如一个支配欲较强的人喜欢和依赖性强的人交往,性格外向的人也可能和性格内向的人相处很好,这就是互补性需要在人际交往过程中的作用。研究证明,互补性因素增进人际吸引往往发生在感情深厚的朋友交往中,特别是在异性朋友和夫妻之间。美国社会心理学家 A·克克霍夫(Kerckhoff,1962)等人研究了已建立恋爱关系的大学生,结果发现,对短期的伴侣来说,推动吸引的动力主要是相似的价值观念,而驱使长期伴侣发展更密切关系的动力主要是需要的互补。在实际生活中也可发现,无论是一般的朋友之间,还是夫妻恋人之间,既有"志同道合"的相似性因素作用,也有"珠联璧合"的互补性因素。

(六)能力因素

一个人在能力才干方面比较突出,与众不同,其本身就是一种吸引力,使他人对其发生钦佩感并欣赏其才能,愿意与他交往,这就是为什么一般人都喜欢聪明能干的人,而不喜欢愚蠢无能的人。那么是否人越聪明能干就越招人喜欢呢?结论是不一定。E·阿伦森等人(Aronson,1966)研究证实:一个极其聪明能干的人,会使人感到高不可攀,产生自卑感,令人敬而远之,从而降低了吸引力。如果一个英雄或伟人、名人偶然暴露些小缺点,或者遭受一些小挫折,反而会使人更喜欢接近他。据美国的民意测验表明,拳王阿里在最后的卫冕战中被击败,声望不但没有下降,反而更高,人们更喜欢他了。因为他失败后，人们感到他并不是战无不胜的神，也是一个有血有肉的平常人，因此更亲近他。

但是，有些小缺陷而才能卓越的人对两种人缺乏吸引力。一种是能力差，而自尊心低的人，他们对能力高超者有崇拜心理，并可能产生晕轮效应，即认为他应是十全十美的，不应该有不能克服的缺点，因此对有小缺点的名人在自己心目中的形象打了折扣，滋生鄙夷之情。另一种是能力强，自尊心脆弱的人，他们对于才能出众而连一点小缺点也不能克服的人感到失望，认为这种人不值得崇拜。

(七) 个性品质因素

在影响人际关系的诸因素中，个性品质是最重要的因素。在人际交往的初期，一个人的外表美往往具有较大的影响，但随着交往的加深，这种影响会逐渐减弱，而个性品质的影响则逐渐增大。同外表美相比，优良的个性品质具有更持久的人际吸引力。优良的个性品质主要包括诚实、正直、真诚、热情、豁达、宽容、善良、机智、幽默、乐于助人等，而为人虚伪、冷漠孤僻、不尊重他人、疑心病重、忌妒心强、固执专横、心胸狭窄等不良品格会严重妨碍良好的人际关系的建立。

第二节　学校中的人际关系特点与意义

一、学校人际关系的特点

(一) 教育性

学校的一切工作都是围绕教育学生进行的，学校人际关系的特点，首先在于它受制于教育的目标以及为实现教育目标而进行的教育实践。因此，学校人际关系的评价和调节，是以是否有利于教育目标的实现为首要原则的。离开教育目标的实现来谈学校人际关系，就是偏离了学校教育的主题。

学校人际关系的教育性往往是潜移默化地直接作用于学生

的。如果学校领导者与下属之间民主和谐,教师与教师之间团结合作,教师与学生之间友爱互助,那么在学校亲密友好关系的熏陶下,学生之间的关系肯定和睦有序。良好的人际关系,必然带来良好的教育效果。反之,如果学校上下左右关系紧张,冲突频繁,那么学生之间的关系也会冷漠混乱。不良的人际关系,必然带来不良的教育后果。学校人际关系的教育性,既体现在教育内容上,也体现在教育手段上。首先就教育内容而言,学校人际关系的性质、功能、特征、内容,以及怎样形成良好的人际关系等是重要的教育内容。其次就教育目的而言,在让学生学习和掌握必要的人际关系知识和技能的基础上,增强认识和判断人际关系的能力,学会处世做人,这是教育目的的组成部分。再次就教育手段而言,良好的学校人际关系不仅能激励师生努力工作和学习,而且能促使人们接受意见,改正错误。例如师生彼此信任、关系融洽,学生就更容易听取教师的批评意见,迅速纠正错误。又如在课堂教学中,良好的人际关系会产生和谐的心理氛围,师生都会精神饱满,注意力集中,教学效果自然更好。

(二) 纯洁性

学校是传播知识的场所,是培养人才的基地,是社会文明的炼狱。在学校里维系师生员工人际关系的纽带主要是知识、思想和情感等精神性的东西,而不是物质利益和其他。因此,长期以来,纯洁性是学校人际交往和人际关系的一个重要而显著的特点,也正是因为学校人际关系特别是师生关系的这种单纯和圣洁,才使之本身成为一个重要的隐性教育因素,使学校的人际关系既具有了教育的特点,又具有了教育的功能;对师生员工的发展特别是学生的成长,起着难以估量的积极作用。

学校的人际关系与社会其他领域的人际关系相比较,显得更为规范和单纯,特别是在道德的要求方面。这首先是由学校本身的性质决定的。我国是社会主义国家,学校必须把坚定正确的政治方向放在第一位,必须为社会主义现代化建设服务。这就要求学校应当传播历史和现实中一切真善美的精神财富,传播社会主义精神文明,而良好的学校人际关系正是社会主义精神文明的一部分。为此,学校必须以社会主义的道德规范来衡量学校各方面人员之间的人际关系,褒扬一切符合社会主义道德规范的思想、态度和行为,摒弃违背社会主义道德规范的思想、态度和行为。

学校人际关系规范性和纯洁性,还与中小学教育和管理的对象是青少年学生分不开。小学生稚嫩无瑕,中学生亦单纯天真,他们的心理正处于从不成熟向成熟过渡的关键时期,其认知、情感、意志以及个性的发展,在学校里,是通过与师生员工的交往,主要是通过与教师的交往而实现的。教师通过与学生频繁的面对面的直接接触,在课堂上,以自己丰富的学识、严谨的态度、炽热的情感、求实的作风,示范、指导着学生;在课外,以自己热诚的关心、孜孜不倦的精神和循循善诱的教导感染着学生;在日常生活中,还以自己广泛的兴趣和对生活的热爱以及公正无私的榜样行为熏陶着学生。这就要求学校以教师为主体的教职员工之间的人际关系,必须符合道德规范,以纯洁的人际关系对中小学生产生良好的影响。另外,学校是法定的传播文化知识和接受文化知识的场所。无论是教师还是学生都深受文化知识的高雅和洁净所浸润,久而久之,校园中的师生相对纯朴,精神境界比较高。因此,学校中的人际关系也不可避免地受着文化知识的浸润,并染上清纯圣洁的色彩,这就使学校成员,尤其是教师,在运用人际称呼,采取人际行为,处理人际矛盾等方面带有更多的纯洁性。

(三)丰富性

在学校组织中,所有成员之间都能进行直接的、频繁的、丰富多彩的交往,形成这个特点的主要原因是:其一,教育活动是以人际交往为特征的,特别是传统教育。在学校里,几乎全部教育活动,如思想教育工作、课堂教学和各种课外活动等,大都是以人际交往的形式进行的信息沟通。所以,学校越是追求教育效果,学校的人际关系也就越加丰富多彩。其二,学校组织管理层次少,成员之间的时空隔离性小,交往极为方便易行。这就在客观上为人际关系的丰富化提供了有利条件。其三,学校是传播精神文明的场所,是知识分子集中的地方,所以,追求丰富多彩的精神生活是学校成员的特点。因此,在学校里,人们之间的交往活动和友谊,不论是同事之间,还是干群之间、师生之间,都十分活跃。这也是学校人际关系丰富化的内在原因。

此外,学校人际关系的这种丰富性还表现在其多样化方面。学校教育的影响来自诸多方面,由此也带来了学校内部人际关系的多系统、多层次和多方位。诸如领导与被领导之间,教师之间、师生之间,以及作为教育对象的学生内部之间,还有师生与校领导、教师与家长、教师与社会成员之间等,各种关系纵横交错,形成网络。学校这种复杂的人际关系也正是其丰富性的外在表现。

二、学校人际关系的积极意义

良好的人际关系对学校每个成员,所属群体和整个组织系统的存在和发展,对学校管理活动、教育和教学活动等方面,特别是对学生的发展和成长,都有较深远的影响,并最终影响到整个学校的教育职能和组织效能的发挥。

(一)良好的学校人际关系有利于调动师生员工的积极性

在良好的人际关系中,人们不仅心理上有安全感,而且温暖与体贴,信息与智慧等都会随着相互间的交往而来。尤其在遇到困难时,四处都会伸出援助之手,这往往容易使人形成不负他人,并以努力工作和学习回报他人的心态。另外,由于关系密切,互相信任,学校成员之间容易出现互相仿效,你追我赶,不甘落后的局面。心理学家发现,良好的人际关系可以提高学生的学习抱负。例如,一个学生如果他的好朋友打算考大学,那么他很可能也想考大学。

(二)良好的学校人际关系有利于师生员工的心理健康

良好的人际关系是衡量一个人心理健康的重要标准,是影响一个人心理健康的重要因素。良好人际关系意味着人们之间交往频率高,知识、技术、信息等交流快,有利于个体能力的发展。另外,良好人际关系意味着人们之间可倾诉衷肠,分忧愁,解苦闷,使情绪开朗,可避免不少心理疾病。良好人际关系还意味着彼此信任,在思想、信念、态度、价值观等方面相互学习与汲取,从而提高人的精神境界。近年来大量的心理学研究还从反面证明了这一点,有研究发现,儿童时期的不良人际关系将容易导致青春期的破坏性行为及成年期的心理疾病。总之,大量的研究结果表明,小学和初中阶段的不良人际关系,预示着高中阶段的心理隐患;而小学和中学的不良人际关系,又预示着成年的心理危机。

(三)良好的学校人际关系有利于教育质量的提高

教育质量是由学校成员合力创造的。当学校人际关系处于和谐协调状态时,人们相互支持、步调一致,容易形成合力,教育质量往往较高。反之,人际关系紧张,相互对立,甚至故意设置障碍,教育力量不是内耗掉了,就是难以直接作用于学生。尤其是师生关系紧张时,学生对教师不信任,不愿接受其教育,教育质量就更难以保证。

(四)良好的学校人际关系有利于组织巩固和发展

学校组织的巩固和发展需要群体成员同心同德,拧成一股绳。而这又依赖于良好的人际关系。因为只有人际关系密切,大家认同感强,才有同心同德,也才有组织的较大凝聚力。相反,人际关系紧张,互不相信,安全感下降,甚至经常要提防被人暗算,要分出许多精力去应付人际纠葛,有些人受不了,便想一走了之。日本学者调查发现,约有95%的人调动工作是由于人际关系问题。当人心思走的时候,组织也就难以巩固,更谈不上有较大发展了。

第三节 师生关系

一、师生关系的意义

师生关系是学校中最基本的人际关系,它包含十分丰富的社会、伦理、教育和心理内容。师生之间关系如何,直接影响教育教学工作的顺利进行和效果,有的教师虽然知识渊博,功底深厚,但不善于同学生建立融洽的师生关系,甚至产生对立情绪,学生往往因为这位教师的原因而不愿意学他所授的那门功课。相反,有的教师不仅注意提高自身的业务素质和专业水平,更善于同学生建立亲密的人际关系,学生往往因为对这位教师的喜欢而特别爱学他所教的功课。青少年学生往往为博取他所喜爱和尊敬的教师的好感和关注,为获取与教师交往的需要满足而努力学习,所谓"亲其师,信其道"便是这个道理,教师也会因为学生对他的尊敬和爱戴而更加热爱教育工作。

越来越多的研究和实践经验表明,教师对学生深刻的、久远的、广泛的影响不仅仅是校园里课堂上有限的知识传授,更多的可能还是教师无形的人格和精神。毫无疑问,无论是通过什么样的手段、形式或载体来影响学生,它都要求教师要与学生保持最密切的交往,形成紧密的人际关系,缺乏这一必要的前提和环境,教师的影响力就会严重下降和大打折扣,甚至无从谈得上教育教学活动的开展。

为提高教育教学效果,增强教师对学生的影响力,作为师生关系的主导方面,教师应为开创新型师生关系,积极承担更多的责任,付出更多的努力,并能真正成为学生的良师益友。

二、师生关系的发展与变化

学生对教师的认识和对待教师的态度,对师生关系有极其重要的意义。儿童随着年龄的增长、知识的增加和社会经验的丰富,对教师的认识和态度均有不同程度的发展和变化,而这些无疑影响着师生关系的建立和维护。师生关系的特点随着学生年龄的变化而变化,不依人的意志而转移。了解这种发展变化的轨迹,可以使教师在构建和处理师生关系时保持冷静的态度,不因关系平稳而忽视问题的存在,也不因关系不平稳而惊慌失措。

在学生的童年期,教师在学生的心目中是绝对的权威。他们对自己的老师既信赖又敬畏,教师要求他们做到的一切,他们几乎都无条件地服从。并且,常以教师的是非标准为自己的是非标准,在这个时期,教师的权威地位没有受到学生的挑战,师生关系比较平稳。实际上,这种关系是向教师一边倾斜的。

到了少年期,即小学高年级和初中时期,随着同伴之间交往的增多,学生无条件信赖、服从教师的程度有所下降,而同伴的重要性和影响力显著提高。他们常常自觉不自觉地在一起评论自己的老师,对于满意的教师表现出亲近,对于不满意的教师表现出疏远或反抗。在这个时期,教师的权威地位开始受到挑战,师生关系中出现了不平稳状态。这种状况会给教师的工作带来一些麻烦。

进入青年初期以后,直到高中毕业之前,由于知识经验的增长和思维的独立性、批判性的增强,学生对师生关系有了新的要求,那就是希望从教师那里获得更多的独立和尊重、关心和信任、友好和平等。同时,他们对教师的专业水平、教学能力等,也有了更高的期望。能满足这些要求的教师,会受到学生的欢迎,形成和谐的师生关系;反之要形成和谐的师生关系就比较困难。简而言之,这一时期的学生,所要求于教师的是平等的人格与出色的教学能力。

三、师生关系形成的阶段

(一)接触阶段

这是教师与学生开始直接交往,由不相识到相识的阶段。这一时期,教师与学生都能按照规定的角色进行交往。学生对教师毕恭毕敬,教师对学生客客气气,礼节性行为掩盖着双方的真实风貌。但双方内心都有更多了解、熟悉对方的意图,教师尤其如此。

教师总是围绕学生熟悉的话题对话,尽量消除学生的拘谨与紧张,努力捕捉有助于了解学生的一切信息,如家庭背景、个人爱好等等。初始交往给双方留下的印象,往往对以后的交往有直接影响。就教师而言,由于工作职责的缘故,无论他对学生的印象如何,都会进一步与学生交往。但学生可能不一样,如果他对教师的形象缺乏好感,那么他有可能采取敬而远之的态度,回避教师。

(二)接近阶段

这是双方经过一定的交往之后,陌生感逐步消除,心理距离开始缩短,感情交流代替礼节性应酬的阶段,这时双方都形成了关于对方的大致印象,并作出了较好的评价,因此有加强交往,尽快使关系密切起来的动向。当然也有可能对对方的印象并不甚好,但为了取得一定的教育效果,而有意识接近对方。

(三)亲密阶段

这是接近阶段深入发展的结果。其主要特征是双方从浅层的信息交流发展为心灵的沟通,情感的交融。此时双方无论是认识、情感还是行为都有较大的协调性。例如教师安排的学习任务,即使繁重且艰难,学生也非常理解教师的用心,没有丝毫怨言。同样,学生提出的要求,即使有些过分,教师也能理解,并耐心说服,不至于反感。师生间相互吸引、相互尊重和信任,已建立起一种和谐紧密的师生关系。

四、师生关系的类型

(一)紧张型师生关系

这种类型的师生关系表现为教师以自我为中心,对待学生简单粗暴,主要依靠强制力量来影响学生,喜欢训斥、批评学生,对差生讽刺、挖苦,伤害学生的自尊与人格。学生对教师心中不满,行为多抗拒或不合作。师生情感对立、人际关系紧张、教学气氛压抑沉闷,学生厌学。

(二)冷漠型师生关系

这种类型的师生关系表现为教师无视建立良好师生关系的重要性,教学缺乏热情,对学生不冷不热,不闻不问,教学管理松弛,师生之间实际交往时间很少,双方互不了解、互不信任、互不亲近,彼此漠不关心。课堂气氛平淡无奇、缺乏生气,学生对教师敬而远之,师生之间互不吸引。

(三)庸俗型师生关系

这种类型的师生关系表现为师生间交往和关系的实用性、功利性、商业性的色彩浓厚,教师对学生过分迁就,该严不严,该管不管,甚至拉拉扯扯,吃吃喝喝,着意迎合学生,满足学生不正当的要求,而学生对教师则曲意逢迎,刻意讨好,请客送礼,原本纯洁的师生关系沦丧为庸俗的物质利益关系、商品交易关系和金钱关系。

(四)亲密型师生关系

这种类型的师生关系表现为教师对待学生亲切友好,学生尊敬热爱教师。师生交往正常而频繁,相互理解,相互信任,相互尊重,教学气氛生动活泼,师生配合默契,教学相长,人际关系融洽和谐。

第四节 同学关系

一、同学关系的含义

同学之间关系,是在同学之间进行交往和相互作用的基础上建立起来的学生与学生之间的心理关系,它是除教师之外的班级成员之间关系的总和,包括学生个体之间的关系、班级内的学生群体之间的关系以及学生群体与个体之间的关系。同学关系是学生人际关系的主体,它既要受成人的人际关系的影响,又具有学生自身的年龄特征。在学校情境中,学生间的相互作用和交往以及由此而形成的同学关系是课堂教学的前提和背景之一。

学校及课堂是人际关系的重要场所,人们历来重视师生之间的交往和相互作用,相对比较忽视学生之间的交往和关系。一般认为师生关系非常重要,而同学关系被认为对学生学习等没有什么影响。虽然,有时认为同学关系在学校和课堂中确实有些影响,但多被看成是偶然的影响,甚至是消极的影响。根据这一观点,学校里往往只允许学生们在课外进行交往,在课堂上所保证的是教师讲授与学生独立学习,同学之间的相互关系被看成是与课堂目标不一致的行为。

二、同学关系对学生的影响

由于青少年阶段的同学关系、同伴关系是一种相互对等的关系,这种关系不像与父母、老师等成人的关系那样是一种依赖和服从的关系。所以,青少年期的同学、朋友对其心理发展的影响迅速增大,有时甚至超过父母师长。因此心理学家赫洛克(Harlock,1949)提出同学朋友关系对青少年心理发展有以下积极意义:给青少年以稳定感和归属感;给青少年以健康的娱乐场所;使青少年获得社交经验;使青少年提高宽容和理解能力;给青少年以学习社交技术的机会;给青少年以培养社会洞察力的机会;发展青少年对集体的忠诚心;使青少年有恋爱行为的经验。此外,日本心理学家白佐(1970)通过研究认为,同学、朋友关系对青少年心理发展的意义有:对青少年人格形成有积极作用;对青少年情绪稳定性有积极作用;对青少年心理发展有代偿作用等。最终归纳起来,同学、朋友关系对学生的影响有四个方面:

(一)同学关系影响学生的学习

许多研究表明,同学之间友好的或敌视的关系对学习有很大的影响,在友好的、相互关怀的同学关系中得到支持的学生比受到同伴排斥的学生在学习上更能发挥潜力。研究发现,具有更经常、更亲密同伴关系的学生,其成绩要高于没有亲密同伴关系的学生。同学关系的好坏不仅影响着个别学生的学习成绩,也会影响班级整体的学习效率和学习成绩。在一个班集体中,良好的同学关系使学生感到精神和谐、愉快,避免了因同伴关系不良而带来的紧张、焦虑、冷淡、攻击等消极心理状态,进而促进了学生的学习。另外,同学关系还会影响教师的工作体验和工作的顺利进行。良好的同学关系有利于教学工作的进行和教学目标的实现,使教师不因解决学生之间矛盾而烦恼,全身心投入教学,提高了学生的学习效率。

(二)同学关系影响学生的社会化及社会能力的获得

同学间的交往为学生的社会化提供了演习、观摩及模仿的机会和场所,提供了榜样和强化,学生通过与同伴的交往来学习、练习、巩固与内化各种社会行为规范。研究表明,那些具有稳定的、亲密的同伴关系的学生,将获得更多的社会经验,掌握更强的社会交往能力。在和同学的交往过程中,学生形成对某些事物的态度和价值观,获得一些从教师及其他成人处得不到的信息,如需要培养哪些能力、阅读哪些书籍、欣赏哪些音乐等。

(三)同学关系影响学生理解和处理社会生活问题的能力

学生获得从他人角度看问题的能力,即能够理解他人怎样看待某个情境,设想他人在认知和情绪上会对这一情境作出什么样的反应,这是认知发展与社会性发展的重要方面。从他人角度看问题影响以下几方面的活动:有效地获得信息,有效地综合信息,建设性地解决人际间冲突,有效地解决团体中的问题,能与人合作、自主地进行道德判断。研究表明,同伴间的相互作用提高了儿童从他人角度看问题的能力,在同伴交往中,特别是在争论和冲突中,儿童不得不根据他人的看法重新考虑自己原来的想法。

(四)同学关系影响青少年自身的心理健康

与人交往和合作是心理健康的主要指标之一。研究表明,孤独儿童会表现出高焦虑、低自尊、情绪不稳、出现回避行为或攻击性行为等一系列不正常行为。很多研究都证明,孤独儿童在进入青春期后,出现过失行为和犯罪行为的比例远远超过同伴关系良好的儿童。以攻击性行为为例来说明其原因可以发现,在同伴交往中,儿童获得了平等的相互攻击的尝试机会。在相互攻击过程中,儿童能学会有效的攻击行为,同时也掌握了限制攻击行为的规则,攻击行为因此而得到调节,出现的比例下降。

三、同学关系的年龄特点及发展

小学生人际交往的基础主要是为了满足直接的可感性强的需要,一般对自己在班级的地位不太关心,与同学的关系也不稳定,人际关系以教师为核心。他们的交往目的不大清晰,情境性强。因此,小学生人际关系的主要特点有:一是朴实。小学生人际关系几乎没有矫揉造作,非常实在。二是纯净。小学生人际关系往往不是利用他人为价值取向,所含的世俗偏见较少。三是易变。小学生尤其是低年级学生并没有把人际交往作为交流思想、感情,获得安慰和关怀的手段。因此,他们人际关系的密切程度比较有限,也经常变化。研究表明,小学生到三、四年级时才开始出现少数比较稳定的非正式群体。四是重师。所谓重师即重视教师的作用,以教师为核心形成人际关系。换言之,学生之间的关系以教师认可为基础。例如教师喜欢的同学,其他同学跟着喜欢,从而形成比较密切的关系。

四、同学关系的类型

(一)友好型

友好关系的特点表现为双方接近、融洽、信任、亲密和富有吸引力。同学之间心理上彼此相容,相互吸引。友好关系本身又有性质和程度上的区别,有健康、积极的良好关系,也有不健康、消极的友好关系;有感情深厚的友好关系,也有感情一般的友好关系。

(二)对立型

对立关系的特点表现为相互不融洽、排斥、摩擦、冲突、厌恶、嫉妒、嫌弃,甚至争斗,同学之间心理上彼此不相容,行为上不能合作。对立型的关系也有性质和程度上的区别:在性质上可分为原则性的对立和非原则性的对立;在程度上有公开的激烈的对立、对抗和非公开的一般性的摩擦与互相排斥。

(三)疏远型

疏远关系的特点表现为互不关心、互不往来、互不信任、互不吸引,同学之间在心理上相互忽视,他们之间的交往和关系若有若无,表现为同学之间情感淡漠,交往很少。

五、学生个体在班级人际关系中的地位类型

一个班级建立以后,随着集体活动的开展,同学之间相互了解的加深和关系的日益深化,每个同学在班集体人际关系中地位、作用和影响力也慢慢分化。在一个班级中一般能区分出三种类型的人物,即人缘型、嫌弃型和孤独型(中间型)。

(一)人缘型

在一个班级中,一般只有 3~4 人是最受欢迎的"人缘儿",大家都喜欢与之交往,朋友多。学生成为"人缘儿"的心理因素大致是:一是有能力,责任心强,他的存在有利于集体及其成员,从而易形成集体成员追随、拥护的心理;二是知识、技能掌握得好,并乐于助人,从而使集体成员产生佩服或求助的心理;三是有良好的品德,并能影响别人,从而易形成集体成员信赖、尊重的心理;四是善于交往,并能了解人、团结人。此外,个人的仪表因素,家庭的社会地位、经济状况、身体因素也起着一定的作用。

(二)嫌弃型

一个班级中一般也只有 3~4 人,是在人际关系中处于被排斥地位的"嫌弃儿",大家不愿意与之交往,朋友少。嫌弃儿受排斥的因素较多,但共同的心理因素是:一是品德不良,往往给集体及其成员带来麻烦,从而使集体成员产生回避、抛弃的心理;二是学习漫不经心,成绩低下,从而造成集体成员鄙视、讨厌的心理;三是不乐于或不善于交往,与同学团结不好,由于心理不相容而造成集体成员对之冷淡、疏远而陷于孤立。以上是就一般情况而言的,但不排除特殊的情况,因为现实生活中也会有成绩好的嫌弃儿和成绩不太好的人缘儿。

(三)孤独型

在班级中处于孤独、游离状态的是"孤独儿"。这类学生的情况比较复杂,可能是由于性格孤僻、对交往不感兴趣;也可能是由于羞怯不敢与别人交往;又可能是由于不善交际,不知怎样接近别人。但这并不意味着这些学生在集体中总不受欢迎,因为很可能他在另一班级、另一学校或邻里中有自己的小圈子,只是和同班同学没有交往的需要而已。一般地,这些学生在班级内也能使自己的行为与集体保持一致性。

从理论上讲,在一个目标一致、团结友爱的集体里,不应有嫌弃和孤独的现象。但在集体的形成和发展的过程中,出现这三类人物的现象却是客观存在的。除了上述三种人物在班级内的分化外,班级人际关系的另一个特点是少数人开始成为学生中的头头,其中有正式集体的头头和非正式集体的头头。有的能领导集体完成工作任务,称"工作型头头";有的关心同学,能使同学友好相处,维持集体的良好状态,称"团结型头头";有的学习成绩优异,热情帮助同学学习,称"博学型头头";有的只是在某种活动、情境中成为头头,活动结束、情境改变,即不成为头头,如体育活动、参观旅行等,称为"情境性头头",等等。学生干部可能是受欢迎的人、有威信的人,也可能不是。非正式头头在他那部分伙伴中是最有威信的人。实际生活中,一些受学生欢迎、具有较高威望的学生,可能因得不到班主任的支持而不能成为干部;反之,一些学生干部可能实际上是由班主任指定或暗示而产生的,其他同学并不欢迎这些学生干部。

第十二章 教师心理

"天下不可一日无政教,人类不可一日无教师"。作为学校中最基本的教育者群体,教师的素质对教师自身和学生,对教育与教学都具有十分重要的意义。心理学加强对教师心理的研究,不仅有利于促进学生身心和谐发展,还有利于提高教师素质和教育教学质量,推动教育教学改革。

第一节 教师的角色

一、教师角色含义

角色,亦称"社会角色",它指个人在特定的社会环境中相应的社会身份和社会地位,并按照一定的社会期望,运用一定权力来履行相应社会职责的行为。

教师作为人类文化的传播者,在人类文化的继承和发展中起着桥梁纽带的作用。唐朝的韩愈说:"师者,所以传道、授业、解惑者也。"①这就是我国古代较早对教师角色行为、义务及权利比较精确的概括。随着人类文明的发展以及社会的要求,教师这一角色又有了新的变化,确切地说是赋予了更新更多的内容和意义,从而使教师在人类社会生活中担负起更重大的责任,发挥着更重要的作用。

"教师"一词有两重含义,"既指一种社会角色,又指这一角色

---

① 韩愈:《韩昌黎文集·师说》。

的承担者"①。作为一种社会角色,它是一种客观的社会规定,具有非人格的特征;作为角色的承担者,指的是个体的人,具有个性的特征。所以,关于教师的界定,有科学概念和日常概念之分,而科学概念之中,又有广义和狭义之解。广义说是从普遍的、泛化的角度来说明教师是什么,狭义说则是从教师作为一种社会职业角色来解释教师是什么。如前苏联著名教育家加里宁认为,广义的教师是指有威望的、明智的、对人们有巨大影响的人,狭义的教师是指某门学科的讲授者。我国有的学者认为"广义的教师是泛指传授知识、经验的人,狭义的教师系指受过专门教育和训练的人,并在教育(学校)中担任教育、教学工作的人"②。还有学者认为,"教师是学校里承担向学生传授知识、技能,发展学生体力,培养学生思想品德任务的人员"③。

根据近现代社会分工和学校教育作为主要的教育形式的事实,作为教师的科学概念,应该从狭义的方面来理解,即教师是指受过专门教育和训练的,在学校中向学生传递人类科学文化知识和技能,发展学生的体质,对学生进行思想道德教育,培养学生高尚的审美情趣,把受教育者培养成社会需要的人才的专业人员。

二、教师角色分类

由于教育活动的多样性,以及教师这一职业行为的艰巨性、复杂性、专业性,教师应成为一个集许多角色于一身的角色丛。根据我国教师的活动、职责和任务,可把教师的角色划为以下几种:

(一)知识传播者,学习发动者、组织者和评定者角色

这是教师作为教学者的角色,是教师职业的中心角色。教师的特殊功能是传授知识,指导学生学会学习,培养学生的各种能

---

① 李旷等著:《教师的工作积极性》,第2页,济南,山东教育出版社,1987。
② 李诚忠编:《教师词典》,第7页,哈尔滨,黑龙江科学技术出版社,1989。
③ 朱作仁编:《教育词典》,第630页,南昌,江西教育出版社,1987。

力,促进他们的智力发展。教师的这一角色主要是通过教学活动来实现的。在教学过程中,教师根据教育教学的规律和学生身心发展特点,组织一系列活动,调动学生学习的积极性,以使他们牢固地掌握科学文化知识,发展多方面能力。

(二)父母形象角色、朋友角色、管理员角色

儿童认为教师是父母的化身,他们对教师的态度就像对他们自己父母的态度。所以教师在课堂上、学习上是老师,在生活上是长者和父母。因此,教师不仅要关心学生的学习,还要培养他们良好的生活习惯和技能,解答他们在生活中遇到的各种问题,充满热情地关怀、期望、帮助学生,扮演父母形象角色。在日常生活中,教师还应成为学生的朋友和知己,对待学生热情、友好、同情、平等、民主,保持良好的师生关系,和学生打成一片。当然,教师在充当朋友知己角色时,不能忘记自己又是管理员的角色,是学生学习纪律的监督和执行者。

(三)青少年团体工作者、公共关系人员、心理辅导人员等社会活动家角色

学生除了在课堂学习活动外,还有许多课外活动,这些活动多是按集体方式进行的,然而任何集体活动都必须有担负领导责任的人去管理、组织,教师的地位、年龄、知识、经验、威信决定了他在学生集体中负有指导者的责任,充当着青少年工作的指导者。另外,现代教育是一个全方位的系统工程,学校、家庭、社会三位一体。如何协调这三者关系,谁来协调?这就成为教师新的角色及其行为,必须要担当起公共关系人员的角色。心理辅导人员是当代教师不可忽视的重要角色,对学生心理健康发展具有直接的意义。

(四)榜样、模范公民角色

教师是教育人的人,社会上的人们按照教师的地位和作用,理所当然地要求他成为学生和公民的榜样。因为老师对儿童的影响是巨大的,在学生心目中,教师是知识的源泉,是智慧的化身与行

为的典范，教师所有的举止言谈都无疑成为学生模仿和学习的对象，在学生心灵上打下深深的烙印。每个教师都应意识到这一点，要通过自己的榜样、模范、表率作用去感染每一个学生，教育每个学生，对学生施以潜移默化的影响。

（五）学生灵魂塑造者角色

教师不仅要培养能力、对学生传授科学技术和文化知识，而且还要按照一定的世界观塑造学生的灵魂。人们常说"教师是人类灵魂的工程师"，就是指教师在学生思想品德教育方面的特殊角色。教师要培养学生具有正确的世界观、人生观和远大理想，培养他们丰富而高尚的精神境界，培养他们追求真理、热爱科学、热爱和平的美好情操，培养他们具有不断完善自己的道德品质。

（六）教育科学研究者角色

现代科学技术的发展突飞猛进，知识经济初露端倪，传统的教书匠式的教师已不能适应社会经济文化的发展以及教育自身的需要，专家型、学者型的教师将成为未来教师的重要角色之一。因此，教师不能仅满足于向学生传授现成的知识，而要积极探索和研究教育与学生中出现的问题，使自己成为一个科学研究者。特别是对自己教学的研究，要掌握一定的教育科研方法，并注重运用所掌握的方法解决自己在教育教学实践中所遇到的问题，从而使自己不仅成为一名教育实践家，而且还要成为教育理论家。

从以上对教师角色及行为的分类和描述，可以看出教师的多种作用和功能。但是，总的来说，教师的角色功能都是为了完成传授文化科学知识、发展学生的能力和进行思想品德教育的任务。

三、教师角色的影响与作用

教师是集许多角色于一身的特殊职业，其影响和作用主要体现在教师的领导方式、教学风格、人格特征、举止言行以及教育期望等方面。

(一)教师领导方式对学生的影响

经大量实验研究证实,教师的领导方式对班集体的风气有决定性影响,另外对课堂教学气氛、学生的社会学习、态度和价值观、个性发展以及师生关系均有不同程度的影响。李比特(R·Lippit)和怀特(R·K·White)在1939年所做的经典性实验,概括了四种领导方式和可能导致的各种后果。见表12-1。在我国,尽管这四

表12-1 领导的类型、特征及学生的反应

领导类型	领导的特征	学生对这类领导的典型反应
强硬专断型	1.对学生时时严加监视。 2.要求即刻接受一切命令——严厉的纪律。 3.他认为表扬会宠坏儿童,所以很少给予表扬。 4.认为没有教师监督,学生就不能自觉学习。	1.屈服,但一开始就厌恶和不喜欢这种领导。 2.推卸责任是常见的事情。 3.学生易激怒,不愿合作,而且可能在背后伤人。 4.教师一离开课堂,学习就明显松垮。
仁慈专断型	1.不认为自己是一个专断独行的人。 2.表扬学生、关心学生。 3.他的专断的症结在于他的自信,他的口头禅是:"我喜欢这样做。"或"你能让我这样做吗?" 4.以我为班级一切的工作标准。	1.大部分学生喜欢他,但看穿他这套办法的学生可能恨他。 2.在各方面都依赖教师——在学生身上没有多大的创造性。 3.屈从,并缺乏个人的发展。 4.班级的工作量可能是多的,而质也可能是好的。
放任自流型	1.在和学生打交道时,几乎没有什么信心,或认为学生爱怎样就怎样。 2.很难作出决定。 3.没有明确的目标。 4.既不鼓励学生,也不反对学生;既不参加学生的活动,也不提供帮助或方法。	1.不仅道德差,学习也差。 2.学生中有许多"推卸责任"、"寻找替罪羊"、"容易激怒"的行为。 3.没有合作。 4.谁也不知道应该怎么做。
民主型	1.和集体共同制定计划和作出决定。 2.在不损害集体的情况下,很乐意给个别同学以帮助、指导和援助。 3.尽可能鼓励集体的活动。 4.给予客观的表扬与批评。	1.学生喜欢学习,喜欢同别人尤其同教师一道工作。 2.学生工作的质和量都很高。 3.学生互相鼓励,而且独自承担某些责任。 4.不论教师在不在课堂,需要引起动机的问题很少。

种模式中前三种缺乏普遍的代表性,但是也确有部分教师缺乏事业心和责任感,对学生采取不负责任、放任自流的态度。也有部分教师虽有高度的责任感,但由于缺乏教育科学知识,在日常的教育教学过程中,不能较好地尊重学生的独立性、自尊心和人格,对学生采用高压专横的态度,强迫学生服从教师本人的意志等等。这很显然不利于青少年儿童的身心发展和健康成长。相比较,民主型的领导方式是理想的。

(二)教学风格对学生的影响

所谓"教学风格"是指在计划相同的教学目的前提下,教师根据各自的特长,经常所采用的教学方式方法的特点。由于每个教师的能力结构、个性特点、气质类型、认知方式等均有差异性和多样性,因此反映在教学上,就导致了每个教师风格的差异性和多样性。应该看到,每个教师都会有自己的教学风格,这对于促进不同个性学生生动活泼地发展是有利的。

国外教育心理学在讨论教学风格时,经常涉及到两个问题。第一是讲演式教学与讨论式教学,第二是以学生集体为中心和以教师为中心的教学。大量实验材料表明,讲演式和讨论式两种教学方法差别不大。如果说有差别的话,总的说来,还是讨论式教学效果较优。当然,如何选择要根据许多具体因素而定,如班级规模的大小、教师的特点、学生的年龄、师生的比例以及学习内容等。如知识性的教学内容毋须讨论,只有当教材内容有争议,具有某些不确定性,而学生又具备了一定的知识背景时,讨论才有利。以学生集体为中心的教学风格,强调学生的活动、学习的积极性和创新精神,强调让学生自己参与确定教学目标、教学内容与评议学习效果,老师则是一个不直接出面的领导者。与此相反的是教师处于中心地位的教学风格,教师直接出面指导。许多研究表明,就学生的学科成绩与学习兴趣来看,两种教学风格的效果无显著差异。但就加强集体合作,增强学生的积极动机和减少对教师的依赖而言,前一种教学风格较为有利。当然,在采用以学生集体为中心的教学风格时,不能把教师的民主作风与自由放任相混淆。在发动学生参与讨论教学目的、内容和评议教学效果时,教师不能放弃其主导地位。

(三)教师的人格特征对学生的影响

教师的人格特征不仅关系到教师的行为以及在学生心目中的威信,而且对学生的学习情绪、学习效果、智力发展和品德形成都产生广泛而深刻的影响。研究材料表明,在教师的人格特征中,有两种重要特征对学生有显著影响:一是教师的热情和同情心;另一是教师富于激励和想像的倾向性。

教师情感是影响班级气氛活跃的因素之一,对学生的情感具有较强的感染和催化作用。研究表明,热情和富于同情心,能满足儿童的附属内驱力动机。这一点对于小学生更重要,因为他们看待教师如同父母,希望得到教师的认可和赞扬。热情的教师易与同学打成一片,给学生更多情绪上的支持。同情学生,平等对待学生,多采用表扬与鼓励,少用批评。因此,热情的教师易于受到校长、领导、学生、家长及其他人的好评。需要指出的是,当儿童的年龄和年级升高而以自我提高和以赢得地位作为主要动机时,教师这种人格特征的作用下降。另外,如果学生的学习动机主要是认知的和自我提高的,教师的热情和同情程度显得并不怎么重要。

新近的研究表明,教师对学生观点的认可,对课堂学习成绩有积极影响。教师表扬的次数与学业成绩无关,但教师批评及指责和学生的学业成绩呈负相关。当教师热情并多方鼓励时,学生较富创造精神。瑞安斯(D·G·Ryans,1960)研究表明,有激励作用、生动活泼、富于想像并热心于自己学科的教师,他们的教学工作较为成功。在教师的激励下,学生的行为更富有建设性。因此,教师能否引起学生理智上的兴奋感和内部的学习动机,对于他们取得教学工作的成功有重要影响。此外,教师对待教育事业积极的态度和认真负责的精神,也是影响学生和搞好教育、教学工作的重要人格品质。

(四)教师期望对学生的影响

教师对学生期望、期待、热情关注是影响学生学业成绩和人格品质的一个重要因素。1968年,美国心理学家罗森塔尔和雅可布森(Rosenthal & L·Jacoboson)等人做了一个著名试验。他们在一所小学的一至六年级各选三个班的学生进行所谓"预测未来发展的测验",然后通知教师说:"这些儿童将来大有发展前途。"实际上这些学生是随机抽取的。结果八个月后,对这些学生进行智能测验,发现名单上的学生成绩确实进步了,教师也给了他们好的品行评语,实验取得了奇迹般的效应。罗森塔尔认为这个结果是因为教师接受了"权威谎言的暗示",对名单上的学生态度发生了变化,产生了偏爱心理和情感。从而对学生的心理与行为产生了直接影响,并促进了预期期望效果的达成。他借用希腊神话中主人公皮格马利翁(Pygemoliou)的名字,把这个效应命名为"皮格马利翁效应"。后来,人们也称之为"罗森塔尔效应"或"教师期望效应"。

教育心理学研究和教育实践证明:如果教师喜欢某些学生,对他们抱有较高期望,经过一段时间,学生感受到教师的关怀、爱护和信任,会更加自尊、自信、自爱、自强,诱发出一种积极向上的激情,因而这些学生也就容易取得老师期望的效果。相反,如果教师厌恶某个学生,对学生期望较低,或经常给以冷漠与歧视,经过一段时间,学生也会从教师的言谈举止或表情中感受到教师的"偏心"和失望,因此也以消极的态度来对待老师,不理会或拒绝教师的要求。结果,这些学生常常学习成绩与品行一天天变坏。这种师生态度产生的相互交流与反馈即是罗森塔尔效应。教师期望是一种巨大的教育力量,它告诉人们,教师要关心每一个学生,对每个学生都应寄予合理的期望和要求,给他们以公正和足够的支持与鼓励。

(五)教师的举止言谈对学生的影响

教师对学生的影响,主要是通过两条途径实现的,一条是有声的言教,另一条是无声的身教。在对学生进行有意识、有系统影响的各种有目的教育、教学活动中,主要是采用"言教"的方式;而在大量的师生之间无意识日常交往中,除言教外,经常起作用的是"身教"。言教固然重要,但身教意义则更大,故有"身教重于言教"之说。因为这是一种人格的教育力量,对学生起着潜移默化的影响。教师对学生的影响是全面的,是以全部行为和整个个性来影响学生的。积极的影响如此,消极的影响也是如此。"以身立教,为人师表"是教师职业道德的主要特征。

教师的举止言谈都处在学生的严格监督之中,所以必须规范自己的言行,为学生树立榜样。正如前苏联教育家加里宁(М·Н·Капинин)所说:一个教师必须好好地检点自己,他应该感受到,他的一举一动都处在最严格的监督下。世界上任何人都没有受到这样严格的监督。孩子们的几十双眼睛盯着他,须知天地之间再没什么东西能比孩子们的眼睛更加精细、更加敏捷。

第二节 教师的素质

一、教育机智

(一)教育机智的含义

教育机智是教师在教育教学活动中的一种特殊智力定向能力,是指教师对学生各种表现,特别是对意外情况和偶发事件,能够及时作出灵敏的反应,并采取恰当措施以解决问题的特殊能力。教育机智是建立在一定的教育科学理论和教育实践的基础上的教育经验的升华,是教育科学理论和教育实践经验熔铸的合金。教育机智实质就是教师观察的敏锐性、思维的深刻性和灵活性、意志的果断性等在教育工作中有机结合的表现,是教师优良心理品质和高超教育技能的概括,也是教师迅速地了解学生和影响学生的教育艺术。

(二)影响教育机智的因素

教师面临突然出现的新问题,能否表现出当机立断,机警地采取有效措施,受教师自身各种因素的影响。其中主要有:

1. 对工作和对学生的态度。教师对工作和学生的态度是能否表现教育机智的前提。一个教师如果对事业与工作缺乏责任感,对学生冷漠无情,那么当他遇到学生出现意外的情况时,就有可能认为是节外生枝、故意刁难或成心捣乱,因而就可能以厌烦甚至粗暴的态度对待。那样就很难体现出教育机智。只有满腔热情地对待事业、工作或学生,注意力才能高度集中,思维才能积极活动,这样在必要时就可能产生机智,妥善巧妙地处理意外事件。

2. 意志的自制性和果断性。这是产生教育机智的重要因素之一。当教师具备了良好的自制力,才能善于控制感情冲动并以理智来调节和支配自己的思想和行为,才能迅速地判断和分析问题。当然,除此还要有果断性。面对意外的问题,教师不能表现惊慌失措、犹豫不决,要头脑冷静,当机立断,即使是无法立即解答的问题,也不应当在学生面前含混不清或拖泥带水、随心所欲地解释或解决,那样会破坏教师的形象。

3. 深厚的知识素养和经验积累。教师的态度和自制力都是在一定的教育实践中,在知识经验基础上逐渐形成的。因此,每个教师平时都要加强专业知识学习,拓宽知识面,不断提高自己的知识水平。另外,还要注意积累各方面生活经验。只有这样才能得心应手地解决遇到的各种问题,机智地处理学生中出现的意外情况。

除了上述三种因素外,教师的思维品质、性格与气质类型以及能力等都对教育机智的形成和有效发挥产生不同程度的影响。

(三)教育机智表现的方式

1. 善于因势利导。所谓"因势利导",就是根据学生的需要和特点,利用并调动积极因素,循循善诱,使学生扬长避短,健康成长。例如一位教师上课时,发现某学生看小说,就突然提问他,可这个学生站起来嘻皮笑脸地说:"这个问题嘛,我可以给全班开个讲座了。"全班哄堂大笑。这时教师沉着地说:"好呀!正好教学计划中有个专题讨论,下周进行,你作中心发言。"那个学生一下子泄了气。课后为了下周的发言,他查找了许多资料,作了充分准备,发言时效果很好。教师表扬了他,他也公开向老师道歉。这位教师正是能因势利导,化消极因素为积极因素,才解决了这个棘手问题,充分展示了自己良好的教育机智。

2. 善于随机应变。马卡连柯说:教育技巧的必要特征之一就是要有随机应变能力,有了这种品质,教师才可能避免刻板及公式化,才能估量此时此地的情况和特点,从而找到适当手段。教师随机应变能力是教育机智的集中体现。比如有位外语教师在教COOK(公鸡)一词时,有个学生突然怪声怪调地说:"有没有母鸡呀?"顿时,全班一片喧哗。教师平静地说:"有。不仅有母鸡还有小鸡这个单词。"接着一一讲解,并表扬了那位学生好学好问,但也批评了他说话的态度。这样机智的处理,既没有干扰正常教学,还使学生掌握了更多的知识,受到了教育。由此可见,随机应变能力是教育艺术的高度表现,也是教育机智的重要特征。

3. 善于对症下药。这是指教师能从学生实际出发,针对学生的具体特点,巧妙地采取灵活多变的教育方式方法,有的放矢地对学生进行教育。例如有位教师在班级发现了个别学生抽的烟头,但他没有点名批评。班会时,他说:"今天,我要谈谈吸烟的好处。"同学们一听就愣了,特别是吸烟的同学更是莫名其妙。这时老师接着说:"抽烟有十大'好处',第一,抽烟的人永远不会老,据医学研究,抽烟的历史越长,寿命越短,当然永远也别想老了——夭折。"老师一连讲了十个"好处",学生明白了老师的意思,以后班上再没有发现学生抽烟的事情。这个成功的教育事例,就体现了教师巧妙、幽默的教育机智。

4.善于掌握教育时机和分寸。这是指教师要讲究教育的科学性、严肃性,在教育学生和处理问题时,能实事求是、分析中肯、判断准确、结论合理,对学生要求适当,使学生心服口服。选择恰如其分、恰到好处的处理措施,把握批评与表扬、惩罚与奖励的适当适时,这都能体现出良好的教育时机和教育分寸,也有利于教育机智的有效发挥。

二、教师威信

(一)教师威信的含义

教师的教育威信不是"威严"和"权威",它是指教师具有那种使学生感到尊严而信服的精神感召力量,是教师对学生在心理上和行为上所产生的一种崇高的影响力,是师生间的一种积极肯定的人际关系的表现。对此,马卡连柯(А·С·Мокоренко)解释说:"威信本身的意义,在于它不要求任何证明,在于它是一种不可怀疑的长者资望及其力量与品质。可以说,这种资望、力量与品质,连单纯的儿童的眼里也是明白的。"①这也说明了威信与威严、权威等不同,正是这点不同使它在教育活动中产生比威严、权威更大的作用。教师的威信是学生接受教育的基础和前提,是有效影响学生的重要条件。正如德国教育家赫尔巴特(J·F·Herbat)所说:"绝对必要的是教师要有极高的威信,除了这种威信外,学生不会再重视任何其他的意见。"②学生对有威信的教师的课,认真学习;对他的劝导,言听计从。反之,对那些没有威信的教师则会持相反的态度。

具有威信的教师之所以对学生有巨大的影响,是因为:学生确信他们讲授和指示的真实性和正确性,从而表现出掌握知识和执行指示的主动性;他们的要求可以较容易地转化为学生的需要,这

---

① 引自王丕主编《学校教育心理学》,第476页,开封,河南大学出版社,1988。
② 引自王丕主编《学校教育心理学》,第476页,开封,河南大学出版社,1988。

就增强了学生在学习和培养自己优良品质上的积极性;他们的表扬或批评能唤起学生相应的情感体验;学生把有威信的教师看作自己的榜样,教师的示范也就可以起到更大的教育作用。

(二)教师威信的形成

威信的形成取决于一系列主客观因素。党和国家对教师的重视和关怀,社会对教师劳动的尊重,教师的社会地位和物质待遇的提高,学生及家长对教师的态度等都是影响教师威信形成的客观社会条件。而教师的主观因素则是威信形成的根本性的决定因素。要树立高的威信必须要做到:

1. 教师高尚的思想道德品质、渊博的知识和高超的教育教学艺术是获取威信的基本条件。实践证明,教师的性别、年龄、知识等对师生关系没有直接的重大影响,而教师的道德、才能、教育态度等才是形成威信的重要条件。

2. 和学生保持长期而密切的交往,对教师的威信形成具有积极意义。教师的威信是在和学生长期的交往中形成的。反之,一个教师疏离学生,故意和学生保持距离,少有往来,学生就无法了解并理解教师,因而威信也无从谈起。

3. 良好的仪表、生活作风和习惯有助于教师树立威信。教师的仪表与他的精神风貌紧密相联。优雅的仪表实质上是内在美与外在美的和谐统一。教师端庄、朴实、整洁、大方、自然的仪表,可给学生以充实、沉着、稳重、积极向上的感觉。而仪容不整、奇装异服都有损教师的威信和形象。另外,没有养成良好的生活习惯和生活作风,也难以形成较高的教育威信。

4. 教师给学生的第一印象也影响威信的树立。教师和学生第一次见面,特别是开始几节课会给学生留下深刻的印象,产生首因效应。因为在这个时候,学生对新教师充满期望和新奇感,对教师的服饰打扮、举止言谈高度注意且敏感,由此而产生先入为主的印象和相应态度。这往往会成为影响教师威信的重要心理因素。

5.要严格要求自己,有自我批评的精神。一个教师要树立真正的威信,还需要严格要求自己,始终保持表率意识,一举一动都要注意自我形象,时时处处都要考虑对学生的影响。否则,就可能因疏忽而使自己形成的威信丧失殆尽。当然,每个人都有偶尔的过失和错误,教师也不例外。但是,作为教师要有高度的自我批评精神,应及时克服和避免工作的错误与不足,只有这样才能不断保持和提高教育威信。

(三)教师威信的维护和提高

教师的威信一旦形成,就具有一定的稳定性,但稳定是相对的、有条件的,不是一成不变的。因为形成教师威信的主客观条件是处于不断变化之中的,只要某一方面的条件发生了较大的变化,教师的威信就会受到影响。因此,教师威信形成之后,维护和发展已形成的威信也十分重要。

1.教师要有坦荡的胸怀、实事求是的态度。有威信的教师并不是说必须是没有一点错误、缺点的完人。教师存在这样那样的问题是难免的,关键在于是否有坦荡的胸怀,是否敢于实事求是地承认并及时纠正自己的缺点错误。教师勇于向学生承认自己的缺点、错误,不但不会降低威信,还会提高在学生心目中的威信。

2.教师要正确认识和合理运用自己的威信。教师要维护和发展自己的威信,很重要的一点是必须对威信有正确的认识,把威信与威严严格区分开来。只有这样,教师才能正确维护自己的威信。否则,就可能出现教师为了维护自己的威信而不恰当地运用威信,损害学生的自尊心,挫伤学生的积极性和对教师的亲近感,从而削弱学生对教师的信赖感和尊崇心理,这样最终势必导致教师威信的降低。

3.不断进取的敬业精神。教师的职责是向青少年一代"传道"、"授业"、"解惑",这要求教师根据社会要求和教育对象的变化,不断更新自己的知识、观点,提高自己的科学文化素质,满足学生不断发展变化的需要,使他们顺利成才。教师不断进取的敬业精神能激起学生的敬佩之情,提高其在学生心目中的地位和威信。

4. 言行一致,做学生的楷模。教师是代表社会成年一代向未成年一代传授科学文化知识、先进思想和道德规范的,他们既要组织、控制、评价学生的学习,又要培养、训练、陶冶学生的品德和情操。因此,一般来说,在学生的心目中,教师是有丰富知识的人,是守纪律、讲文明、懂礼貌、有道德的典范。如果一个教师的言谈举止与学生心目中"教师形象"不相符,他在学生中的威信就会降低。反之,如果与学生希望的教师形象一致,则不仅会增强教师对学生教育的感染力,而且可以增强教师在学生心目中的典范性,提高学生对教师的信赖和崇敬感。

三、师爱

(一)师爱的含义

师爱即教师对学生的爱。是在教育实践中,由教师的理智感、美感和道德感凝聚而成的一种高尚的情感。它既是一种积极的情感,又是一种强大的教育力量和手段,同时还是建立良好师生关系的感情基础。在过去的教育实践活动中,许多优秀教师就是凭着博大、无私、公正、深沉、严格的爱培养出一批又一批的优秀人才,挽救了许多误入歧途的青少年。师爱不同于母爱和友爱。一般地说,它比母爱更伟大而无私;比友爱更纯洁、公正和高尚。这都是由于师爱本身所具有的特殊性所决定的。师爱是一种特殊性社会情感。

(二)师爱的心理功能

1. 激励功能。爱是人类普遍的心理需要。每个青少年学生都想得到自己周围亲人同伴的关怀、信任、尊重和帮助,并且愿意用同样的感情去爱周围的人。学生更为关注的爱是学校里教师的爱。因为教师的爱不仅是一种态度和情感,它实际上是一种评价、一种社会性认可。因此,学生往往把教师对自己的关怀、爱护、尊重、信任等与教师对自己的评价联系在一起,同自己在集体中的地位与人格联系在一起。于是教师的这种情感实际上就转化为一种社会环境因素,在每个学生的心目中具有非同寻常的心理作用,从而激发推动学生努力学习、积极向上的内部动力。

2. 感化功能。师爱的感化功能主要表现为对学生感召、感染和转化等教育作用。在品德教育过程中有时需要说服、劝导、灌输,有时需要强制和命令,必要时还要施以惩罚。但是更需要用热烈而真挚的爱去感化学生。实践证明,教师以爱去潜移默化地影响学生是一种巨大的教育力量,使学生的人格受到感化,使他们情操受到陶冶。正是师爱的这种感化与陶冶作用,使自卑者自尊,后进者上进,悲观者看到希望,冷漠者充满激情。师爱的这种感化功能是其他任何教育手段都难以替代的。

3. 调节功能。师爱不是单向的,而是一个双向交流的过程。教师对学生的爱也必然唤起学生对教师的爱,从而使师生之间感情融洽、关系密切。这时候爱就变成了一种心理调节器,把师生感情不断推向新的高度。另外,师爱能够打开学生的心扉,使学生愿意向教师倾吐心声。这样,教师就更能清楚地了解学生复杂而丰富的内心世界,有的放矢地进行教育,不断调节自己的教育方式和方法。所以苏霍姆林斯基说:"我敢拿脑袋担保,如果学生不愿意把自己的欢乐和痛苦告诉老师,不愿意与老师坦诚相见,那么谈任何教育都总归是可笑的,任何教育都是不可能的。受教育者向他爱戴的教育者敞开自己的心灵,是一个彼此促使思想和感情高尚起来的过程。"[①]这也就是说,教育力量的发挥,受教育者心灵之窗的开启、关闭,都离不开师爱的调节作用。

4. 榜样功能。教师的爱通过双向交流,激起学生对教师的尊敬、爱戴、感激和依恋等情感,进一步会诱发他们学习和模仿教师

---

① 苏霍姆林斯基:《给教师的一百条建议》,第211页,天津人民出版社,1981。

的举止言谈和人格品质,使教师成为榜样和楷模。这首先表现为,由于师爱的作用,使学生感受到了这种情感的高尚和美好,于是愿意以同样的感情对待周围的人,愿意关心爱护同学,愿意尊重和信任他人。长期下去,学生就会养成这一可贵的心理品质。另外,当学生热爱、尊敬和崇拜自己的教师时,会产生积极的态度定势,认为该教师一切都好,这时候学生不仅模仿教师的行为、衣着、姿态、言语等,还模仿教师的兴趣、爱好以及为人处事。这样,教师的影响就远远超越了教育活动本身。

(三)师爱的表现形式

1. 关怀和爱护学生。真正关怀学生,是师爱的起点;爱护学生,是指爱护和发展学生身上一切积极的因素,抑制消极不良的因素。尤其是对品德不良、学习成绩差的学生,不论是宽恕、责罚,都必须出于教育目的,不能迁就、放任,更不能一棍子打死,要保护、爱惜学生身上的"闪光点"。这种关怀和爱护可以消除师生间的矛盾与对立,激发学生的学习兴趣,并使他们体验到学校集体的温暖。

2. 尊重和信任学生。尊重学生就是要尊重学生的人格。师生之间要建立起一种民主平等的关系,绝不能无端伤害学生的自尊心。就像苏霍姆林斯基所说,教师对待学生的自尊心"要小心得像对待一朵玫瑰花上颤动欲坠的露珠"[1]。尊重与信任是紧密联系的,可以说尊重就是信任。教师要坚信每个学生都能在教师和集体的教育帮助下,成为一个有用的人。当然,教师信任学生不是轻率盲目的,它是建立在对学生了解、理解和尊重的基础上。

3. 同情和理解学生。这里的同情特指教师要对那些缺少天赋,或者在生理上有某些缺陷,或者学习成绩差,或者犯了错误,或者遭遇不幸等等的同学表示关心和同情。教师要用同情去唤醒儿童的上进心;用同情去唤醒儿童的自信心和自尊心,帮助他们消除

---

[1] 苏霍姆林斯基:《给教师的一百条建议》,第211页,天津人民出版社,1981。

自卑感,排除他们的烦恼和悲伤,用热情和温暖去鼓励学生充满信心地学习和生活。关于理解,有人说理解是爱的别名。确实,理解是一种理智的爱,是建立良好师生关系的重要心理成分。理解学生首先是理解学生的心理世界,正确认识和对待学生各种各样的行为表现,并透过现象去寻找合情合理的解释。因此,教师不能仅站在自己的立场上去看待学生,应该设身处地为学生着想,从儿童身心发展的规律和特点去评价认识儿童的举止言谈,这就是理解。

4.热情期望与严格要求。一个具有坚定信念和热爱学生的教师,总是对自己的教育对象充满热情期望,这是师爱真实自然的流露。它和对学生的严格要求结合在一起,使师爱具有了明确的性质和目的,使师爱超越了一般情感的范畴。失去严格要求,师爱就会失去目的性。严格要求主要表现为:教师教育态度的严肃、纪律的严明和行为的严厉,必要时教师可以动怒,以引起少数学生的震动和警醒。总之,师爱不仅有教师的温柔、和谐、热情、亲切,更有教师的严格要求。

第三节 教师的心理健康

一、教师心理健康的标准

教师心理健康的标准是衡量教师心理健康状况和水平的依据。作为一个社会群体,衡量教师的心理健康应遵从一般人心理健康的标准,因为他们是社会中成员。但是由于教师职业的特殊性,又决定了从业者自身所独有的衡量心理健康的标准。所以,讨论教师的心理健康标准,既要从社会大众的角度参照一般的心理健康标准,来分析教师的心理健康,又要从教师职业群体的角度,依据特殊的心理健康标准,来审视教师的心理健康问题。简单地说,就是教师心理健康的主要指标,既要符合一般人心理健康的要求,又要体现教师工作的特殊性。基于这样的前提,许多学者提出了各自关于教师心理健康的标准。

李建周认为教师的心理健康标准是:教师身份认知;健康的教育心理环境;教育独创性;抗教育焦虑;良好的教育人际关系;教育环境的适应与改造[1]。

骆伯巍认为教师的心理健康标准是:广泛的活动兴趣;融洽的人际关系;健康的情绪体验;积极的进取精神;稳定的工作热情[2]。

俞国良认为教师的心理健康标准是:对教师角色认同,勤于教育工作,热爱教育工作;有良好和谐的人际关系;能正确地了解自我、体验自我和控制自我;具有教育独创性;在教育活动和日常生活中均能真实地感受情绪并恰如其分地控制情绪[3]。

我们认为,教师的心理健康标准应体现出他的职业要求、工作特性和社会期望等,包括教师对教育事业的态度,对自身职业的认同,对学生的情感和对社会期望的反映。具体表现为心理健康的教师热爱教育事业;对自己所从事的教师职业高度投入,并有责任感、成就感和幸福感;热爱和尊重学生,亲近学生,并对学生的未来发展充满信心;能够充分准确理解社会大众及学生家长对教师的期望和要求,并积极顺应社会发展。把以上这些附加标准和一般的标准融合起来,就可以成为教师心理健康的标准。

二、教师心理健康的教育意义

教师的心理健康不仅对自身的学习、工作和生活是重要的,它对学生的身心发展和成长也是极其重要的。正是因为它对学生的影响,所以才显得更有教育的意义,教师心理健康对学生的意义主要表现在四个方面。

(一)教师的心理健康直接影响学生的心理健康

影响学生心理健康的因素很多,而教师的心理健康就是其中

---

[1] 李建周:《教师心理训练》,第270页~第285页,北京,教育科学出版社,1996。
[2] 骆伯巍:《教师的基本条件和心理健康的关系》,教育评论,1996(5)。
[3] 俞国良、曾盼盼:《论教师心理健康及其促进》,北京师范大学学报,2001(1)。

重要的因素之一。只有心理健康的教师,才能培养出心理健康的学生。因为心理健康的教师能够很好地设计促进学生身心健康发展的良好心理环境。如果教师心理不健康,就必然会影响教育环境,并可能直接导致学生产生心理问题和障碍。事实表明,学生的害怕、说谎、缺乏礼貌、违抗、挑衅等心理失调,其原因之一,是与某些教师心理不健康有关。可以这样说:学生的某些心理问题和障碍就是教师不健康心理的产物。

(二)教师的心理健康直接影响学生的知识学习

在课堂教学活动中,影响教学效果的因素有很多,但教师本身的心理健康水平无疑是其中一个极其重要的影响因素。教师积极的情感、健康的心理,会诱发学生的积极情感,促进学生健康心理的形成,对良好师生关系的建立,营造轻松、愉快的课堂气氛,以及学生接受与理解知识均有直接的、积极的影响。正可谓"亲其师,信其道"。反之,一个有心理障碍,甚至有心理疾患的教师在教学过程中,可能会对学生脆弱的心理造成损害,诱发心理问题及障碍的发生,导致学生学习兴趣下降,学习的主动性、积极性丧失。实践已证明,教师积极的心理状态,如情绪稳定、热爱、对儿童富有爱心和信心等,会促进学生学习效果的提高。因为学生受积极心理的感染,大脑皮层会处于兴奋状态,容易激发学习兴趣,从而加速知识的学习。

(三)教师的心理健康直接影响师生关系

新时期的师生关系总的趋势应该说是更加民主、平等、和谐和自然,但也应理智地看到某些消极倾向的日益明显,这就是师生关系的疏远与冷漠、实用与功利、冲突与对立[1]。导致师生关系这一倾向的原因很多,其中教师不健康的心理、不正常的心态应该说是重要原因之一。如一些有心理问题的教师缺乏爱心,没有责任感,

---

[1] 姚本先:《新时期师生关系问题省思》,《教育发展研究》,2000(10)。

对学生体罚和变相体罚,或采取一些十分恶劣的措施来惩罚、污辱学生:在学生脸上刺字,让学生吃粪便,指使学生互相打耳光,扒光学生的衣服,不允许学生上厕所等等,这些行为严重损害了学生的身心健康,破坏了原本十分纯洁的师生关系。只有健康的心理,才会有正常的交往,也才会有良好的人际关系,教师与学生之间的交往及人际关系也是如此。

(四)教师的心理健康直接影响学生个性的发展

在学校里,教师是学生最尊敬的人,学生具有强烈的"向师性"。他们把教师作为自己的模仿对象,把教师的行为和要求作为自己行动的准则和依据。因此,学生的心理发展水平及健康程度,与教师的心理健康和成熟水平有着密切的关系。作为榜样和楷模,教师友好的态度、高尚的品质、浓厚的兴趣、得体的行为、适当的表情、合理的语言等,无时不为学生所观察、注意和模仿,为其健康人格形成和发展提供素材,并逐渐内化为学生个人的特质,从而促进个性的发展。反之,教师因心理上障碍所带来的不当行为、冷漠表情、敌视态度、暴躁性格、沮丧情绪等等也会感染学生,使其产生心理和行为上的各种问题,以致产生心理障碍和疾病。

三、教师心理健康的自我维护

(一)树立科学观念

教师的职业和工作既丰富又复杂,充满了紧张和压力,心理问题发生的可能性较大。因此,要树立科学观念,拥有积极的自我保健意识,不可忽视心理健康的自我维护。为此,首先要树立正确的、科学的观念:心理问题与心理疾病可以预防,心理问题与心理疾病并非可耻,心理失常可以慢慢恢复正常,心理疾病也可以治愈,等等。同时,要消除对待心理问题的不正确态度与行为,如盲目乐观,认为只有生理疾病才是病,心理问题不会危及生命;或过度焦虑与恐惧,发现或感觉有心理问题或有心理疾病,就惶恐不安,极端焦虑,并伴发一系列生理反应;或病急乱投医、乱吃药,等等。针对以上情况,作为知识群体的教师,为了树立科学的心理健康观念,可以利用业余时间多了解和掌握一些心理健康及维护的知识与技能,这对提高认识、增强健康意识均有直接意义。

(二)进行身体锻炼

健康的身体是健康心理的前提和物质基础,每一个教师要想拥有健康的心理,就要注意积极锻炼身体,以塑造健康的体魄。为此,要积极参加体育活动。体育活动能使人体内的内啡呔的含量增加,内啡呔是一种天然的止痛物质,能使人产生欣快感。体育活动还可以消除压力反应中产生的荷尔蒙、葡萄糖等物质。另外,体育锻炼可以提高人体神经系统的功能,增强神经系统的兴奋性和灵活性,促使人的神经系统对外界刺激的反应迅速准确。再有,体育活动又是一种精神娱乐法,它可分散教师的注意力,使人从情感或身体的紧张中放松下来,消除烦闷和焦虑。因此,体育锻炼对教师心理健康的维护具有重要意义。但是,有相当多的教师,因为工作忙、家务多,忽视了体育运动,久而久之,一些身体的疾病产生了,而一些心理的问题如精神不振、失眠、记忆衰退、忧郁、紧张等也随之产生。如果能安排适量的身体运动,积极进行体育锻炼,一些身体和心理的问题与疾病就会自动消失。

(三)学会科学用脑

人脑是心理的主要器官,心理是人脑的机能。大脑如果机能失调,就会对心理活动产生深刻而广泛的影响,进而心理健康也无法保证。因此,教师心理健康的自我维护,必须要注意科学用脑,注意用脑卫生。首先,要适度用脑,防止大脑过度疲劳,合理安排生活和工作,有劳有逸,使大脑得到必要的休息。其次,要合理用脑,使学习和工作的方式、内容等进行转换交替、动静结合、难易结合、多少结合,这样可避免大脑过度疲劳。另外,要善于抓住大脑高效工作最佳时间。每个人的24小时内工作能力曲线大体是一致的,一般在上午9时~10时达到最高峰,晚19时左右形成另一个高峰,其他时间内效率较低,尤以凌晨2时~4时为最。了解这一点,可有利于合理而科学地用脑,取得最佳的效果。还有一点需提及的是,注意加强大脑的营养。合理的营养是大脑高效工作的必要条件,因此要注意饮食的质量、数量、种类及结构,以确保大脑活动有必要而合理的物质基础。

(四)丰富业余生活

一个教师如果能够培养和发展自己多方面的兴趣爱好,进行多方面的自我娱乐活动,保持积极广泛的人际关系,业余生活充实和丰富,他就能在寂寞、孤独、烦闷、抑郁时,很快获得解脱和调整,使紧张的生活得到调剂,并清除疲劳,解除苦闷,松弛情绪,焕发精神,陶冶情操。因此,每个教师都要注意发展自己的兴趣爱好。人如果有一两种兴趣爱好,他就不会常常感到寂寞烦闷。教师的兴趣爱好可以很多,例如打球、旅行、读书、钓鱼、摄影、书法、音乐、美术、烹饪、雕刻、收集、写作等等,只要其中一两种能发展为中心兴趣,就会有益于身心健康。另外还要妥善安排业余时间,业余时间应以休闲为主,多参加一些文艺、体育娱乐活动,对缓解高强度的脑力劳动是有益的。需强调的是,教师的业余时间应多以身体活动性项目为佳,要动起来,避免过多静态的脑力活动,如唱歌、跳舞、郊游、旅行、各种体育活动等等。还有,业余生活既要考虑到私人化,即单个人的状况,更要注意群体性,将个人的业余生活和他人联系起来,以保持良好的社会交往状态,避免长时间的独处或独居。

(五)扩大人际交往

教师作为社会的一员,必须生活在社会群体之中,因此不仅要与学校中的其他教师和学生交往,也要注意与社会中其他职业的各种人进行正常的社会交往。通过积极参加社会活动,扩大人际交往的范围,不仅可以使人增进理解,开阔心胸,还可获得更多的社会支持。更为重要的是,还可以使人感受到充足的社会安全感、信任感和归属感,从而大大增强生活、学习和工作的信心和力量,最大限度地减少心理压力和心理冲突,起到维护和保持心理健康的作用。应该说,积极参与社会活动、扩大社会交往还是不够的,要想拥有融洽的人际关系,还需要掌握必要的人际交往技巧和艺术。当然,这些技巧和艺术应该是建立在真诚的基础上,而非纯粹的手段。例如,为了建立融洽的人际关系,初次见面,应注意给人留下良好的第一印象。当一个教师生活在人际关系和谐融洽的环境之中时,他的心理健康发展就有了必要的条件和前提。

(六)善于调适情绪

稳定而积极的情绪状态,使人心情开朗、轻松、安定、精力充沛,对生活充满乐趣与信心,工作热情、主动,并富有效率。但是生活毕竟不会永远一帆风顺,常有困难和挫折,也会产生烦闷、悲怨、焦虑、恼怒、紧张和恐惧等消极的情绪,这些消极的情绪不能得以及时化解和调适,时间持续过长,就会导致心理失衡和心理危机,甚至精神失常。因此,要维护心理健康就必须要学会情绪的自我调控。例如,在教育教学活动中,教师难免会遇到来自学生、家长和同事,以及环境等多方面的不良刺激,而出现消极负面的情绪反应,甚至是强烈的情绪冲突。对此,教师可理性对待,竭力控制,具体方法有:否定、合理化、抵消、自嘲、隔离、宣泄、转移、补偿、认同、升华等等,这些方法对某些方面情绪的调适具有很明显而直接的作用。当然,善于调适情绪,不仅有自我调适,还包括寻求他人帮助来调适抚慰自己的不良情绪。教师由于自尊心强,比较要面子,不太愿意向别人流露自己的喜怒哀乐,因此有些不良情绪长期郁闷在心,压抑累积,终而损害心理健康。所以提倡教师在心情烦闷、不安、紧张和焦虑时,能找机会与领导、同事、朋友、同学、亲人甚至学生,还有心理咨询人员倾诉,以疏泄积郁的不良情绪,释放和缓解心理压力。这样不仅可以得到亲朋好友、领导同事的支持和帮助,还可减少心理问题的发生,促进心理健康。

后 记

儿童发展与教育心理学是研究儿童心理发展以及与儿童教育过程有关的教与学基本心理规律的科学,是高等教育专科初等教育专业的专业必修课,对培养未来合格小学教师的师范素质具有非常重要的意义。本书的编写,坚持时代性和前瞻性、基础性和专业性、综合性和特长性、理论性和实践性、师范性和学术性统一的指导思想,对发展心理学和教育心理学的理论进行了有机整合和高度概括,并立足前沿,勇于创新。

本书由姚本先教授任主编,桂守才副教授、周策副教授任副主编,全书大纲及统稿由三人共同完成。各章撰写人员如下:姚本先教授(安徽师范大学,第一章第一节,第十一章第一节、第二节,第十二章);桂守才副教授(安徽师范大学,第二章第一节、第二节,第九章第一节、第二节);周策副教授(安徽师范大学,第三章);李子华助理研究员(安徽师范大学,第九章第三节,第十章第一节、第二节,第十一章第三节、第四节);桑青松讲师、周策副教授(安徽师范大学,第七章);陈素霞讲师(凤阳师范学校,第六章);周鸿讲师(桐城师范学校,第四章);刘景平讲师(蒙城师范学校,第五章);卫萍讲师(合肥师范学校,第八章);郭振娟老师(安徽师范大学,第一章第二节、第三节);方双虎老师(安徽师范大学,第十章第三节);马家安老师(安徽师范大学,第二章第三节、第四节)。

本书的出版,得到了安徽省教育厅、安徽师范大学等方面领导的大力支持和帮助,在此一并致谢!由于水平所限,疏漏难免,恳请批评指正!

编　者
2001 年 12 月